二维码互动类会计丛书

财经基本技能

（第3版）

蔡宝兰　主　编
王立永　副主编

電子工業出版社
Publishing House of Electronics Industry
北京・BEIJING

内 容 简 介

本书包含 7 个模块，系统地介绍了财经数字书写、货币知识与人民币的识假技术、外汇常识与外币识假技术、钞票清点技术、数据与文字录入技术、珠算技术和电子收银机的操作技术。本书既注重财经基础知识的传授，又面向实际应用，书中每个模块均附有单元检测、思考题，很适合教师教学使用。

本书既可以作为职业院校财经类、营销类和企业管理等专业学生的教学用书，也可以作为银行、商业企业和事业单位等的会计与出纳岗位的培训教材，还可以作为各类财经工作者的自学参考书。

图书在版编目（CIP）数据

财经基本技能 / 蔡宝兰主编. —3 版. —北京：电子工业出版社，2017.2
ISBN 978-7-121-30687-7

Ⅰ. ①财… Ⅱ. ①蔡… Ⅲ. ①会计－中等专业学校－教材 Ⅳ. ①F23

中国版本图书馆 CIP 数据核字（2016）第 311323 号

策划编辑：徐　玲
责任编辑：李　蕊
印　　刷：北京七彩京通数码快印有限公司
装　　订：北京七彩京通数码快印有限公司
出版发行：电子工业出版社
　　　　　北京市海淀区万寿路 173 信箱　邮编　100036
开　　本：787×1 092　1/16　印张：13.5　字数：345.6 千字
版　　次：2007 年 8 月第 1 版
　　　　　2017 年 2 月第 3 版
印　　次：2020 年 8 月第 3 次印刷
定　　价：35.00 元

凡所购买电子工业出版社图书有缺损问题，请向购买书店调换。若书店售缺，请与本社发行部联系，联系及邮购电话：（010）88254888，88258888。

质量投诉请发邮件至 zlts@phei.com.cn，盗版侵权举报请发邮件至 dbqq@phei.com.cn。

本书咨询联系方式：xuling@phei.com.cn。

前言

随着中国市场经济改革的不断深入，特别是中国加入世界贸易组织及近几年金融危机的影响，各行各业对财经从业人员的需求增加，对财经人员专业水平的要求也在不断提升。为此，作为财经类职业学校所面临的迫切任务就是根据行业对专业人员的要求不断调整教学内容，培养符合企业需要的、既懂专业又有较高水平的实际操作技术的技能型人才。本书充分考虑到中等职业学校学生的特点及财经基本技能在实际工作中的需要，在内容、结构和表达方式等方面都很注重通俗易懂、生动活泼，以图文并茂的形式、言简意赅的语言把理论知识与实际操作、训练方法等融为一体，在总体设计上力争体现广泛性、系统性、科学性和可操作性，在版式设计上力求创新、活泼，更利于学习，使学生在轻松愉快的情境中掌握财经的基本技能。

财经基本技能对于全国各地财经专业的学生都是必备的通用知识和能力，因此，本书尽可能考虑到全国各地的基本要求，并在第 2 版的基础上进行了内容上的更新，突破传统教材模式，着眼于提高学生动手能力和就业能力，每个模块都注明了知识目标、能力目标和德育目标，很好地体现了当前课程改革的最新要求，更便于使用者学习与选用，较全面地反映了当前从事财经工作所必备的基本技能。本书既注重财经基础知识的传授，又面向实际应用，书中每个模块都附有单元检测，适合教学应用。

本书既可以作为职业院校财经类、营销类和企业管理等专业学生的教学用书，也可以作为银行、商业企业和事业单位等的会计与出纳岗位的培训教材，还可以作为各类财经工作者的自学参考书。

本书各单元均配有二维码，读者可以通过扫描观看相关的图片、视频资料；此外，本书配有独立成册的《财经基本技能（第 3 版）学习指导与练习》，便于与教材同步训练。

为方便教师教学，本书还配有电子教案、教学指南和习题答案，请有此需要的教师登录华信教育资源网（www.hxedu.com.cn），免费注册后再进行下载，有问题请在网站留言板留言或与电子工业出版社联系（E-mail：hxedu@phei.com.cn）。

本书包括 7 个模块的内容：财经数字书写、货币知识与人民币的识假技术、外汇常识与外币识假技术、钞票清点技术、数据与文字录入技术、珠算技术和电子收银机的操作技术。

本书由高级讲师蔡宝兰担任主编，王立永担任副主编，撰写分工如下：颜惠玲编写模块 1 和模块 6；蔡宝兰编写模块 2；赵凤玲、王力编写模块 3；李莉编写模块 4 和模块 7；蔡宝兰、韩静编写模块 5 的单元 1～单元 3，张旖旎编写模块 5 的单元 4～单元 5。王立永对全书进行了统稿，由蔡宝兰定稿。

课时建议安排如下表所示。

课时建议安排

序　号	模块名称	讲授学时	实训学时
模块 1	财经数字书写	4	6
模块 2	货币知识与人民币的识假技术	6	8
模块 3	外汇常识与外币识假技术	4	10
模块 4	钞票清点技术	12	20
模块 5	数据与文字录入技术	12	20
模块 6	珠算技术	10	16
模块 7	电子收银机的操作技术	6	10
合　计	144	54	90

在本书的编写过程中，除了得到北京市教委职教学会金融事务专业委员会领导的大力支持外，还得到电子工业出版社的领导和编辑的热情帮助，以及北京商贸学校的学生李召敏和沈思、中国银行江西南昌分行南湖支行银苑分理处等的帮助，本书的图、表技术处理等得到了网络工程师蔡国梁的帮助，在此一并致谢。本书内容如有引用，由于疏忽未做注明之处，在此一并致歉。

本书作为再版，虽已进行了改进，但限于时间仓促，编者水平不一，疏漏之处在所难免，今后我们还会在使用中继续收集听取各方意见，不断改进、完善，恳请读者提出宝贵意见，在此一并表示感谢。如有疑问、建议或意见，欢迎以电子邮件形式发送到 yhgmywcl@126.com。

编　者

目录

模块 1

财经数字书写

内容概要

要学好财经工作的基本技能，首先要掌握财经数字的规范书写。财经数字的书写是从事财经工作的基础，通过对本模块的学习，使学生充分了解并掌握数字的规范书写技能。

技能要求

1. 了解财经数字的重要性
2. 能规范书写阿拉伯数字
3. 能规范书写中文大写数字

单元 1 概 述

通过本单元的学习，要达到以下目标要求。

【知识目标】了解规范书写财经数字的重要性。

【能力目标】1. 了解财经数字的分类；

2. 熟悉财经数字书写的规范。

【德育目标】培养学生认真细致的工作作风。

【课前准备】

1. 学生：1～3 张经济业务票据，如发货票、电话费和水/电费单据等。
2. 教师：支票、汇票和进账单等。

1.1.1 正确书写财经数字的重要性

数字是计算的基础，一切计算的过程和结果都要通过数字来表示和反映。没有数字，计算就无法进行。由此可见，数字在计算工作中占有十分重要的地位。

为了加强会计基础工作规范，保证会计工作的质量，应正确书写数字金额。在实际工作和生活中，由于数字书写不规范，已有过太多的教训，并使当事人受到很大的经济损失。

案例

借条书写不规范

【典型案例 1】某日，市民赵先生手持一张借条来到法院起诉，要求许先生立即返还其借款200 万元。对此，许先生在法庭上大喊冤枉，他说自己仅借了 2 000 元，并非 200 万元。法官拿起那张借条仔细一看，只见上面写着：

"今收到赵开明人民币 2 000 仟元正，归还期限某月某日。"

借条下方有被告许金根的亲笔签名。法官觉得那张借条很奇怪，就仔细询问了许先生借钱的原因。许先生说自己前不久出了交通事故，为了赔偿交通事故受害方才向赵先生借钱，而赔偿总金额也只有 2.7 万元，何来 200 万元之说。经过法官教育，赵先生承认：

借条上的"2 000 仟元正"是"2 000 元整"的笔误。法官当场对赵先生进行了一番教育，并判决许先生返还赵先生 2 000 元。

【典型案例 2】陈某由于书写借条不规范，差点输了官司。陈某借给徐某 5 万元，徐某当场写了一张借条给陈某。近期，两人发生矛盾。陈某拿着借条告到法院，要求徐某归还借款。

在法庭上，徐某指着借条说，借款是 5 百元而非 5 万元，理由是：**借条中"5"后的文字是"单人旁加'万'字"。**

"万"字的小写是"万"，大写也是"万"，大小写均无单人旁加"万"的写法。而徐某写的借条上"单人旁加'万'字"既不是"百"字的大写，在字典中也没有这个字，且他在写这个字时有意书写潦草，使其看起来像"佰"字。

听闻此言，本以为自己借条在手、胜券在握的陈某冒出了阵阵冷汗……法院经过比对，发现徐某在其他场合也确实曾用该字表示"万"的意思，符合他一贯的书写习惯。而且，陈某提供了他在银行的取款凭证。据此，法院判决徐某归还陈某借款 5 万元。

【案例分析】写借条时马马虎虎，出现纠纷后方才后悔不迭，这种情况在法院审理的案件中经常可以看到。

老钱说事

在民间借贷活动中，书写借条要规范，债务人、债权人、借款金额、还款日期和利息等关键信息一定要写清楚，不用错别字，否则会带来一些不必要的麻烦。

借条上的金额用阿拉伯数字和汉字大写同时标注，以防止别人移花接木篡改借条。借条的最后，一定要由债务人和债权人亲笔签名，最好有保证人和见证人的签字。

1.1.2 财经数字的分类

在经济工作中，计算和数字是分不开的，在中国的经济工作中，用于计算实物数量和金额的常用数字有两种（见图 1-1-1），一种是阿拉伯数字，另一种是中文大写数字。

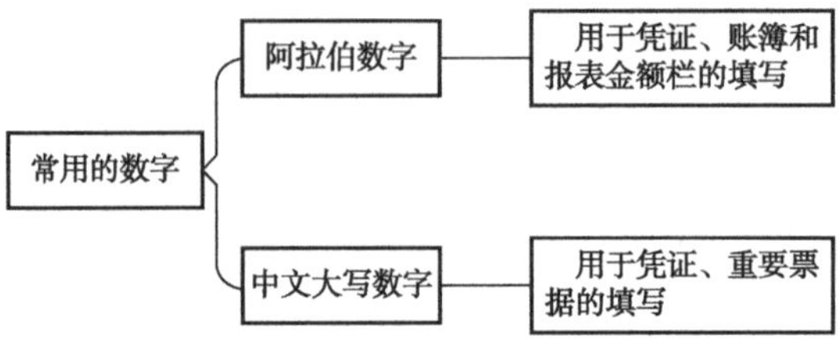

图 1-1-1 常用的数字分类

数字的书写是财经工作者应具备的一项基本技能，同时也是各种计算技术的重要组成部分。书写是否规范，直接影响业务工作的效率和质量，因此，书写数码字时要做到正确、整齐、清楚和规范化。

单元检测

1．填空题

（1）民间借贷中，书写借条时应包括__________、__________、__________、__________、__________等信息，并且一定要写清楚，不用__________。

（2）借条上的金额应用_____________和__________同时标注。

（3）阿拉伯数字主要用于__________、__________、________________的填写。

（4）__________数字用于重要票据的填写。

2．课外活动及学习建议

利用网络或剪报的方法收集有关财经数字书写的各种案例。

单元2　阿拉伯数字的书写

通过本单元的学习，要达到以下目标要求。

【知识目标】理解财经小写数字的具体书写要求。

【能力目标】1. 熟悉财经小写数字的书写要求；

2. 了解财经小写数字的记数；

3. 掌握规范的财经小写数字的书写方法。

【德育目标】培养学生良好的学习习惯。

【课前准备】

1. 学生：账页、钢笔。
2. 教师：标准范例字帖。

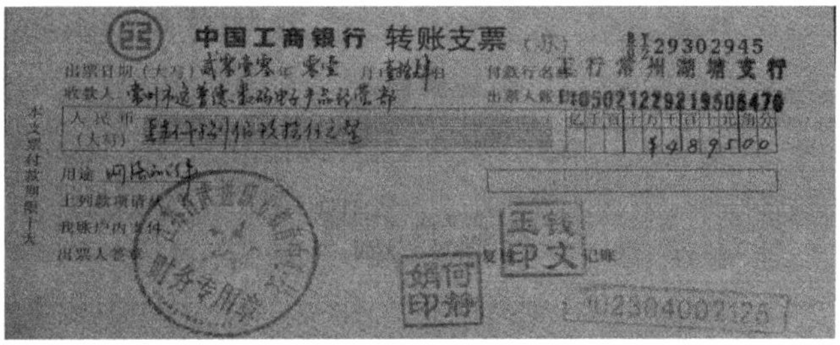

图 1-2-1　支票样张

阿拉伯数字，又称小写数字，主要用于凭证、账簿和报表等金额栏的书写。阿拉伯数字具有明快、笔画简单、书写迅速、方便、数字所在位即能表示数位等特点，因此阿拉伯数字为世界各国所通用。

阿拉伯数字的写法有印刷体和手写体两种，日常工作中普遍使用的是手写体。手写体样式如图 1-2-2 所示。

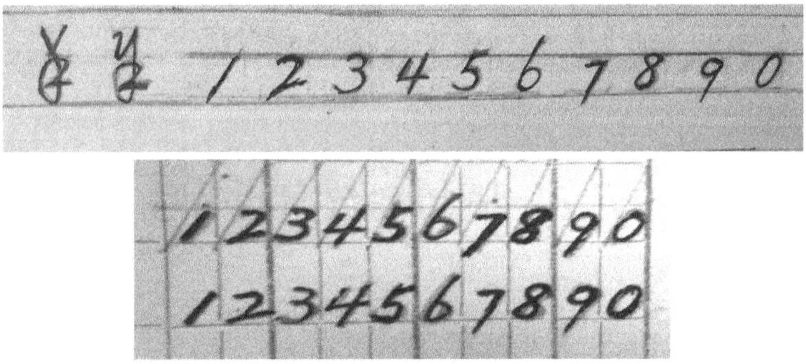

图 1-2-2　数码字（1）

1.2.1　阿拉伯数字书写的具体要求

（1）书写要规范、正确、清楚、整齐、美观、流畅、大小一致，不能擅自乱写。

（2）必须紧靠底线书写，数字高度占账本表格的 1/3，为订正数字留有余地。

（3）笔画顺序应是自上而下、先左后右，要一个一个地写，不要连写以免分辨不清。

（4）一律向右倾斜，大致与底线成 60°。

温馨提示：

1．“6”的书写要向上端伸出上半格的 1/4。

2．“7”和“9”的上端略低于下半格的 1/4，书写要向下端延长至下一格的 1/4。

3．“0”不要有缺口，连续的“0”不要有连线。

书写的要领口诀：

“1”字对角线；“2”字有弧角；“3、5”下角圆；

“4”字须开口；“6”字向上升；“7、9”均出格；

“0、8”要封口。

1.2.2　记数方法及币值符号

（1）整数部分要正确使用分节号“,”和小数点“.”。

用小写数字记数时，整数应按“3 位 1 节”的记数方法，即由个位起从右往左每隔 3 位用分节号“,”分开，如 13,529,000。

（2）带小数的数字，应将小数点“.”写在个位和十分位之间的下方，如 687.30。

（3）在账本表格中，阿拉伯数字应从有效数最高位写起，以后每格必须写完。例如，陆仟伍佰元，应如图 1-2-3 所示。

亿	千	百	十	万	千	百	十	元	角	分
				¥	6	5	0	0	0	0

图 1-2-3　数码字（2）

（4）人民币符号的写法。

① 印刷体：¥

② 手写体：

常见外币符号（见表 1-2-1）

表 1-2-1　常见外币符号

外币币种	货币符号	辅币进位	面　　额
美元	USD	1 美元=100 分	1、2、5、10、20、50、100 元
英镑	GBP	1 镑 =100 便士	5、10、20、50 镑
欧元	EUR	1 欧元=100 欧分	5、10、20、50、100、200、500 欧元
瑞士法郎	CHF	1 瑞士法郎=100 生丁	10、20、50、100、500、1 000 法郎
日元	JPY		500、1 000、2 000、5 000、10 000 元
澳大利亚元	AUD	1 澳元=100 分	5、10、20、50、100 元
加拿大元	CAD	1 元=100 分	2、5、10、20、50、100、1 000 元
新加坡元	SGD	1 元=100 分	1、2、5、10、50、100、500、1 000、10 000 元

1.2.3　阿拉伯数字书写的订正

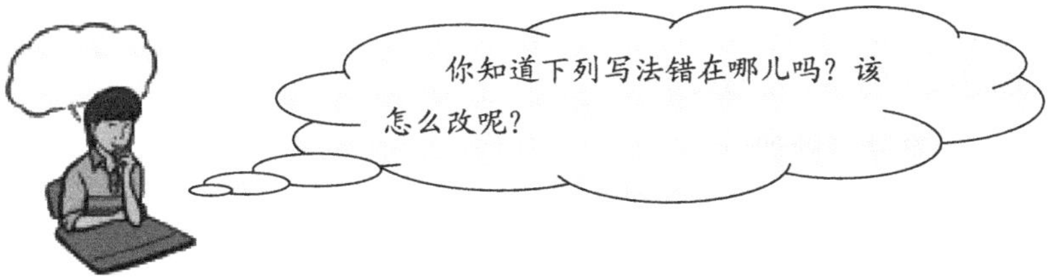

阿拉伯数字如果发生了错误或漏写，不能在原数字上直接涂改订正，如图 1-2-4 和图 1-2-5 所示。

亿	千	百	十	万	千	百	十	元	角	分
				¥ ¥	7 ~~6~~	5 ~~5~~	0	0	0	0

图 1-2-4　数码字错误更正法（1）

亿	千	百	十	万	千	百	十	元	角	分
				¥	9	5	0	0	0	0
				~~¥~~	~~9~~	~~5~~				

图 1-2-5　数码字错误更正法（2）

写错的数字必须先补齐 0，然后在写错的数字上画一条红线，再把正确的数字写在上面，同时在红线左端加盖订正人的印章，以示负责，如图 1-2-6 和图 1-2-7 所示。

亿	千	百	十	万	千	百	十	元	角	分
		盖章		¥	9	5	2	0	0	0
				~~¥~~	~~9~~	~~5~~	~~0~~	~~0~~	~~0~~	~~0~~

图 1-2-6　数码字正确更正法（1）

亿	千	百	十	万	千	百	十	元	角	分
		盖章		¥	3	9	7	6	7	0
				~~¥~~	~~3~~	~~9~~	~~6~~	~~7~~	~~7~~	~~0~~

图 1-2-7　数码字正确更正法（2）

具有支付效应的票据、凭证是不可更改的。

单元检测

1. 填空题

（1）用小写数字记数时，整数应按__________的记数方法，即由个位起从_____向____每隔 3 位用分节号“,”分开。

（2）在账本表格中，阿拉伯数字应从有效数________位写起，以后每格必须写完。

（3）阿拉伯数字书写时发生了错误或漏写，不能__________直接涂改订正。

（4）在账本表格中，写错的数字必须先________，再___________________，然后把正确的数字写在上面，并在__________加盖订正人的印章，以示负责。

2. 简答题

简述阿拉伯数字的具体书写要求。

3. 课外活动及学习建议

（1）利用网络或去金融机构咨询收集各种外币的货币符号。

（2）去企事业单位财务部门或银行咨询小写数字的写法及改错的方法。

单元 3　中文大写数字的书写

通过本单元的学习，要达到以下目标要求。

【知识目标】理解财经大写数字的具体书写要求。

【能力目标】1. 掌握财经大写数字的规范书写方法；

2. 掌握大小写数字转换的规律。

【德育目标】培养学生良好的思维习惯。

中文大写数字主要用于填写需要防止涂改的信用凭证。例如，支票、汇票、收据、借据、发货票、合同书及委托书等重要票据。

中文大写数字庄重，笔画繁多，可防篡改，有利于避免混乱和经济损失。中文大写数字可分为楷书和行书。

标准字样如下。

（1）基数词：壹、贰、叁、肆、伍、陆、柒、捌、玖、零。

（2）数位词：拾、佰、仟、万、亿。

（3）金额单位：元、角、分。

（4）常用词：人民币、整。

温馨提示： 书写应规范且易辨认。

1.3.1 中文大写数字的具体要求

（中文大写数字）（中文小写数字）

（1）书写要规范、正确、清楚、整齐、美观和大方。

中文大写数字书写时不得自造简化字。例如，将“零”写成“另”或“0”，将“元”写成“园”等。特别是行书，一定要符合公认的规范化笔画和笔顺。

（2）在大写金额前，必须冠以“人民币”3 个字，同时要求紧接数字，中间不得留有空格。

例 1：小写¥60.28，大写应为人民币陆拾元贰角捌分。

（3）不能用中文小写数字代替，也不能混合使用。

大写金额数字不能与小写数字〇、一、二、三、四、五、六、七、八、九、十、百和千等混合使用。因其笔画少，便于书写，但更易于涂改，多用于无须防止篡改的计划、总结、请示、报告及文件等。

例 2：大写人民币叁拾贰元伍角肆分，不能写成人民币三拾二元五角四分。

（4）不能漏字或写错，不能涂改，也不能用画线更正法更正注销再重新写数，必须重新填写凭证。

1.3.2 大小写换写方法

（1）基数词要与数位词结合起来表示数，顺序与读数一样。

例 1：小写¥160.00，大写应为人民币壹佰陆拾元整。

（2）大写金额数字如果元以下无角无分，其后必须写一个“整”字结尾；有角无分的可写也可不写“整”字。

例 2：小写¥90,000，大写应为人民币玖万元整。

例 3：小写 ¥35.40，大写应为人民币叁拾伍元肆角整。

（3）大写金额数字中间有几个连续的“零”时，这种情况可以只写一个“零”。但金额数字中间不连续的“零”应当全部照写。

例 4：小写¥300.25，大写应为人民币叁佰元零贰角伍分。

例 5：小写¥702.02，大写应为人民币柒佰零贰元零贰分。

（4）数字为拾几、拾几万时，大写金额数字为防止篡改，于“拾”字前必须加写“壹”字。

例 6：小写¥15.06，大写应为人民币壹拾伍元零陆分。

老钱说事

银行、单位和个人填写的各种票据和结算凭证是办理支付结算和现金收付的重要依据，直接关系到支付结算的准确性、及时性和安全性。票据和结算凭证是银行、单位和个人凭以记载账务的会计凭证，是记载经济业务和明确经济责任的一种书面证明。因此，填写票据和结算凭证必须做到标准化、规范化，还要要素齐全、数字正确、字迹清晰、不错漏、不潦草，防止涂改。

大小写转换正误写法对照表如表1-3-1所示。

表1-3-1　大小写转换正误写法对照表

小写金额	大写金额		
	正确写法	错误写法	错误原因
¥100.00	人民币壹佰元整	人民币：壹佰元整	人民币后面多了一个冒号“：”
¥8,250.60	人民币捌仟贰佰伍拾元零陆角整 或： 人民币捌仟贰佰伍拾元陆角整	人民币捌仟贰佰伍拾陆角整	漏写“元”字
		人民币捌仟贰佰伍拾零元陆角	“零”字的用法不对
¥106,000.00	人民币壹拾万零陆仟元整 或：人民币壹拾万陆仟元整	人民币拾万陆仟元整	漏写“壹”字
¥50,093,000.00	人民币伍仟零玖万叁仟元整	人民币伍仟万零玖万叁仟元整	多写一个“万”字
¥7,600,000.37	人民币柒佰陆拾万元零叁角柒分	人民币柒佰陆拾万零叁角柒分	漏写“元”字
¥130,004.00	人民币壹拾叁万零肆元整	人民币壹拾叁万另肆元整	将“零”字错写成“另”字

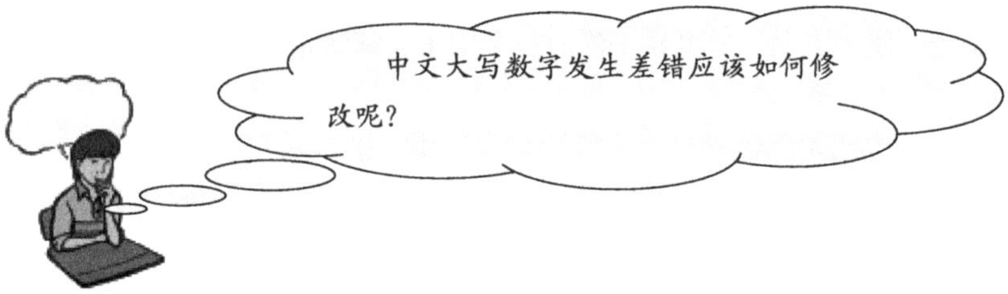

1.3.3　中文大写数字的订正

如果数字书写错误，就要进行订正。但中文大写数字订正的方法是有具体严格要求的，订正数字必须规范化，不能在原数字上涂改、挖补、乱擦或用消字药水销迹。

中文大写数字如果发生了错误或漏写，则不能涂改，也不能用其他方法更改，必须重新填写凭证。对重要凭证还需在作废的票据上加盖“作废”戳记。

单元检测

1. 金额大写练习

将下列阿拉伯数字金额写成中文大写金额。

（1）¥1,084.20（　　　　　）　　（2）¥625,206.07（　　　　　）

（3）¥123,800.90（　　　　　）　　（4）¥110.00（　　　　　）

（5）¥150,080.03（　　　　　）

2. 金额小写练习

将下列中文大写金额写成阿拉伯数字金额。

（1）人民币壹佰陆拾叁元整　（　　）

（2）人民币伍仟捌佰壹拾贰元肆角玖分　（　　）

（3）人民币柒佰万元整　（　　）

（4）人民币壹拾叁万元零伍分　（　　）

（5）人民币叁佰零贰万壹佰零玖元柒角整　（　　）

3. 改错题

（1）正确数字：326.97
误写：826.97

（2）正确数字：114,289.36
误写：114,298.36

（3）正确数字：245.00
误写：245

（4）正确数字：60,873.01
误写：600,873.01

（5）正确数字：719.60
误写：779.6

4. 思考题

为防止修改票据出票日期，应使用何种数字书写？具体有何规定？

5. 课外活动及学习建议

利用节假日到企业或银行了解凭证、账簿、支票和汇票等的书写规范。

模块 2

货币知识与人民币的识假技术

内容概要

要掌握人民币的识假技术，首先必须了解货币的基本常识。通过本模块的学习，使学生了解货币的起源与材质的发展、我国货币发展的基本知识，掌握新中国成立后人民币的基本常识，同时很好地掌握当前正在流通的第五套人民币的识假技术。

技能要求

1. 了解货币的形式发展
2. 掌握各套人民币的基本知识
3. 掌握现行流通人民币的多种人工识假方法

单元 1 货币基本知识概述

通过本单元的学习，要达到以下目标要求。

【知识目标】了解货币的概念。

【能力目标】1. 熟悉货币形式的演变；

2. 了解中国货币及纪念币的发展情况。

【德育目标】培养学生的爱国情操。

【课前准备】

1. 学生：收集各种货币的图样、实物。
2. 教师：中外货币的图样、实物及相关课件。

2.1.1 货币的含义

一提到货币，人们的第一感觉就是钱。在人们的眼中，钱可以给人们带来物质和精神的满足，俗话说“一分钱难倒英雄汉”，在商品社会无钱寸步难行。

那么到底该怎样定义货币呢？

从经济学价值形态发展的角度来看，货币就是固定充当一般等价物的商品；而从货币本身的功能看，货币是被普遍接受的交换媒介，刚刚懂事的小孩子都知道货币可以交换物品，也就是说货币能够作为交换手段、计价单位和支付手段，如果把货币存到银行，则它还能作为价值储藏的手段。

2.1.2 货币的形式演变及发展

货币和货币的载体是不同的。货币的载体可以是牛羊，也可以是金银，还可以是纸，或者是符号。几千年来，货币形式随着商品交换和商品经济的发展在不断地发展变化，大致经历了以下几个阶段（见图 2-1-1）。

实物货币	——	天然贝→骨贝、石贝、陶贝、铜贝
↓		
金属货币	——	铜、铁、银、金
↓		
代用货币	——	纸币
↓		
信用货币	——	银行券、商业票据、支票
↓		
电子货币	——	银行卡、网络货币

图 2-1-1 货币的发展阶段

1. 实物货币

实物货币就是以自然界中存在的物品或人们生产的某种物品充当币材的货币形式。

在商品生产和交换还不发达的古代，实物货币的形式五花八门，重要的外来商品和本地易于转让的财产就充当了货币。贝本身具有天然的单位，具有轻巧坚固、便于携带的特点，且原始社会的人们常用贝作为装饰品，用贝作为交换商品的手段是最方便合适的。因此，贝是我国最早的货币。

起初人们使用的是天然贝，之后又产生了人工制造的骨贝、石贝、陶贝和铜贝等（见图 2-1-2和图 2-1-3）。

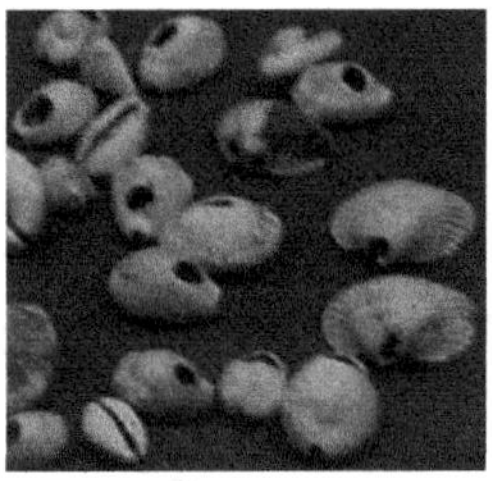

图 2-1-2　天然贝

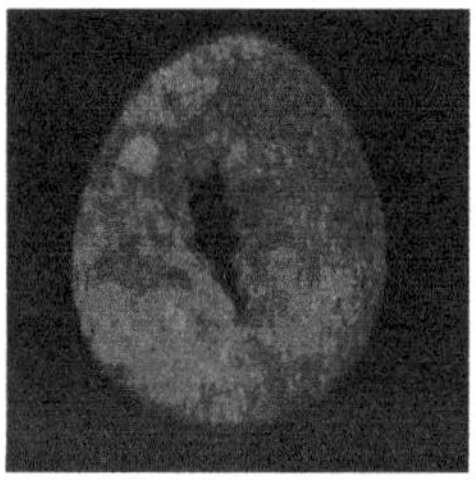

图 2-1-3　铜贝

2．金属货币

随着商品生产和交换的发展，特别是金属冶炼技术的发展，实物货币形状各异，不易分割、保存，不便携带，价值不稳定的弊端凸显。人们逐渐意识到与实物货币相比，金属货币具有价值稳定、易于分割、易于储藏等优势，更适合充当货币，因此，就逐渐以各种金属，如铜、铁、银和金等作为货币材料（见图 2-1-4 和图 2-1-5）。

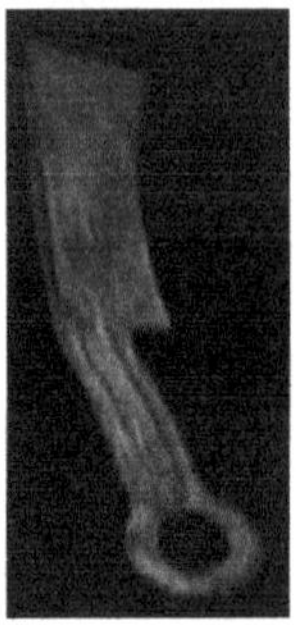

图 2-1-4　尖首刀币

图 2-1-5　投资金条

温馨提示： 贵金属黄金作为币材是金属货币发展的鼎盛时期，金属货币采用过秤量货币和铸币两种形式。

3．代用货币——纸币

纸币即纸制的货币，包括国家发行的纸制货币符号、商人发行的兑换券和银行发行的纸制信用货币。纸币最初是作为金属货币的符号，为克服金属货币在使用中的不便而发行的，与金属货币同时流通。金属货币制度崩溃以后，纸币取代金属货币，与存款货币一起成为主要的货币形式。

据考证，世界上第一张纸币——“交子”诞生在成都。

从发展历程上看，我国纸币具有久远性和独立性的特点，我国是世界上最早发行使用纸币的国家。最早可追溯到北宋时期，公元 994 年后，北宋出现了一种名为“交子”的纸币。其后发展历经南宋、金、元、明、清。

老钱说事

西南财经大学货币证券博物馆收藏专家称：北宋时期“交子”印制地在成都通锦桥附近的铁道部第二勘察设计院万佛寺旧址院内。

4．信用货币

信用货币是能够发挥货币功能的信用工具，包括商业票据、商业银行发行的银行券、中央银行发行的银行券和可以进行转账结算的银行存款等（见图 2-1-6）。

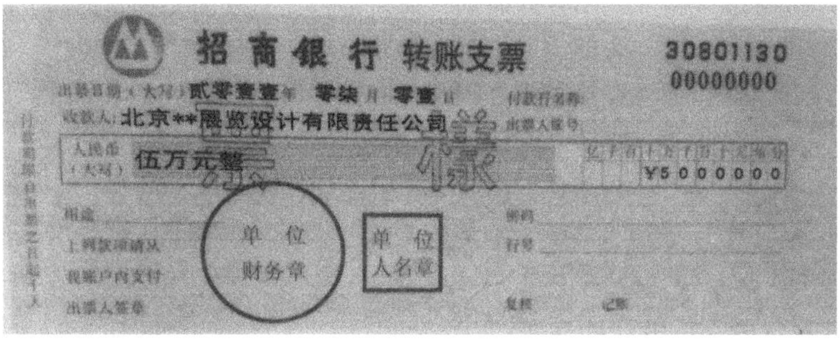

图 2-1-6　转账支票票样

5. 电子货币

近几十年来，信用货币的使用形式发生了很大的变化，从现钞和支票等形式向无形的电子货币形式发展，例如，银行在商场、超市、饭店和加油站等消费场所安装终端机，顾客在支付时只需使用银行卡（见图 2-1-7），或者微信钱包（见图 2-1-8）、支付宝等，计算机通过网络自动划拨账款，自动清算。

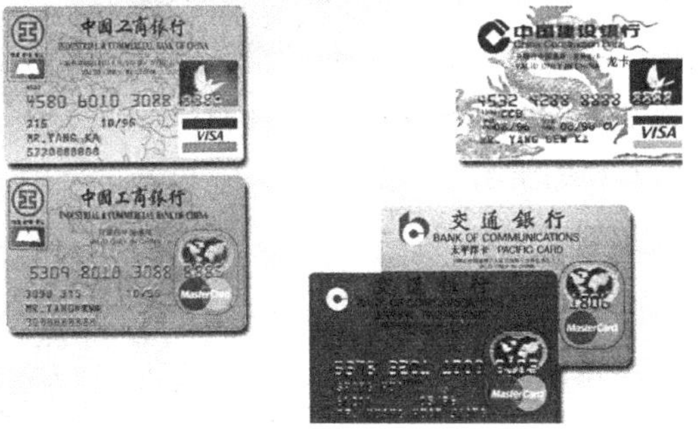

图 2-1-7　银行卡

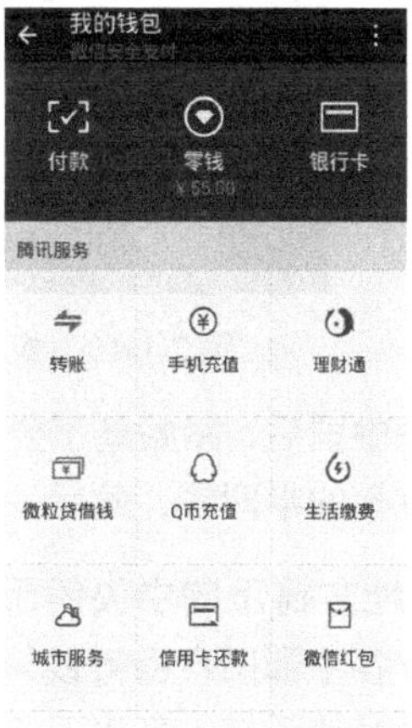

图 2-1-8　微信钱包

电子货币是没有物理形态的，可以在互联网上或通过其他电子通信方式进行支付的手段。随着互联网和电子货币的高速发展，未来人们可以不带任何现金出门而不受阻。电子货币作为现代经济高度发展和金融业技术创新的成果，比传统的信用货币更方便、准确、安全和节约，是货币作为交易媒介不断进化的表现。

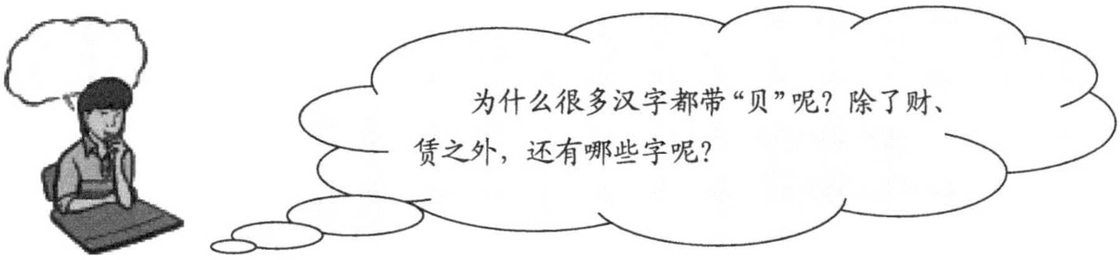

2.1.3　中国货币的发展

中国是世界上最早使用货币的国家之一，使用货币的历史长达 5 000 年之久，贝币、布币、刀币、圜钱、半两、五铢……在我国悠久的历史长河中出现了许多“钱币之最”。中国古代货币在形成和发展的过程中，先后经历了 5 次重大的演变。

1．由自然货币向人工货币的演变

图 2-1-9　天然贝

夏商时期，海贝是古人喜欢的一种装饰品，因其具有携带方便、坚固耐用等特点，人们便多采用海贝作为等价物，于是交换的媒介固定在海贝上，也就诞生了中国最原始的货币（见图 2-1-9）。

在中国的汉字中，凡与价值有关的字，大都有“贝”，这说明在汉字最初形成时，人们在观念上已把“贝”与钱财密切地联系在一起。

2．由杂乱形状向统一形状的演变

随着商品交换的发展，货币需求量越来越大，商朝人开始用铜仿制海贝。从商朝出现铜币后到战国时期，我国货币的形状很多。战国时期，不仅各国自铸货币，而且在一个诸侯国内的各个地区也都自铸货币。以赵国的铲币、齐国的刀币、秦国的圆形方孔钱和楚国的蚁鼻钱较为著名（见图 2-1-10 和图 2-1-11）。

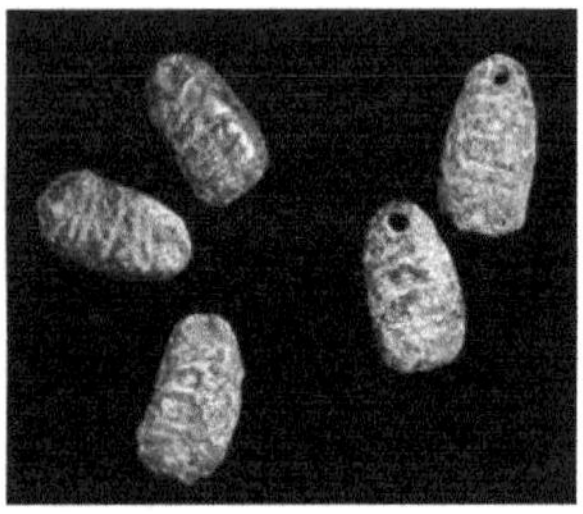

图 2-1-10　蚁鼻钱

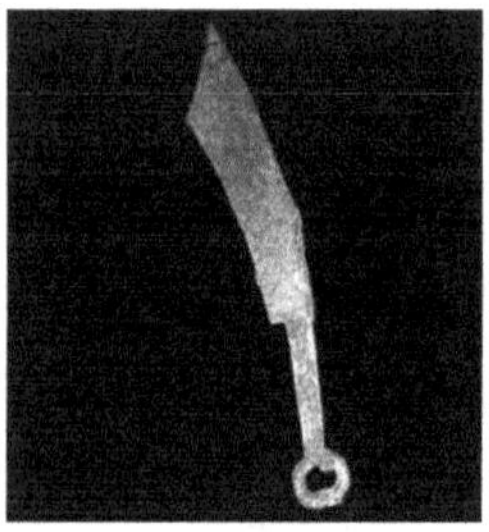

图 2-1-11　刀币

秦统一中国后，秦始皇于公元前 210 年颁布了中国最早的货币法，规定在全国范围内通行秦国圆形方孔的半两钱，此后一直延续使用到民国初期。

3．由地方铸币向中央铸币的演变

汉初，各个郡国自由铸钱，既造成了货币的混乱，又使富商大贾操纵铸币权，富比天子。公元前 113 年，汉武帝收回了郡国铸币权，由中央统一铸造五铢钱（见图 2-1-12）。由此确定了由中央政府对钱币铸造、发行的统一管理。

图 2-1-12　汉五铢钱

4．由文书重量向通宝、元宝的演变

自秦汉以来所铸的钱币，通常在钱文中都明确标明钱的重量。唐高祖武德四年（公元 621 年），李渊决心改革币制，统一铸造“开元通宝”钱。此后，我国铜钱不再用文书标重量，而以通宝、元宝相称，一直沿用到辛亥革命后的“民国通宝”（见图 2-1-13 和图 2-1-14）。

图 2-1-13　宋元通宝

图 2-1-14　咸丰通宝

5．由金属货币向纸币“交子”的演变

北宋时期，商品交换日益发达，货币流通额不断增加，年铸币达 80 万贯，使得铸钱的铜料十分紧缺，因此，在一些地区出现大量的铸造铁钱。因铁钱笨重不便，北宋创印的纸币“交子”（见图 2-1-15）在四川地区应运而生。宋真宗时，政府许可由成都 16 家富户共同经营。

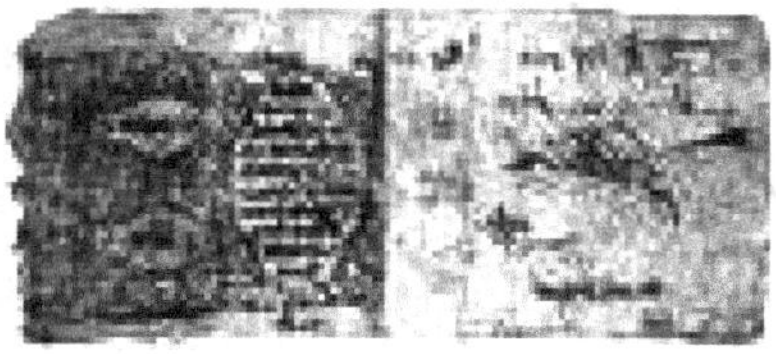

图 2-1-15　“交子”

> **温馨提示：**　　“交子”不但是我国最早的纸币，也是世界上最早的纸币。

1948 年 12 月 1 日，中国人民银行成立，开始发行人民币。此后，陆续收回各解放区发行的地方性货币，使人民币成为新中国的统一货币。

老钱说事

我国的货币自发行以来，历时 60 余年，已形成了完整、系统的货币体系，由中国人民银行统一印制，现已发行 5 套版式，前 3 套已停止流通，现在流通的货币为第四套和第五套人民币。

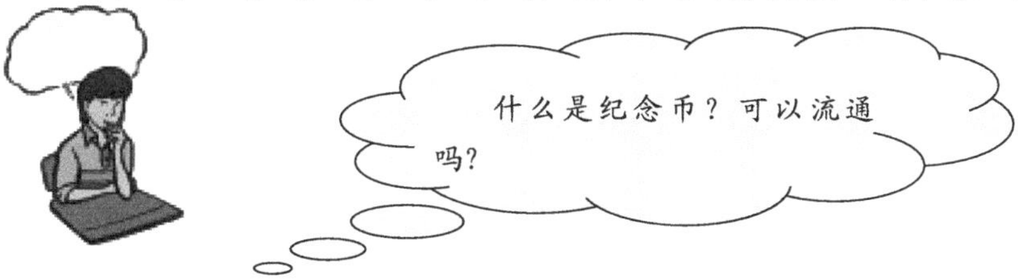

2.1.4　中国纪念币的发展

在各国的货币中，从功能看有普通货币和纪念币之分。

普通货币就是日常大量流通的货币。

纪念币是发行国为纪念本国或世界的重大事件，或纪念领袖人物、科学家、艺术家、名胜古迹和珍稀动物等而特别发行的一种货币。纪念币大多数是金属铸币，如国庆 60 周年金质纪念币（见图 2-1-16）等，也有少量是纸币。在金属铸币中，主要是由贵金属黄金和白银制作的，做工精细，图案设计优美。它虽是发行国的国家法定货币，但不参与货币流通。

图 2-1-16　国庆 60 周年金质纪念币

为丰富人民币币种和满足群众收藏的需要，自 1984 年开始，中国人民银行陆续发行了各种可流通的纪念币及特种纪念币，如猴年生肖纪念币（见图 2-1-17）、航天纪念币（见图 2-1-18）、航天纪念钞（见图 2-1-19）等。

图 2-1-17　猴年生肖纪念币

图 2-1-18　航天纪念币

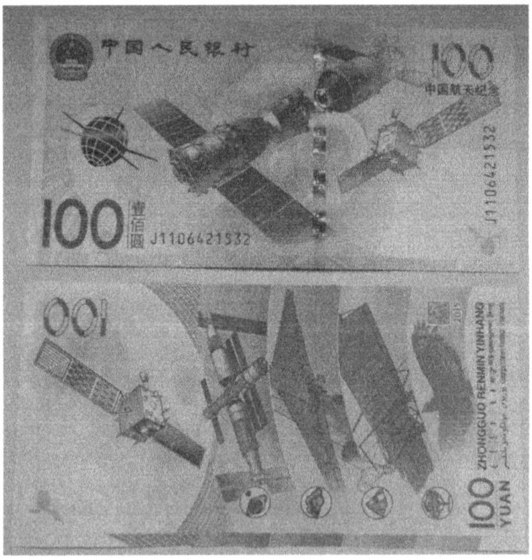

图 2-1-19　航天纪念钞

现代社会，无论城市还是乡村，货币和人们的日常生活已经紧密地联系在一起。假如现代人没有了货币，会陷入举步维艰的窘迫境地；假如现代文明没有了货币，也将陷入一片混乱之中。

老钱说事

金银币为何不按面额发行

日常流通使用的纸币、普通硬币等，其面额与本身的价值是基本一致的，即面额是多少价值就是多少。而贵金属纪念币则是以十分贵重的金属为材质铸造的，在面额低于实际价值的情况下如果按面额发行，铸造发行机构就无法承担其差价损失，同时也会造成民众囤积贵金属纪念币等问题。所以，贵金属纪念币不可能参与实际货币流通，也不能与同额纸币、普通硬币等值交换。

贵金属纪念币的面额是象征性的，目的是保持其国家货币的权威性，同时与民间铸造的金银纪念章区别开，从而具有特定的收藏价值，成为特殊的“国家名片”。因此，贵金属币的实际发售价是以每枚（套）铸币所含金银重量的国际市场价格加上生产费用、经销利润等合计定价的。

单元检测

1．填空题

（1）______是世界上最早使用纸币的国家，公元 994 年后，______出现了一种名为“交子”的纸币。

（2）货币就是固定充当一般等价物的______。

（3）货币的形式大致经历了几个阶段，分别是______、______、______、______、______。

（4）______币多数是金属铸币，也有少量是纸币。

（5）金属铸币主要是由______和______制作的。

2．简答题

简述货币形式的发展过程。

3．思考题（课外查资料）

据考证，北宋时期纸币“交子”的印制地在成都的万佛寿旧址，你知道纸币印制为什么要选在寺院里吗？

4．课外活动及学习建议

（1）利用到图书馆或上网查资料的方法学习古币、纪念币的收藏常识。中国收藏交易网为 http://www.cangnet.com，钱币天堂网为 http://www.coinsky.com。

（2）参观有关博物馆（见表 2-1-1），学习古币的相关知识。

表 2-1-1　北京地区有关钱币的博物馆

馆　名	地　址	电　话	营业时间	门　票
中国钱币博物馆	北京西城区西交民巷 22 号院	010-66081385	09:00—16:00 周一休息	成人 10 元，学生 5 元
北京市古代钱币展览馆	西城区德胜门东大街 9 号	010-62018073	09:00—16:00 周一休息	免费参观
首都博物馆	西城区复兴门外大街 16 号	010-63370491 010-63370492	09:00—16:00 周一休息	免费参观

单元2 人民币的基本常识

通过本单元的学习，要达到以下目标要求。

【知识目标】了解1～5套人民币的发行背景。

【能力目标】1. 熟悉1～5套人民币的面额、版别；

2. 掌握现行流通人民币的票面特征。

【德育目标】培养学生爱护人民币的道德情操。

【课前准备】

1. 学生：收集1～5套人民币的样张图片或实物。
2. 教师：人民币货币的图样、实物及相关课件。

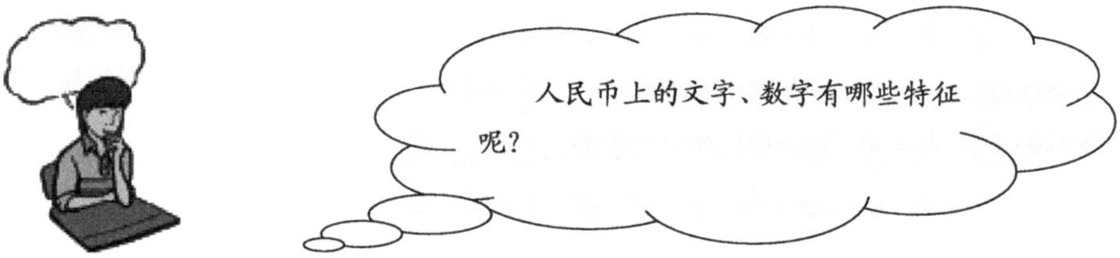

2.2.1 人民币的基本常识概述

《中国人民银行法》第三章第十五条规定：

"中华人民共和国的法定货币是人民币。"

人民币是指中国人民银行依法发行的货币，包括纸币和硬币。人民币票面基本构图，除了主景、图饰、面值外，还有盲文点、银行长图章、少数民族文字、汉语拼音、国徽、图案和冠字号码等。

人民币的单位为元，即人民币元（Renminbi Yuan），简写为"RMB"，以"¥"为代号，人民币的辅币单位为角、分。

中国人民银行于1948年12月1日成立，从我国开始发行第一套人民币至今已发行了五套人民币。

温馨提示： 目前市场上流通的人民币以第五套为主，还有部分第四套人民币。共有12种券别，分别为1、2、5分，1、2、5角，1、2、5、10、50、100元。

按照法律规定，人民币中元币以上为主币，其余角币、分币为辅币。形成主辅币3步进位制，即1元=10角=100分。按照材料的自然属性划分有金属币（也称硬币）、纸币（也称钞票）。纸币、硬币均等价流通。

2.2.2 第一套人民币

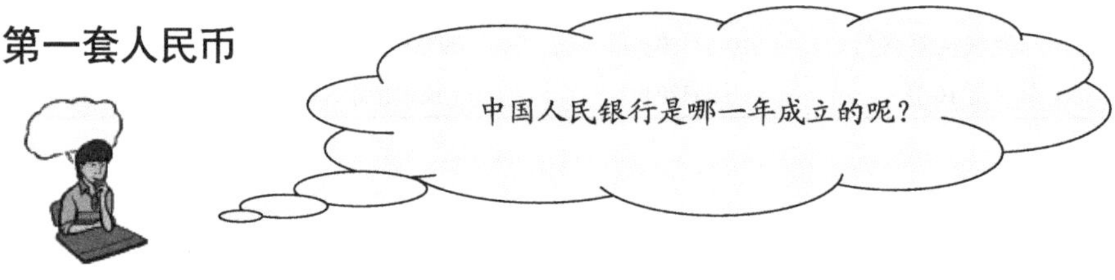

1．发行背景及发行的意义

1948 年年底，华北、西北、华东三大解放区的货币统一工作基本完成，为了适应形势发展的需要，经华北和山东人民政府、陕甘宁和晋绥两边区人民政府会商决定，合并华北解放区的华北银行、山东解放区的北海银行和西北解放区的西北农民银行。

1948 年 12 月 1 日上午 9 时，在河北省石家庄市发行第一批人民币：50 元券、20 元券、10 元券三种票币，首先在华北、山东和西北三大解放区流通使用。此后，各种券别和版面的人民币陆续发行并逐步推广到全国各个解放区，原来流通在各解放区的地方币陆续停止发行，并按规定比价收回。

1951 年年底，除西藏自治区和台湾省外，在全国范围内的货币已经统一，人民币成为我国唯一的合法货币，有力地支援了解放战争，同时，对稳定建国初期社会秩序，恢复生产，促进城乡物质交流发挥了重要作用。

老钱说事

我国第一家现代银行是 1897 年成立的中国通商银行，由盛宣怀主持创办。

1948 年 12 月 1 日，中国人民银行在河北省石家庄市成立，首任总经理为南汉宸，副经理为胡景云、关学文。

温馨提示： 1949 年 1 月，北平解放，中国人民银行总行迁到北京。

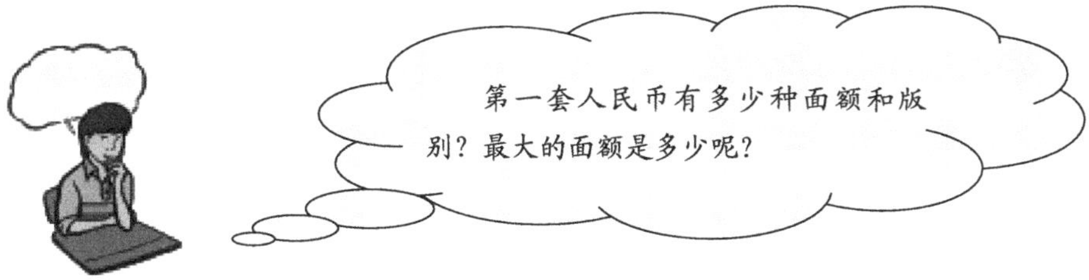

2．发行、停用时间及面额、版别

第一套人民币面额及版别如表 2-2-1 所示。

表 2-2-1　第一套人民币面额及版别

面额（元）	版别（种）
1	2
5	4
10	4
20	7
50	7
100	10
200	5
500	6
1 000	6
5 000	5

续表

面额（元）	版别（种）
10 000	4
50 000	2

（1）第一套人民币于 1948 年 12 月 1 日开始发行，至 1953 年 12 月，共 12 种面额 62 种版别。

（2）1948 年 12 月 1 日，我国第一批人民币——面值为 50 元开始进入流通领域。

（3）第一张人民币的编号为ⅠⅡⅢ——00000001。

（4）第一套人民币是 1955 年 5 月 10 日停止流通使用的。

（5）第一套人民币是人民币史上版别最多的一套。

第一套人民币图样（部分）如图 2-2-1～图 2-2-12 所示。

图 2-2-1　第一套 1 元

图 2-2-2　第一套 5 元

图 2-2-3　第一套 10 元

图 2-2-4　第一套 20 元

图 2-2-5　第一套 50 元

图 2-2-6　第一套 100 元

图 2-2-7　第一套 200 元

图 2-2-8　第一套 500 元

图 2-2-9　第一套 1 000 元

图 2-2-10　第一套 5 000 元

图 2-2-11　第一套 10 000 元

图 2-2-12　第一套 50 000 元

老钱说事

（1）第一套人民币上的所有汉字，如“中国人民银行”、“伍拾圆”等均是请当时的华北人民政府主席董必武同志用标准正楷题写的。

（2）人民币的票版是由晋察冀边区印刷局王益久和沈乃庸同志设计的。

（3）人民币由佳木斯东北银行印钞厂代印。

（4）在这套人民币中，1953 年 12 月发行的正面主景为新华门的五万元券，是我国发行面额最大的人民币，但流通时间不足一年半，于 1955 年 4 月 1 日停止流通，可谓是流通时间最短的人民币。

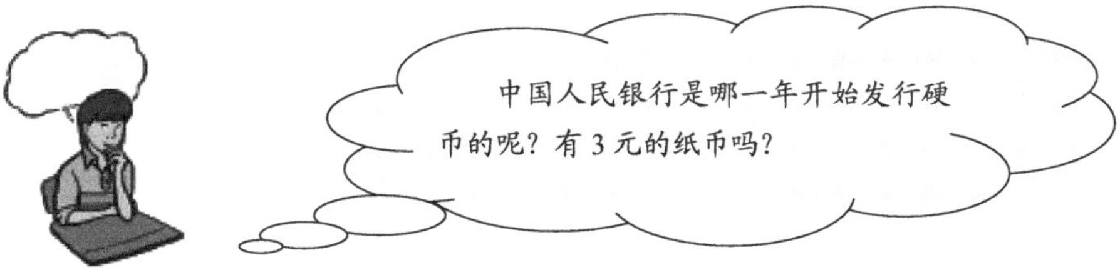

2.2.3　第二套人民币

1. 发行背景及发行的意义

为了改变第一套人民币面额过大等不足和提高印制质量，进一步健全我国货币制度，以便于交易和核算，1955 年 2 月 21 日国务院正式发布《关于发行第二套人民币和收回第一套人民币的命令》，决定由中国人民银行自 1955 年 3 月 1 日起发行新币（第二套人民币），收回旧币（第一套人民币），规定收回旧币的折合比率为 1:10000，即第二套人民币 1 元 = 第一套人民币 1 万元。

温馨提示： 自 1957 年 12 月 1 日起，发行 1 分、2 分、5 分三种硬分币，这是人民币硬币发行的开端。

第二套人民币消除了第一套人民币特有的战时货币痕迹，为促进社会经济建设发挥了巨大作用。这套人民币面额结构较为合理，首次实行主辅币制，并发行了金属分币，使新中国货币进入纸、硬币混合流通的时代，其面额结构体系成为未来各套人民币结构体系的基础，从此人民币的币值得到空前稳定。

2. 发行、停用时间及面额、版别

第二套人民币面额及版别如表 2-2-2 所示。

表 2-2-2　第二套人民币面额及版别

面　额		正 面 图 案	发 行 时 间	停 用 时 间
纸币	1分	汽车	1955年3月1日	2007年4月1日
	2分	飞机		
	5分	轮船		
	1角	拖拉机		1967年2月15日起只收不付
	2角	火车		1971年11月起只收不付
	5角	小丰满水电站		1999年1月1日起只收不付
	2元	延安宝塔山		1976年12月起只收不付
	1元	天安门	1955年3月1日 1961年3月25日	1969年10月20日 1973年8月15日
	3元	井冈山龙源口	1955年3月1日	1964年5月15日
	5元	各族人民团结图	1955年3月1日	1964年5月15日
			1962年4月20日	1983年12月1日起只收不付
	10元	工农联盟	1957年12月1日	1964年4月15日
硬币	1分	国名和国徽	1957年12月1日	
	2分			
	5分			

（1）自1955年3月1日起至1962年4月20日止，共印制发行了11种面额、17种版别的第二套人民币。

（2）主币为1元、2元、3元、5元、10元5种，辅币为1分、2分、5分、1角、2角、5角6种，共11种。

（3）1964年4月14日中国人民银行发布了《关于收回3种人民币票券的通告》，决定从1964年4月15日开始限期收回苏联代印的1953年版的3元、5元和10元券，1964年5月15日停止收兑和流通使用。

（4）中国人民银行宣布从2007年4月1日起停止第二套人民币1分、2分、5分纸币在市场上流通，从2006年10月1日起，市民可到银行营业网点进行兑换。

第二套人民币图样（部分）如图2-2-13～图2-2-20所示。

图2-2-13　第二套1角

图2-2-14　第二套2角

图2-2-15　第二套5角

图2-2-16　第二套1元

图 2-2-17　第二套 2 元

图 2-2-18　第二套 3 元

图 2-2-19　第二套 5 元

图 2-2-20　第二套 10 元

老钱说事

（1）这套人民币上的“中国人民银行”字样为当时的中国人民银行职员马义蔚书写，后两套人民币及现中国人民银行分支机构的行标仍沿用此字体。

（2）第二套人民币在印制工艺上除了分币外，其他券别全部采用胶凹套印，其中角币为正面单凹印刷；1 元、2 元、3 元和 5 元采用正背面双凹印刷；10 元还采用了当时先进的接纹印刷技术。

（3）迄今为止，我国发行的 5 套人民币中只有第二套人民币印制了 3 元面值的纸钞。

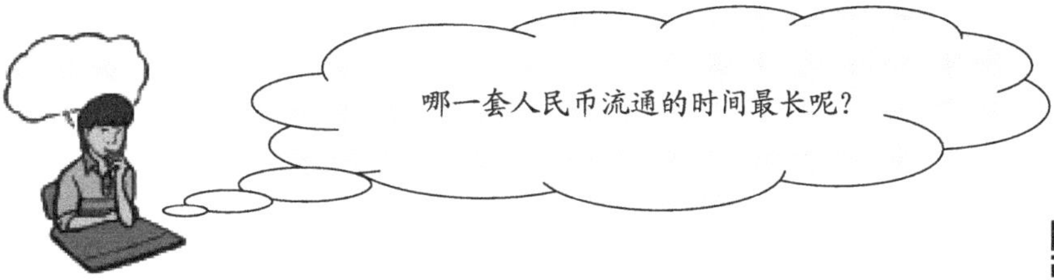

2.2.4　第三套人民币

（第三套人民币介绍）

1．发行背景及发行的意义

20 世纪 60 年代初，为适应国内外经济形势的变化，促进生产建设和商品流通的进一步发展，方便群众使用，国务院决定发行第三套人民币。

这套人民币具有主题思想鲜明、设计风格新颖、券别结构合理、主辅币品种齐全、印刷工艺先进并有较强的防伪性能等特点。第三套人民币的发行结束了我国货币生产依赖外国的历史。

2．发行、停用时间及面额、版别

第三套人民币面额、版别及票面图案特征如表 2-2-3 所示。

表 2-2-3　第三套人民币面额、版别及票面图案特征

面　额		版　别	正 面 图 案	主　色
纸币	1 角	1960 年	教育与生产劳动相结合图	枣红色
		1962 年		深棕、浅绿
				酱紫、橘黄

续表

面额		版别	正面图案		主色
纸币	2角	1962年	武汉长江大桥		墨绿色
	5角	1972年	纺织厂生产图		青莲色
	1元	1960年	女拖拉机手生产图		深红色
	2元		车床工人生产图		深绿色
	5元		炼钢工人生产图		深棕色
	10元	1965年	人民代表步出人民大会堂		黑色
硬币	1角	1980年	直径	20mm	
	2角			23mm	
	5角			26mm	
	1元			30mm	

（1）自1962年4月20日起至1980年4月15日止，经过18年时间，共印制发行了7种面额、8种原版、9种票券。如果按冠号、印制工艺和钞纸的不同至少可细分为24种。

（2）第三套人民币是我国目前发行、流通时间最长的一套人民币。第三套人民币自2000年7月1日起停止在市场上流通。

第三套人民币图样（部分）如图2-2-21～图2-2-25所示。

图2-2-21　第三套1元正面

图2-2-22　第三套1元反面

图2-2-23　第三套2元正面

图2-2-24　第三套5元正面

图2-2-25　第三套10元正面

老钱说事

（1）第三套人民币自1962年4月20日陆续发行以来，在市场上流通了38年。部分券别因改变图案、冠字号码及颜色等印制工艺，从20世纪70年代开始已实行只收不付。

（2）中国人民银行总行组织吴彭越、鞠文俊等雕刻师们共同会战，采用手工雕刻与机器雕刻相结合，使第三套人民币的艺术性和防伪性更为突出。代表性作品是吴彭越雕刻的5元券正面的炼钢工人和鞠文俊雕刻的1元券背面的天山放牧图。

（3）第三套人民币突破印制设备的技术难关，造出了我国自己的水印钞票纸，如国旗五角星满版水印和天安门固定水印，均由袁荣广和郑新臣设计雕刻。

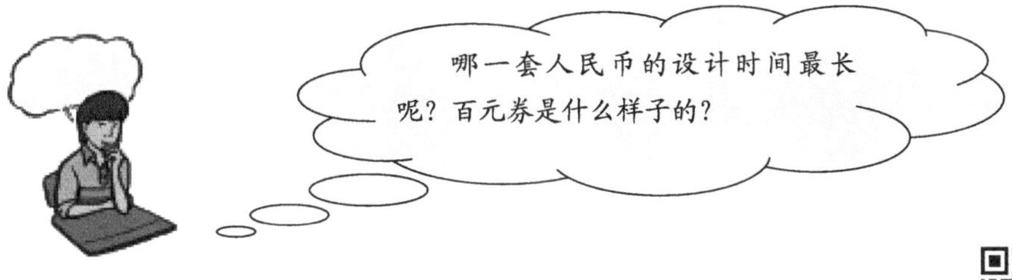

2.2.5 第四套人民币

（第四套人民币介绍）

1. 发行背景及发行的意义

第四套人民币是1983年开始设计的，在起初的设计中最大面额仍为10元，但已不能适应市场的需求，为此中国人民银行呈报国务院增印伍拾元和壹佰元的大票。设计人员经过充分研究，一致认为应将毛泽东、周恩来、刘少奇、朱德4位领袖侧面浮雕头像放在壹佰元券上，以科学概括“毛泽东思想是中国共产党集体智慧的结晶”，这种设计思想上报中央后很快得到批准，并在1988年5月10日首次发行，使我国货币制度进一步得以完善。

2. 发行时间及面额、版别

第四套人民币面额及版别如表2-2-4所示。

表2-2-4 第四套人民币面额及版别

<table>
<tr><th colspan="2">面额</th><th>版别</th></tr>
<tr><td rowspan="3">辅币</td><td>1角</td><td rowspan="5">1980</td></tr>
<tr><td>2角</td></tr>
<tr><td>5角</td></tr>
<tr><td rowspan="6">主币</td><td>5元</td></tr>
<tr><td>10元</td></tr>
<tr><td>1元</td><td>1980
1990
1996</td></tr>
<tr><td>2元</td><td rowspan="3">1980
1990</td></tr>
<tr><td>50元</td></tr>
<tr><td>100元</td></tr>
</table>

第四套人民币采取“一次公布，分次发行”的办法，从1987年4月27日开始发行至1997年4月1日止，共发行9种面额，14种券别，版别有1980版和1990版两种。

第四套人民币图样（部分）如图2-2-26～图2-2-31所示。

图 2-2-26　第四套 1 元正面

图 2-2-27　第四套 2 元正面

图 2-2-28　第四套 5 元正面

图 2-2-29　第四套 10 元正面

图 2-2-30　第四套 50 元

图 2-2-31　第四套 100 元

3．票面设计特点

（1）第四套人民币正面主景全部采用人物头像，背面主景取材于我国的名山大川。

（2）第四套人民币文字变化：

① 1 元以上主币上增印了盲文符号；

② 票面上全部采用了规范化汉字；

③ 改繁体字为简体字。

（3）第四套人民币采用多种防伪：

① 主币均采用水印防伪；

② 纸张中增设安全线；

③ 使用多种防伪油墨，如无色荧光油墨、同色异谱油墨和磁性油墨等；

④ 采用手工雕刻凹版印刷、凹印接线技术、套印对印技术和平凸版接线技术等，提高人民币的防伪功能。

> **温馨提示：** 1990 年版 100 元、50 元券首次使用了金属安全线，是在造纸时加入的，含在钞票纸中，使人民币的防伪功能进一步提高。

老钱说事

（1）第四套人民币是筹划设计时间最长的一套人民币，从 1967 年 1 月由中国人民银行总行提出设计设想，到 1985 年 5 月定案，历时 18 年，在设计思想、艺术风格和印刷工艺等方面均有创新和突破。

（2）第四套人民币开创了新中国成立后人民币中以领袖头像做图案的先河。

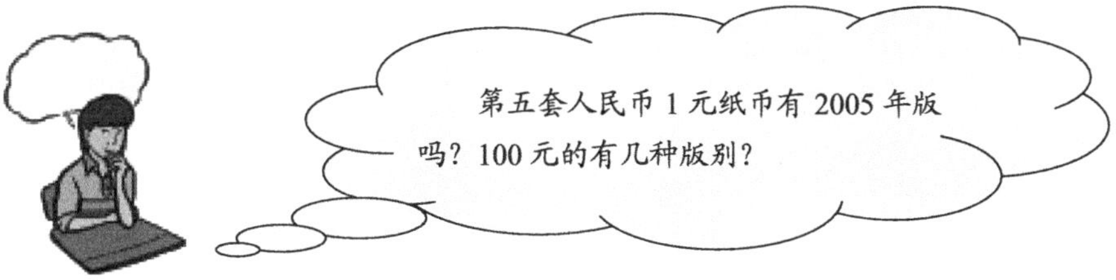

2.2.6 第五套人民币

1. 发行背景及发行的意义

为了进一步提高人民币的设计、印刷和防伪技术，1999年6月30日朱镕基总理签发国务院第268号令，责成中国人民银行自1999年10月1日起陆续发行第五套人民币，与第四套人民币混合流通。在新版人民币发行之前的3个月进行了公布和宣传，这是新中国成立后货币发行史上新的尝试，目的是使广大群众预先了解发行的意义，提高社会的适应能力。

新中国成立后，毛泽东头像首次独立成为第五套人民币的正面主景，了却了亿万人民长期崇敬开国领袖的心愿，有着极深远的历史意义。第五套人民币的发行标志着我国货币制度更加完善。

2. 发行时间及面额、版别

第五套人民币的面额及版别如表2-2-5所示。

表2-2-5 第五套人民币的面额及版别

<table>
<tr><th colspan="2">面　额</th><th colspan="3">版　别</th></tr>
<tr><td rowspan="6">纸币</td><td>1元</td><td colspan="3">1999年</td></tr>
<tr><td>5元</td><td rowspan="4">1999年</td><td colspan="2" rowspan="4">2005年</td></tr>
<tr><td>10元</td></tr>
<tr><td>20元</td></tr>
<tr><td>50元</td></tr>
<tr><td>100元</td><td>1999年</td><td>2005年</td><td>2015年</td></tr>
<tr><td rowspan="3">硬币</td><td>1角</td><td>1999年</td><td colspan="2">2005年</td></tr>
<tr><td>5角</td><td colspan="3" rowspan="2">1999年</td></tr>
<tr><td>1元</td></tr>
</table>

（1）第五套人民币（1999年版）从1999年10月1日开始发行，已发行了8种面额，10种版别。

（2）经国务院批准，中国人民银行对第五套人民币（1999年版）的生产工艺、技术进行了改进和提高。2005版第五套人民币于2005年8月31日发行流通。2015年版100元人民币于2015年11月12日开始正式流通。

第五套人民币纸币图样（部分）如图2-2-32～图2-2-39所示。

温馨提示： 1元纸币发行时间最晚，只有1999年版，没有2005年版。

图 2-2-32　第五套 100 元（1999 年版）

图 2-2-33　第五套 100 元（2005 年版）

图 2-2-34　第五套 100 元（2015 年版）

图 2-2-35　第五套 50 元

图 2-2-36　第五套 20 元

图 2-2-37　第五套 10 元

图 2-2-38　第五套 5 元

图 2-2-39　第五套 1 元

老钱说事

第五套人民币的面额结构在前 4 套人民币的基础上做了一些调整，取消了 2 元券和 2 角券，增加了 20 元券。这是因为随着物价水平的不断提高，在商品交易中 10 元面额的主币逐步承担起找零的角色，相对其他面额的货币来讲，10 元面额票券的使用量较多，使得客观上需要一种介于 50 元与 10 元面额之间的票券担当重任，以满足市场货币流通的需要，从而完善了币制。

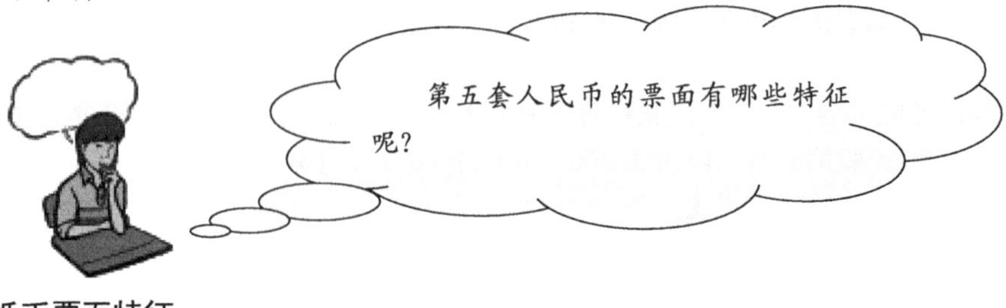

3．纸币票面特征

第五套人民币 2005 年版纸币票面特征如表 2-2-6 所示。

表 2-2-6　第五套人民币 2005 年版纸币票面特征

纸币面值			100 元	50 元	20 元	10 元	5 元	1 元
主色调			红色	绿色	棕色	蓝黑色	紫色	橄榄绿
规格	长（mm）		155	150	145	140	135	130
	宽（mm）		77	70	70	70	63	63
正面	主景		毛泽东头像					
	左侧	行名	中国人民银行					
		数字	100	50	20	10	5	1
		面额	壹佰圆	伍拾圆	贰拾圆	拾圆	伍圆	壹圆
		图案	椭圆形花卉	花卉				
	左上角		中华人民共和国国徽图案					
	右下角		盲文面额标记					
	正面		横竖双号码		左下角双色横号码			
背面	主景		人民大会堂	布达拉宫	桂林山水	长江三峡	泰山	西湖
	右上方		（1）“中国人民银行”的汉语拼音字母 （2）蒙、藏、维、壮 4 种民族文字的“中国人民银行”字样和面额					

4．硬币票面特征

第五套人民币硬币图样如图 2-2-40～图 2-2-42 所示。第五套人民币 2005 年版硬币特点如表 2-2-7 所示。

图 2-2-40　第五套 1 角硬币

图 2-2-41　第五套 5 角硬币

图 2-2-42　第五套 1 元硬币

表 2-2-7　第五套人民币 2005 年版硬币特点

硬　币		1 元	5 角	1 角
硬币色泽		镍白色	金黄色	铝白色
直径（mm）		25	20.5	19
正面	行名	中国人民银行		
	面额	1 元	5 角	1 角
	汉语拼音字母	YIYUAN	WUJIAO	YIJIAO
	年号	按发行时间各有不同		
背面	图案	菊花	荷花	兰花
	行名的汉语拼音字母	ZHONGGUORENMINYINHANG		
材质		钢芯镀镍	钢芯镀铜合金	铝合金
币外缘		圆柱面，并印有“RMB”字符标记	圆柱面，币外缘为间断丝齿，共有 6 个丝齿段，每个丝齿段有 8 个齿距相等的丝齿	圆柱面

温馨提示： 1 角硬币 1999 年版比较轻，易被造假；2005 年版比较重，由特殊材质制作，不易被仿制。

单元检测

1. 填空题

（1）自________起开始发行人民币硬币，这是人民币硬币发行的开端。

（2）版别最多的人民币是第________套人民币，最小面额只有________元，最大面额则是________元。

（3）流通时间最长的人民币是第________套人民币，长达________年。

（4）设计时间最长的人民币是第________套人民币，历时________年。

（5）第________套人民币的防伪性能，标志着我国的印钞造币技术已达到了世界先进水平。

2. 单项选择题

（1）第一套人民币是________中国人民银行成立时开始发行的。

A. 1948 年 12 月 1 日　　B. 1949 年 12 月 3 日

C. 1948 年 11 月 1 日

（2）________，北平解放，中国人民银行总行迁到北京。

A. 1948 年 1 月　　B. 1949 年 1 月

C. 1947 年 1 月

（3）第四套人民币 100 元正面用（自右向左）______、______、______、______4 位领袖像，背面为______全景。

A. 毛泽东、刘少奇、周恩来、朱德；井冈山

B. 毛泽东、周恩来、刘少奇、朱德；井冈山

C. 毛泽东、周恩来、刘少奇、朱德；长城

（4）自________起陆续发行第五套人民币。

A. 1999 年 10 月 1 日　　　　B. 1998 年 10 月 1 日

C. 2000 年 10 月 1 日

（5）到目前为止，我国发行的 5 套人民币中只有_______人民币印制了 3 元面值的纸钞。

A. 第一套　B. 第二套　C. 第三套　D. 第四套　E. 第五套

3. 问答题

第五套人民币的票面有何特征？

单元 3　人民币的人工识假技术

通过本单元的学习，要达到以下目标要求。

【知识目标】了解假币的概念及类别。

【能力目标】1. 熟悉识别假人民币的方法；

2. 掌握第五套人民币的防伪点；

3. 能正确处理发现的假币。

【德育目标】培养学生的爱国情操。

【课前准备】

1. 学生：第五套人民币实物货币 1～5 种。
2. 教师：第五套人民币各种版别及面额的实物货币、假币图片及有关课件。

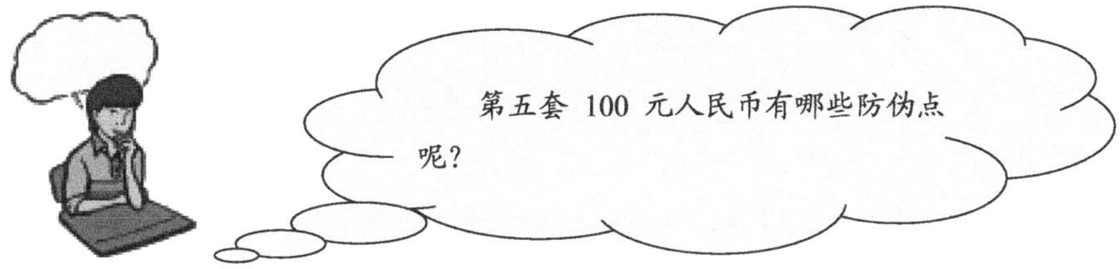

如今人们上街购物，警惕性都非常高，付款时如果使用面额比较大的钞票，收款方免不了使用验钞机，而拿着找来钞票的顾客也会很在意地多看两眼，以防止收到假钞。

据统计，公安部决定自 2009 年 1 月 20 日开始在全国开展为期 10 个月的打击假币犯罪专项行动以来，截至 2009 年 9 月共破获假币犯罪案件 1 807 起，是 2008 年全年的 1.5 倍；缴获假人民币 6.84 亿元，为 2008 年全年缴获量的 1.7 倍；捣毁伪造、加工窝点 24 个，为 2009 年的 3 倍。100 元假币如图 2-3-1 所示。

图 2-3-1　100 元假币

2.3.1 假币的基本知识

货币是指人民币和外币，假币是指伪造、变造的货币，既包括人民币假币，也包括外币假币，本单元只对假人民币做介绍。

假人民币是指仿照真人民币纸张、图案、水印和安全线等原样，利用各种技术手段非法制作的伪币。假人民币包括伪造币和变造币。假币的分类如图 2-3-2 所示。

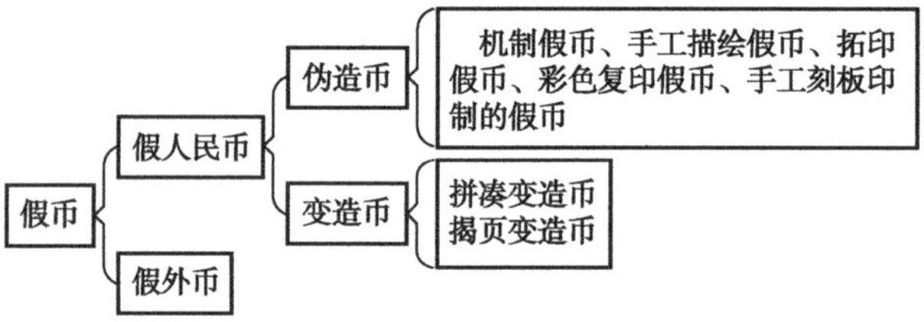

图 2-3-2 假币的分类

1．伪造币

伪造币是指仿照真人民币的图案、形状和色彩等，通过机制、拓印、刻印、照相和描绘等手段制作的假人民币。其中，电子扫描分色制版印刷的机制假币数量最多，危害性最大。100 元 HD90 伪造币如图 2-3-3 所示。

图 2-3-3 100 元 HD90 伪造币

2．变造币

变造币是指在真币的基础上或以真币为基本材料，通过挖补、剪接、涂改和揭层等办法加工处理，使原币改变数量、形态实现升值的假人民币。针对银行机具，防伪点不全而言，它的欺骗性较大。100 元变造币如图 2-3-4 所示。

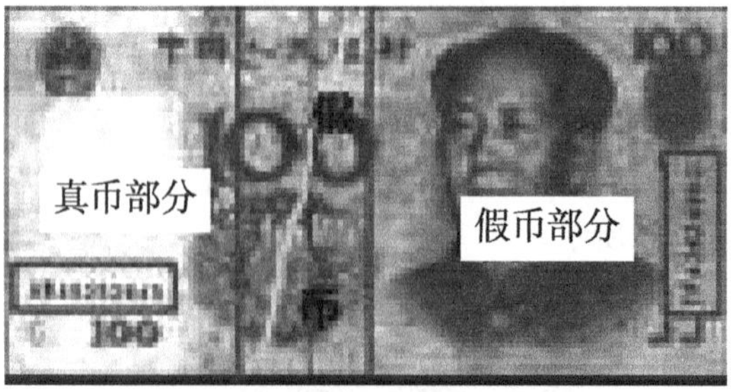

图 2-3-4 100 元变造币

老钱说事

第五套已发现的假币冠字号码

人民币纸币上的编码又称冠字号码，“冠字”是印在纸币上用来标记印刷批次的两个或三个英文字母，由印钞厂按一定规律编排和印刷；“号码”则是印在冠字后面的阿拉伯数字流水号，用来标明每张钞票在同冠字批次中的排列顺序。

（1）100元编号：CE86、CH31、HD90、HB90、WJ1、TJ55、AZ88、WL15、YX86开头。

（2）50元编号：FA开头。

（3）10元编号：AB77、AB88、AB99开头。

2.3.2 识别真假纸币的技巧

识别假币通常采用直观对比和仪器检测相结合的方法，即“看、摸、听、测、量”的方法。

1. 眼看法

看的位置	具体内容
水印	肉眼看钞票的水印是否清晰、有无层次和立体的效果。把人民币迎着光线照看，真币水印立体感强，假币水印多为线条组成，或过于清晰，或过于模糊
安全线	各券别票面的正面中间偏左均有一条安全线，假币仿造的文字不清晰，线条活动易抽出
票面图案	整张票面图案是否单一或者偏色，钞面图案色彩是否鲜艳、线条是否清晰、对接图案是否对接完好，无留白或空隙
隐形面额数字	用5倍以上放大镜观察票面，看图案线条、缩微文字是否清晰干净，在纸币各券别票面图案中均印有缩微文字
整体印刷效果	真人民币使用特制的机器和油墨印刷，整体效果精美细致，假币的整体效果粗糙，工艺水平低

2. 手摸法

（1）触摸票面上凹印部位的线条是否有明显的凹凸感，假币无凹凸感或凹凸感不强烈。

（2）摸纸币是否薄厚适中，挺括度好，真币纸张发涩，假币纸张平滑。

3. 耳听法

人民币纸币所使用的纸张是经过特殊处理、添加有化学成分的纸张，挺括耐折。手持钞票用力抖动、手指轻弹或两手一张一弛轻轻对称拉动，能听到清脆响亮的声音。假币纸张绵软、无韧性，偏薄或偏厚，抖动或者弹击的声音发闷，不耐揉折。

4. 仪器检测法

借助一些简单工具和专用仪器来分辨人民币真伪。

仪 器 名称	检 测 方 法
放大镜（见图 2-3-5）	观察票面线条清晰度，胶、凹印缩微文字等
紫光灯（见图 2-3-6）	照射钞票，可以观察钞票纸张和油墨有无荧光反应
磁性检测仪	检测黑色横号码的磁性
防伪点钞机（见图 2-3-7）	将紫外线照射等技术运用于点钞机，在机器点钞的运行过程中，如出现假币则机器会自动停机并报警
清分机（见图 2-3-8）	又称为钞票清分机、现金清分机、货币清分机和纸币分选机，是一种高端的金融机具产品

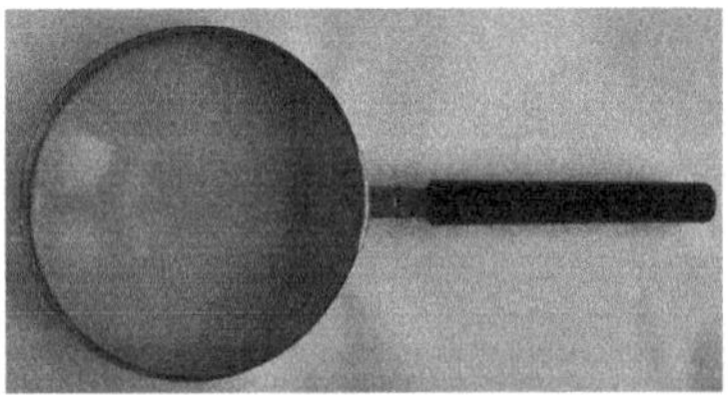

图 2-3-5　放大镜

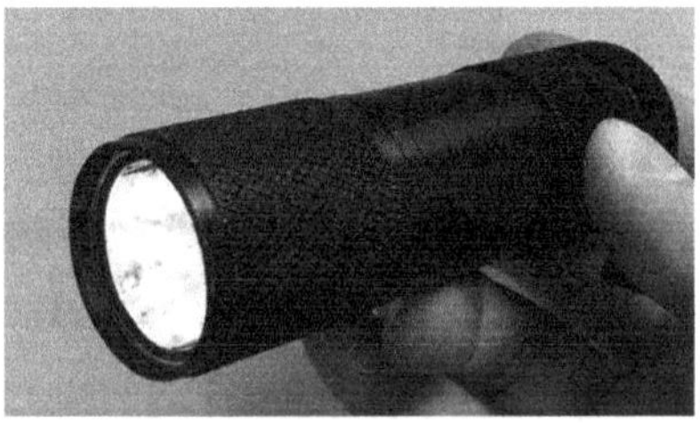

图 2-3-6　紫光灯

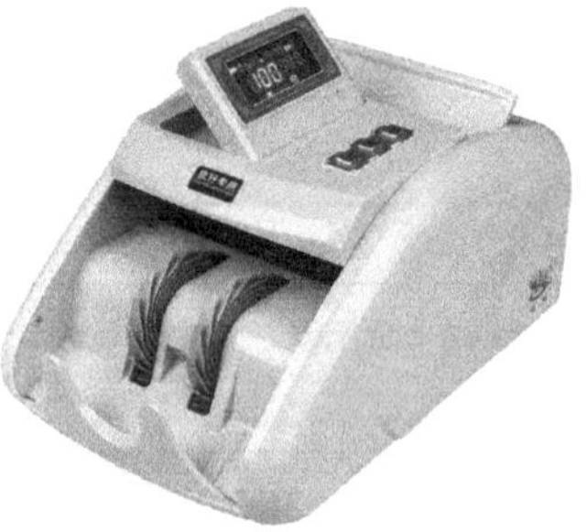

图 2-3-7　防伪点钞机

图 2-3-8　清分机

5. 尺量法

尺量法即用尺衡量钞票的规格尺寸，真人民币纸币的尺寸十分严格，精确到以毫米计。

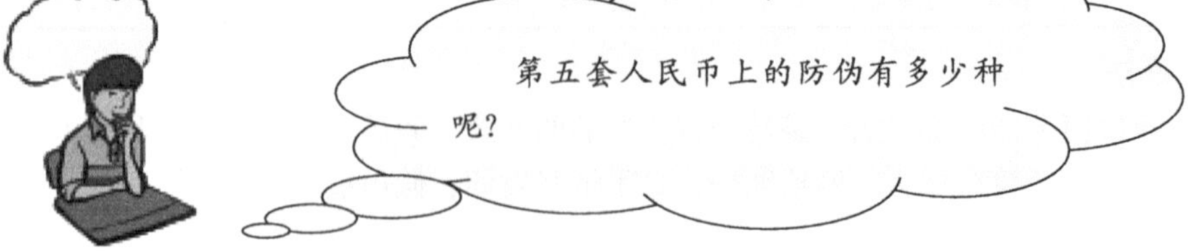

2.3.3　第五套人民币的防伪特征

本书重点以第五套人民币 2015 年版 100 元为例介绍防伪特征。

1. 光变镂空开窗安全线

光变镂空开窗安全线位于票面正面右侧。垂直票面观察，安全线呈品红色；与票面成一定角度观察，安全线呈绿色；透光观察，可见安全线中正反交替排列的镂空数字“100”，如图 2-3-9 所示。

2．光彩光变数字

光彩光变数字位于票面正面中部。垂直票面观察，数字以金色为主；平行观察，数字以绿色为主。观察角度改变，数字在金色、绿色间变化，并可见一条亮光带上下滚动，如图 2-3-10 所示。

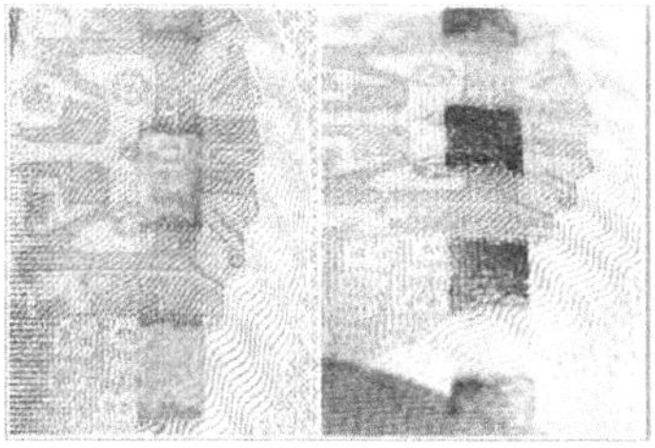

图 2-3-9　光变镂空开窗安全线

图 2-3-10　光彩光变数字

3．人像水印

位于票面正面左侧空白处，迎光透视，可以看到立体感很强的毛泽东头像水印，如图 2-3-11 所示。第五套人民币固定水印图案及安全线的设定方式如表 2-3-1 所示。

表 2-3-1　第五套人民币固定水印图案及安全线的设定

面　值	固定水印图案	安　全　线
100 元	毛泽东头像	磁性缩微文字“RMB100”
50 元	毛泽东头像	磁性缩微文字“RMB50”
20 元	荷花	一条明暗相间的安全线
10 元	月季花	“¥10”
5 元	水仙花	“¥5”
1 元	兰花	“¥1”

4．胶印对印图案

票面正面左下方和背面右下方均有面额数字“100”的局部图案。透光观察，正背面图案组成一个完整的面额数字“100”，如图 2-3-12 所示。

图 2-3-11　人像水印

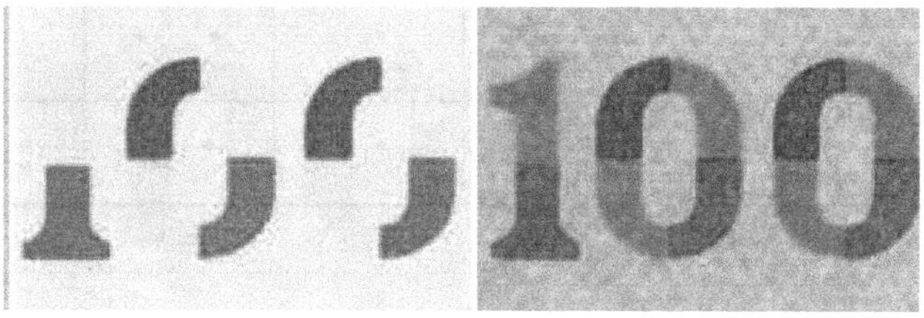

图 2-3-12　胶印对印图案

5．横竖双号码

票面正面左下方采用横号码，其冠字和前两位数字为暗红色，后六位数字为黑色；右侧竖号码为蓝色，如图 2-3-13 所示。

6．白水印

位于票面正面横号码下方。透光观察，可以看到透光性很强的水印面额数字“100”，如图 2-3-14 所示。

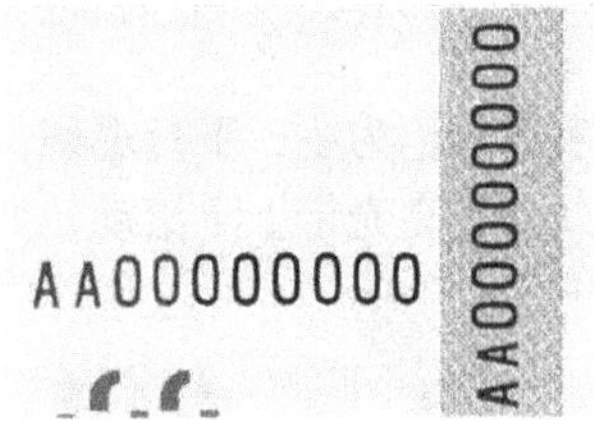

图 2-3-13 横竖双号码

图 2-3-14 白水印

7．雕刻凹印

票面正面毛泽东头像、国徽、“中国人民银行”行名、右上角面额数字、盲文及背面人民大会堂等均采用雕刻凹印印刷，用手指触摸有明显的凹凸感，如图 2-3-15 所示。

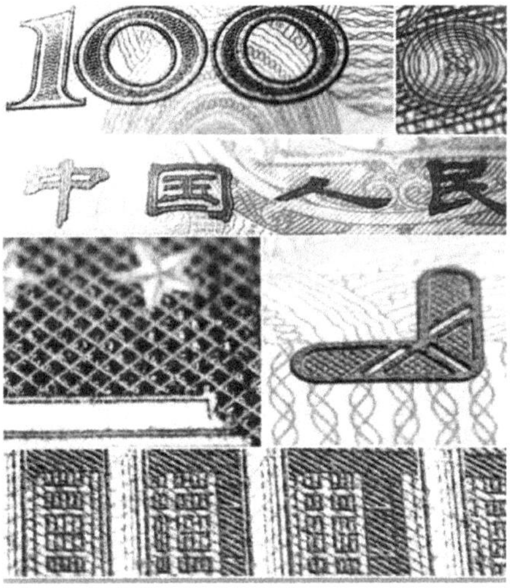

图 2-3-15 雕刻凹版

温馨提示：第四、五套人民币盲文面额标记对比如表 2-3-2 所示。

表 2-3-2 第四、五套人民币盲文面额标记对比

	1元	2元	5元	10元	20元	50元	100元
第四套	•	:	⠑	• ⠛		• ⠛•	• ⠛⠛
第五套	•		⠑	• ┘	: ┘	⠑ ┘	• ┘┘

2.3.4 发现假币的处理方法

1. 金融机构发现假币

（1）在办理业务时发现假币，由该金融机构两名以上业务人员当面予以收缴。对假人民币纸币，应当面加盖“假币”字样的戳记，对假外币纸币及各种假硬币，应当面以统一格式的专用袋在封口处加盖“假币”字样的戳记，并应向持有人出具中国人民银行统一印制的《假币收缴凭证》（见图 2-3-16），并告知持有人如对被收缴的货币真伪有异议，可向中国人民银行当地分支机构或中国人民银行授权的当地鉴定机构申请鉴定。收缴的假币不得再交予持有人。

（2）金融机构在收缴假币过程中一次性发现假人民币 500 元以上、假外币 10 张以上、属于利用新的造假手段制造假币的、有制造贩卖假币线索的、持有人不配合金融机构收缴行为的，应当立即报警，请民警到场。

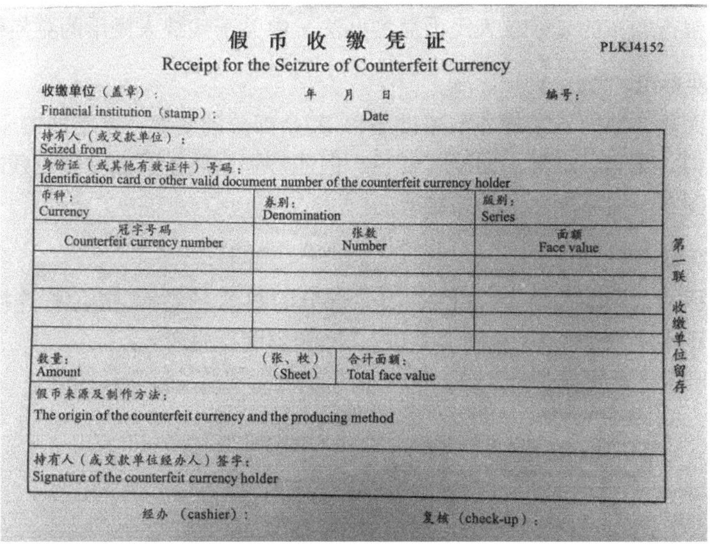
假 币 收 缴 凭 证
Receipt for the Seizure of Counterfeit Currency
PLKJ4152

收缴单位（盖章）：Financial institution（stamp）：　年 月 日 Date　编号：

持有人（或交款单位）：Seized from		
身份证（或其他有效证件）号码：Identification card or other valid document number of the counterfeit currency holder		
币种：Currency	券别：Denomination	版别：Series
冠字号码 Counterfeit currency number	张数 Number	面额 Face value
数量：Amount（张、枚）（Sheet）	合计面额：Total face value	
假币来源及制作方法：The origin of the counterfeit currency and the producing method		
持有人（或交款单位经办人）签字：Signature of the counterfeit currency holder		

第一联 收缴单位留存

经办（cashier）：　复核（check-up）：

图 2-3-16　假币收缴凭证

2. 收款单位发现假币

（1）单位的财会出纳人员，在收付现金时发现假币，应立即送交附近银行鉴别。

（2）单位发现可疑币不能断定真假时，不得随意加盖“假币”戳记和没收，应向持币人说明情况，开具临时收据，连同可疑币及时报送当地人民银行鉴定。经中国人民银行鉴定，确属假币时，应按发现假币后的办法处理；如确定不是假币时，应及时将钞票退还持币人。

3. 日常生活中发现假币

广大群众在日常生活中发现假币，应立即就近送交银行鉴定，并向公安机关和银行举报并提供有关详情，协助破案。

4. 假币持有人对被收缴假币提出异议的权利

如持有人对被收缴货币的真伪有异议，可以自收缴之日起 3 个工作日内，持《假币收缴凭证》直接或通过收缴单位向中国人民银行当地分支机构或中国人民银行授权的当地鉴定机构提出书面鉴定申请。

中国人民银行分支机构和中国人民银行授权的鉴定机构应当无偿提供鉴定货币真伪的服务，鉴定后应出具中国人民银行统一印制的《货币真伪鉴定书》，并加盖货币鉴定专用章和鉴定人名章。

温馨提示： 只有中国人民银行及工、农、中、建4家银行有权进行鉴定，且为无偿鉴定。

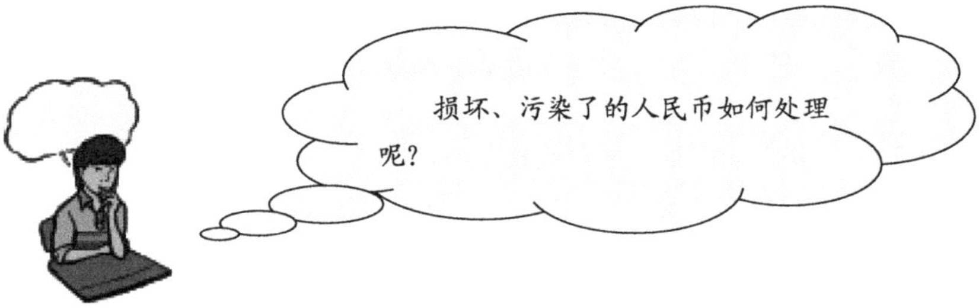

2.3.5 残缺人民币的兑换标准

在中国人民银行颁布的《残缺人民币兑换办法》中关于残缺人民币的兑换标准规定如下。

1. 全额兑换标准

（1）能辨别面额，票面残缺部分不超过1/4，其余部分的图案、文字能按原样连接者。

（2）票面污损、熏焦、水湿、油浸、变色，但能辨别真假，票面完整或残缺不超过 1/4，票面其余部分的图案、文字能照原样连接者。

2. 半额兑换标准

（1）能辨别面额，票面残缺1/4～1/2，其余部分的图案、文字能按原样连接者。

（2）纸币呈正十字缺少1/4（见图2-3-17），但能辨别真假者。

（3）5分按半额兑换的，兑付2分。

图2-3-17 残缺正十字纸币

3. 不予兑换

（1）票面残缺50%以上者。

（2）兑付额不足1分的。

（3）票面污损、熏焦、水湿、变色，不能辨别真假者。

（4）故意挖补、涂改、剪贴、拼凑、揭去一面者。

残缺人民币由中国人民银行收回销毁，不得流通使用。不予兑换的残缺、污损人民币，应退回原持有人。

单元检测

1. 填空题

（1）假人民币包括________和________。

（2）____________印刷的机制假币数量最多，伪造水平较高，危害性最大。

（3）变造的人民币主要有__________、__________。

（4）伪造的人民币版本有__________、__________、__________、__________、__________。

（5）可以没收假币的部门有__________、__________、__________。

2. 判断正误并说明理由

（1）在集体活动收钱时，为避免收到假币，可以用铅笔在票面上写上姓名。(　　)

（2）现在流通的人民币5角硬币的金黄色很好看，可以打个孔用丝线挂在脖子上。(　　)

（3）遇有外国人想买一些人民币留作纪念，我们为了表示友好可以与之兑换一些。(　　)

（4）以人民币支付中华人民共和国境内的一切公共的和私人的债务时，遇有残缺污损人民币，单位和个人可以拒收。(　　)

（5）单位持有伪造、变造的人民币，应当及时上交中国人民银行、公安机关或办理人民币存取款业务的金融机构，而个人持有时可悄悄地花掉。(　　)

3. 简答题

（1）识别真假币的基本方法有哪些？

（2）发现假人民币时应该怎么做？

（3）假币持有人如果对收缴假币有异议应该怎么办？

（4）残缺、污损人民币可予以全额或半额兑换的标准是什么？

（5）第五套人民币2015年版100元的防伪特征有哪些？

模块 3

外汇常识与外币识假技术

内容概要

外汇是在财经工作中经常遇到的支付手段和资产。首先必须了解外汇的概念，其次就是掌握我国现行可兑换的外币的识假、反假币技术，以及我国对于外汇的基本管理制度。

技能要求

1. 能够明晰外汇与外币的区别
2. 熟悉常见外币的票面图案
3. 掌握常见外币的基本人工识假方法

单元 1 外 汇 概 述

通过本单元的学习，要达到以下目标要求。

【知识目标】了解外币的概念。
【能力目标】熟悉外汇的分类方法。
【德育目标】培养学生的爱国情操。

【课前准备】

1. 学生：收集有关外币的各种资料、图片。
2. 教师：外币实物、图片、课件。

3.1.1 外汇初识

随着我国对外开放程度的日益扩大、民间文化与经济等对外交往的日益增多，普通市民的收入也呈多元化发展趋势，到国外旅游已不再是什么新鲜事，居民手中的外币币种和数量日渐增多，以人民币统一“天下”的居民收入结构已在悄然地发生着变化。因此，不论是作为未来的金融、财会人员，还是社会生活中的一员，都有必要了解外汇的有关概念。

《中华人民共和国外汇管理条例》所称外汇，是指下列以外币表示的可以用做国际清偿的支付手段和资产。

（1）外国货币：包括纸币和铸币。

（2）外币支付凭证：包括票据、银行存款凭证和邮政储蓄凭证等。

（3）外币有价证券：包括政府债券、公司债券和股票等。

（4）特别提款权：是国际货币基金组织设立的一种储备资产和记账单位，也称“纸黄金”，由基金组织分配给会员国的一种使用资金的权利。

（5）其他外汇资产。

3.1.2 外汇的分类

根据我国现行的外汇管理法令规定，在中华人民共和国境内禁止外币流通，并不得以外币计价结算。为了方便来华旅游的外宾和港、澳、台同胞用款，中国银行及其他外汇指定银行除受理外币旅行支票、外国信用卡兑换人民币的业务外，还受理 20 多种外币现钞和中国台湾新台币的兑换业务。首先了解一下外汇的不同分类。

1. 按照外汇进行兑换时的受限制程度

货币兑换可分为三个层次：一是不可兑换，二是国际收支经常项目下可兑换，三是完全可自由兑换。

外汇兑换时的受限程度
- 自由兑换外汇
- 有限自由兑换外汇
- 记账外汇

（1）自由兑换外汇

进行兑换时受限制程度较小，如美元、港币和加拿大元等，其条件如下：

① 在国际结算中用得最多。

② 在国际金融市场上可以自由买卖。

③ 在国际金融中可以用于偿清债权债务。

④ 可以自由兑换其他国家货币。

温馨提示：	我国目前可以收兑的外币有美元、英镑、日元、欧元、港币（这五种外币一般城市里的中国银行营业网点都能兑换），此外，澳大利亚元、加拿大元、瑞士法郎、丹麦克朗、挪威克朗、瑞典克朗、新加坡元、马来西亚林吉特和澳门元、韩元、新西兰元、泰铢、菲律宾比索、新台币等 10 多种外币，必须要到中国银行的省级营业点才能兑换，兑换时要带身份证。中国周边国家的货币，如越南盾、俄罗斯卢布等，只有在与这些国家的边界交界处才能兑换。

（2）有限自由兑换外汇

国际货币基金组织（IMF）规定，凡对国际性经常往来的付款和资金转移有一定限制的货币均属于有限自由兑换货币。世界上有一大半的国家货币属于有限自由兑换货币，包括人民币。

（3）记账外汇

又称为清算外汇或双边外汇，是指记账在双方指定银行账户上的外汇，不能兑换成其他货币，也不能对第三国进行支付。

老钱说事

2008 年北京奥运会唯一银行合作伙伴——中国银行，在北京地区可兑换的外币现钞种类达到 17 种，有美元、英镑、瑞士法郎、新加坡元、瑞典克朗、丹麦克朗、挪威克朗、日元、加拿大元、澳大利亚元、欧元、泰国铢、韩元、菲律宾比索及港元、澳门元、新台币。同时，还可以提供外汇兑换、旅行支票出售和兑换、外卡取现、国际汇款、托收等多种外币业务。

2. 根据外汇的来源与用途不同

按外汇的来源与用途 { 贸易外汇；非贸易外汇；金融外汇 }

（1）贸易外汇

贸易外汇也称为实物贸易外汇，是指来源于或用于进/出口贸易的外汇，即由于国际间的商品流通所形成的一种国际支付手段。

（2）非贸易外汇

非贸易外汇是指贸易外汇以外的一切外汇，即一切非来源于或用于进出口贸易的外汇，如劳务外汇、侨汇和捐赠外汇等。

（3）金融外汇

金融外汇属于一种金融资产外汇。例如，银行同业间买卖的外汇，既不来源于有形贸易或无形贸易，也不用于有形贸易，而是为了各种货币头寸的管理和摆布。

资本在国家之间的转移也要以货币形态出现，或是直接投资，或是间接投资，都形成在国家之间流动的金融资产。国际游资数量大，交易频繁，影响深刻，不能不引起有关方面的特别关注。

温馨提示： 贸易外汇、非贸易外汇和金融外汇在本质上都是外汇，它们之间并不存在不可逾越的鸿沟，而是经常互相转化。

3. 根据外汇汇率的市场走势不同

按外汇汇率的市场走势 { 硬外汇；软外汇 }

（1）外汇就其特征意义来说，总是指某种具体货币。例如，①美元外汇，是指以美元作为国际支付手段的外汇。②英镑外汇，是指以英镑作为国际支付手段的外汇。③日元外汇，是指以日元作为国际支付手段的外汇。

（2）根据币值和汇率走势又可将各种货币归类为硬货币和软货币，或称强势货币和弱势货币。

硬货币是指币值坚挺，购买能力较强，汇价呈上涨趋势的自由兑换货币；反之，则为软货币。

由于各国国内外经济、政治情况千变万化，各种货币所处硬货币、软货币的状态也不是一成不变的，经常是昨天的硬货币变成了今天的软货币，昨天的软货币变成了今天的硬货币。

此外，外汇还可以按交割期限、外汇使用权、外汇管制等标准进行分类。

单元检测

1. 填空题

（1）按外汇进行兑换时的受限制程度，可分为________、________、________。

（2）根据外汇汇率的市场走势不同，可区分为________、________。

（3）劳务外汇、侨汇和捐赠外汇属于________外汇。

（4）按外汇进行兑换时的受限制程度分，美元、加拿大元都算________外汇。

（5）按外汇的来源与用途不同，可分为________、________、________。

2. 判断题

（1）外汇就是指外国货币。(　　)

（2）人民币是自由兑换外汇。(　　)

（3）硬货币就是金属硬币，软货币就是指纸币。(　　)

（4）贸易外汇、非贸易外汇和金融外汇在本质上都是外汇。(　　)

（5）与外币有关的票据、银行存款凭证、邮政储蓄凭证等不算是外汇。(　　)

单元2　常见外币初识

通过本单元的学习，要达到以下目标要求。

【知识目标】了解常见外币票面基本特征。

【能力目标】1. 熟悉常见的外币种类；

2. 掌握常见外币的票面特征。

【德育目标】培养学生尊重外国货币。

【课前准备】

1. 学生：收集各种外币的票样或实物。
2. 教师：外币图片、实物。

根据《中国人民银行假币收缴、鉴定管理办法》规定，外币是指在我国境内（香港特别行政区、澳门特别行政区及台湾地区除外）可收兑的其他国家或地区的法定货币。

对于我国居民来说，港币现汇是外汇的一种，港币现钞是外币的一种，因为只要是不同国家或地区中央银行发行或授权发行的货币都是外汇。

3.2.1　港币

港元或称港币，是香港的法定流通货币，简称为HKD（Hong Kong Dollar），标志为HK$。

现行流通的港币纸币绝大部分是在香港金融管理局监管下，由中国香港上海汇丰银行、香港渣打银行和中国银行 3 家发钞银行发行的。新款紫色十元钞票由香港金融管理局自行发行。硬币由香港金融管理局负责发行。香港上海汇丰银行的发行量占总发钞量的 70%以上。

目前，在香港流通的港币面额有 1 000、500、100、50、20、10、5 元纸币，另有分纸币及 5、2、1 元和 5、2、1 角硬币。1 港币=100 分，币制单位为“元”。

1．香港上海汇丰银行券的票面图案

目前流通的香港上海汇丰银行钞票是该行自 1993 年起发行的纸币，面额有 10、20、50、100、500 元和 1 000 元港币。票样如图 3-2-1～图 3-2-12 所示。

图 3-2-1　港币 1 000 元正面

图 3-2-2　港币 1 000 元背面

图 3-2-3　港币 500 元正面

图 3-2-4　港币 500 元背面

图 3-2-5　港币 100 元正面

图 3-2-6 港币 100 元背面

图 3-2-7　港币 50 元正面

图 3-2-8　港币 50 元背面

图 3-2-9　港币 20 元正面

图 3-2-10　港币 20 元背面

图 3-2-11　港币 10 元正面

图 3-2-12　港币 10 元背面

香港上海汇丰银行券的票面图案特征如表 3-2-1 所示。

表 3-2-1　香港上海汇丰银行券的票面图案特征

<table>
<tr><th>港　币</th><th>正面左侧</th><th>正面中间</th><th>背面主景</th></tr>
<tr><td>1 000 元</td><td rowspan="5">铜狮头图案</td><td rowspan="6">银行名
中英文面额数字</td><td rowspan="6">汇丰银行总部大厦坐守大厦入口处的一对狮子雕像</td></tr>
<tr><td>500 元</td></tr>
<tr><td>100 元</td></tr>
<tr><td>50 元</td></tr>
<tr><td>20 元</td></tr>
<tr><td>10 元</td><td>狮马</td></tr>
</table>

2．中国银行发行的港币票面特征

中国银行于 1994 年 5 月 2 日开始发行港币，并于当日起在中国香港正式流通，面额有 20、50、100、500 和 1 000 元，年版日期为 1994 年 5 月 1 日。

1996 年 8 月，中国银行推出 1996 年版纸币，其面额、规格、主色调、主题图案和防伪特征等与 1994 年、1995 年版基本相同。为提高防伪性能，在 20、50、100、500 和 1 000 元 5 种面额纸币正面下部的隐形文字的花边图案有所改动。为加强防伪，2001 年 1 月中国银行又发行了新版 1 000 元纸币。

中国银行发行的港币票样如图 3-2-13～3-2-22 所示；票面图案特征如表 3-2-2 所示。

图 3-2-13　港币 1 000 元正面

图 3-2-14　港币 1 000 元背面

图 3-2-15　港币 500 元正面

图 3-2-16　港币 500 元背面

图 3-2-17　港币 100 元正面

图 3-2-18　港币 100 元背面

图 3-2-19　港币 50 元正面

图 3-2-20　港币 50 元背面

图 3-2-21　港币 20 元正面

图 3-2-22　港币 20 元背面

表 3-2-2　中国银行发行的港元票面图案特征

港　币	主 色 调	正 面 主 题	背　面
1 000 元	金黄色	中银大厦、中国银行行标及紫荆花	中国港岛中心区高厦林立的繁华景色
500 元	棕色	中银大厦、中国银行行标及牡丹花	中国香港葵涌货柜码头的构图
100 元	红色	中银大厦、中国银行行标及荷花	九龙半岛南端的尖沙咀风貌
50 元	紫色	中银大厦、中国银行行标及菊花	中国香港第一条海底隧道的繁忙景象
20 元	天蓝色	中银大厦、中国银行行标及水仙花	中国香港中区和湾仔商业楼群的构图

3. 香港渣打银行券的票面特征

目前流通的香港渣打银行钞票是该行自 1993 年 1 月起发行的纸币，面额有 10、20、50、100、500 和 1 000 元。票面特征如表 3-2-3 所示。

表 3-2-3　香港渣打银行券的票面特征

<table>
<tr><th>港　币</th><th colspan="2">正 面 主 题</th><th colspan="2">背　面</th></tr>
<tr><td>1000 元</td><td rowspan="6">神话中的瑞兽</td><td>龙</td><td rowspan="6">中间是香港的区花——紫荆花</td><td rowspan="6">左侧是渣打银行大厦</td></tr>
<tr><td>500 元</td><td>凤凰</td></tr>
<tr><td>100 元</td><td>麒麟</td></tr>
<tr><td>50 元</td><td>北狮</td></tr>
<tr><td>20 元</td><td>神龟</td></tr>
<tr><td>10 元</td><td>鲤鱼</td></tr>
</table>

渣打银行券图样（略）。

老钱说事

香港是继纽约和伦敦之后的世界第三大金融中心，香港的第一张纸币是 1845 年由东方汇理银行发行的。虽然港币发行史不算长，区域也不大，但其发展具有一定的代表性。香港所有钞票的式样都有版权，任何人在未得到版权持有人的许可前都不能任意复制钞票的式样。港元只在香港具有法定地位，但在中国内地和澳门特区的很多地方也接受港元。在澳门赌场港元是澳门元以外唯一接受的货币。

3.2.2 美元

美元俗称美金，是美国的货币，简称为 USD（United States dollar），货币符号为$。

美元的发行主管部门是国会，由联邦储备银行负责具体发行。现行流通的美元纸币有 3 类（见图 3-2-23），是自 1929 年以来发行的各版钞票，数量最多的是联邦储备券，其纸币面额有 1、2、5、10、20、50 和 100 元，铸币面额有 1、5、10、25、50 分和 1 元。

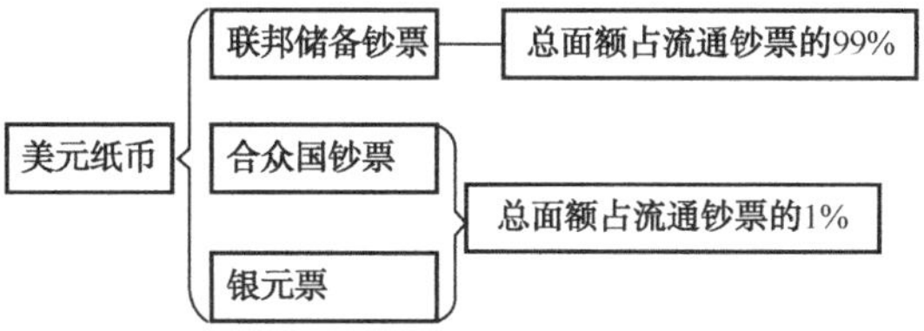

图 3-2-23　美元纸币

不同种类的美元纸币只要面额相同，其正、背面的主景图案就是相同的，但票面上的财政部徽章和冠字号码的颜色不同，如联邦储备钞票上的徽章和冠字号码是绿色，合众国钞票上的是红色，银元票上的是蓝色。本书重点介绍联邦储备钞票。

1. 美元纸币的基本特征

美元是国际印钞界公认的设计特征变化最少的钞票之一。虽经多次改版，但不同版别的钞票变化并不大，只是防伪功能得到了不断加强。

（1）无论面额大小，都是同一尺寸。自 1928 年以来，美元票面均为 156mm×66mm。

（2）外形上长期不变。美元正面从左至右主要由银行印、人像和库印三大部分组成。1928 年及以后各版的钞票面额做了固定安排，不分券类和版别，同一面额均固定一人像，背面为同一图景。

（3）防伪措施。美元有多种防伪措施，如特殊纸张、凹印油墨、磁性油墨和红蓝纤维等。

2. 美元纸币的票面图案特征

美元纸币的票样如图 3-2-24～图 3-2-31 所示；票面基本特征如表 3-2-4 所示。

图 3-2-24　美元 100 元正面

图 3-2-25　美元 100 元背面

图 3-2-26　美元 50 元正面

图 3-2-27　美元 50 元背面

图 3-2-28　美元 20 元正面

图 3-2-29　美元 20 元背面

图 3-2-30　美元 10 元正面

图 3-2-31　美元 10 元背面

表 3-2-4　美元纸币的票面基本特征

美　元	正面主景图案		背面的主景图案	
100 元	美国政治家及哲学家 本杰明·富兰克林	主色调为黑色	费城独立纪念堂	主色调为绿色
50 元	美国第十八任总统 尤里西斯·格兰特		美国国会大厦	
20 元	美国第七任总统 安德鲁·杰克逊		美国白宫	
10 元	美国政治家 亚历山大·汉密尔顿		美国财政部大楼	
5 元	美国第十六任总统 亚伯拉罕·林肯		华盛顿的林肯纪念堂	
2 元	美国第三任总统 托马斯·杰斐逊		独立宣言签字会场	
1 元	美国第一任总统 乔治·华盛顿		美国国玺	

本书以 100 美元为例进行具体说明，票样如图 3-2-32 所示；票面具体特征如表 3-2-5 所示。

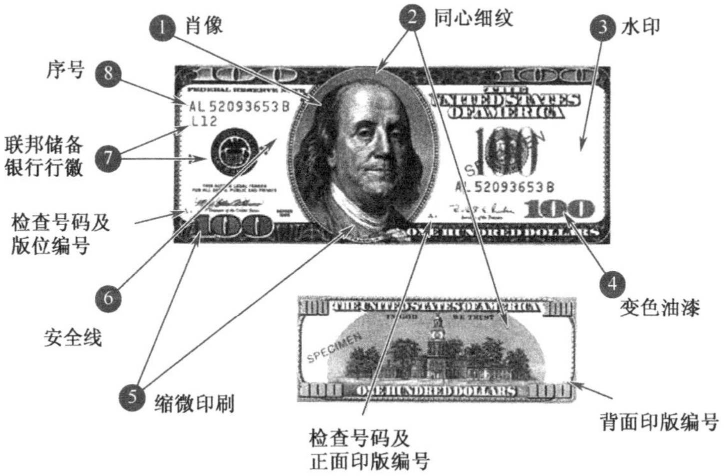

图 3-2-32　100 美元票样

表 3-2-5　100 美元票面具体特征

序　　号	票 面 特 征	具 体 说 明
1	肖像	富兰克林肖像线条精细，复制困难。肖像的位置略偏向左边，以便留出水印空间，减少肖像磨损
2	同心细纹	富兰克林肖像和独立纪念堂后面所印的细微纹路难以复制
3	水印	将纸币对着灯光，富兰克林肖像的水印从正面和背面看都清晰可见
4	变色油墨	纸币正面右下角的数字正面看呈绿色，侧面看呈黑色
5	缩微印刷	缩微字体极小，纸币正面的“USA100”字样印在左下角的数字之内，而“UNITED STATES OF AMERICA”字样则印在富兰克林的外衣上
6	安全线	币纸上嵌有一条垂直的安全线，每种面额的嵌入位置不同。将纸币对着亮光举起，从正、反两面均可见到安全线上有“USA100”的字样。在紫外线照射下，安全线呈红色
7	联邦储备银行行徽	币纸上印有代表整个联邦储备系统的新型通用行徽，左侧序号下的字母和数字则代表发行这张纸币的联邦储备银行
8	序号	序号上多加了一个字母，每张钞券的正面印有两个相同的由 11 个数字和英文字母组成的独特序号

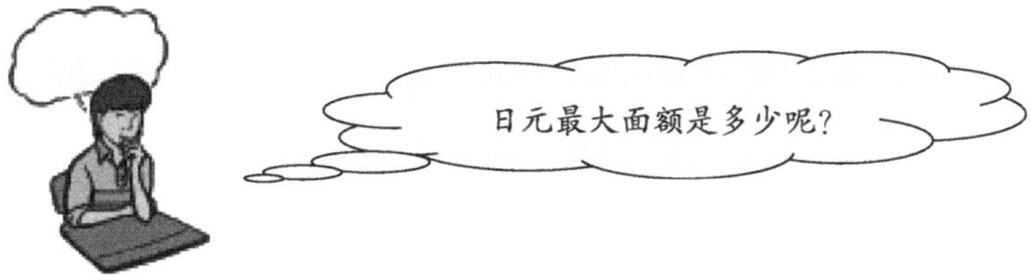

3.2.3　日元

日元是日本的法定货币，货币符号为“¥”，与人民币的符号相同。

日本的货币发行银行是其中央银行——日本银行。纸币由日本银行发行，日本国立印刷局制造，称为日本银行券。日元创设于 1871 年 5 月 1 日。

现行流通的日元纸币主要是 1993 年版 1 000、5 000 和 10 000 日元及 2000 年版 2 000 日元的纸币。此外，还有一小部分 1984 年版纸币；500、100、50、10、5、1 日元铸币。

日元的票面特征

日元的票样（部分）如图 3-2-33～图 3-2-36 所示；票面图案特征如表 3-2-6 所示。

图 3-2-33　日元 10 000 元正面

图 3-2-34　日元 5 000 元正面

图 3-2-35　日元 1 000 元正面

图 3-2-36　日元 500 元正面

表 3-2-6　日元的票面图案特征

日　元	主 色 调	正 面 主 景	背 面 主 景
1 000 元	棕色	日本小说家夏目漱石	一对雌雄丹顶鹤
2 000 元	蓝黑色	古代牌楼	古代书法绘画
5 000 元	深紫色	日本教育家新渡户稻造	富士山与本栖湖
10 000 元	棕色	日本教育家福泽谕吉	一对雌雄雉

3.2.4　欧元

欧元是欧盟中 19 个国家的货币，货币符号为 EUR。

欧元由欧洲中央银行和各欧元区国家的中央银行组成的欧洲中央银行系统负责管理。欧元是 2002 年 1 月 1 日开始发行的，共有 7 种券别的纸币和 8 种券别的硬币。欧元纸币分为 7 种面值，即 5、10、20、50、100、200 和 500 欧元。票面值越大，纸币面积越大。

> **温馨提示：** 欧元的 19 个会员国是爱尔兰、奥地利、比利时、德国、法国、芬兰、荷兰、卢森堡、葡萄牙、西班牙、希腊、意大利、斯洛文尼亚、塞浦路斯、马耳他、斯洛伐克、爱沙尼亚、立陶宛、拉脱维亚。欧元也是非欧盟中 6 个国家的货币，分别是摩纳哥、圣马力诺、梵蒂冈、黑山、科索沃和安道尔。

欧元的票样（部分）如图 3-2-37～图 3-2-44 所示；票面特征如表 3-2-7 所示。

图 3-2-37　欧元 500 元正面

图 3-2-38　欧元 500 元背面

图 3-2-39　欧元 200 元正面

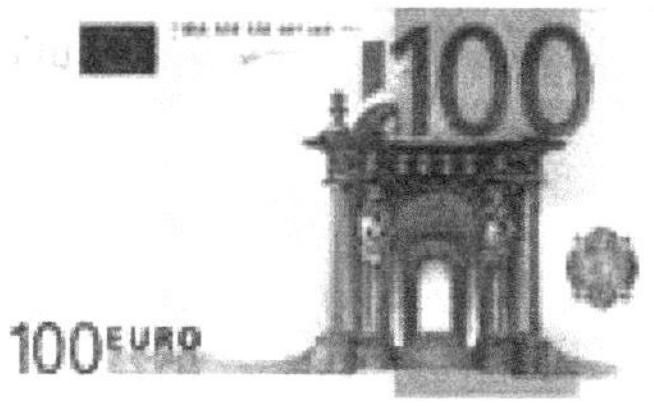
图 3-2-40　欧元 100 元正面

图 3-2-41　欧元 50 元正面

图 3-2-42　欧元 20 元正面

图 3-2-43　欧元 10 元正面

图 3-2-44　欧元 5 元正面

表 3-2-7　欧元的票面特征

序　号	欧　元	规格（长×宽）mm^2	颜　色	建筑风格	正　面	背　面
1	5 元	120×62	灰色	古典式	主要组成部分是门和窗，象征着合作和坦诚精神。 12 颗星围成一个圆圈，象征欧盟各国和谐地生活在欧洲	桥梁的图案，象征欧洲各国联系紧密。各种门、窗、桥梁图案分别代表欧洲各时期的建筑风格
2	10 元	127×67	红色	罗马式		
3	20 元	133×72	蓝色	哥特式		
4	50 元	140×77	橙色	文艺复兴时期		
5	100 元	147×82	绿色	巴洛克和洛可可式		
6	200 元	153×82	棕黄	铁式和玻璃式		
7	500 元	160×82	浅紫	20 世纪现代建筑		

3.2.5　其他国家及地区货币一览

1．韩元

韩元标准代号为 KRW。韩币有纸币和硬币两种。纸币有 1 000、5 000、10 000、50 000 韩元四种。硬币有 1、5、10、50、100、500 韩元 6 种，现流通的最小单位是 10 韩元。

韩元的票样（部分）如图 3-2-45～图 3-2-50 所示。

图 3-2-45　韩元 50 000 元正面

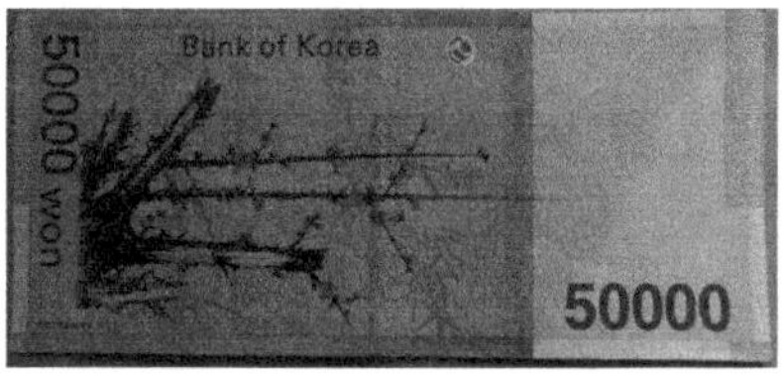

图 3-2-46　韩元 50 000 元背面

图 3-2-47　韩元 10 000 元正面

图 3-2-48　韩元 10 000 元背面

图 3-2-49　韩元 1 000 元正面

图 3-2-50　韩元 1 000 元背面

2. 澳门元

澳门元是中华人民共和国澳门特别行政区法定流通货币，货币符号是 MOP$。

1910 年 1 月 27 日首批澳门币钞票即告面世。目前，澳门元纸币由澳门金融管理局授权大西洋银行与中国银行澳门分行发行，硬币则由澳门金融管理局负责发行。澳门流通的货币是 1999 年发行的，纸币有 1 000、500、100、50、20、10 元 6 种，铸币有 10、5、2、1 元及 5、2、1 毫共 7 种。

澳门元的票样（部分）如图 3-2-51～图 3-2-55 所示。

图 3-2-51　澳门元 100 元正面

图 3-2-52　澳门元 20 元正面 1

图 3-2-53　澳门元 10 元正面 1

图 3-2-54　澳门元 20 元正面 2

图 3-2-55　澳门元 10 元正面 2

单元检测

1．填空题

（1）现行流通的美元纸币有________，数量最多的是________钞票，总面额占流通钞票的99%。其余的 1%是________，均已停止印制。

（2）欧元是________开始发行的，欧元共有________券别的纸币和________券别的硬币。

（3）欧元纸币是由__________的罗伯特·卡利纳设计的，主题是“________”，描述了欧洲悠久的文化历史中 5 个时期的建筑风格。

（4）在欧元纸币的正面图案中，________象征着欧洲的开放和合作；代表欧盟 12 个成员国的________则象征着当代欧洲的活力和融洽。

（5）现行流通的韩元最小单位是________，澳门元最大的面额是________。

2．选择题

（1）现行流通的日元面值最大的是（　　）。

A. 100 日元　　B. 500 日元　　C. 1 000 日元

D. 5 000 日元　　E. 10 000 日元

（2）不论面额和版别，正面主景图案和主色调、规格都相同的外币是（　　）。

A. 人民币　　B. 美元　　C. 日元

D. 欧元　　E. 港币

（3）现行流通的港币纸币主要是由（　　）银行分别发行的。

A. 香港上海汇丰银行　　B. 香港渣打银行

C. 中国人民银行　　D. 中国银行

（4）现行流通的港币纸币面值最大的是（　　）。

A. 20 元　　B. 50 元　　C. 100 元

D. 200 元　　E. 500 元　　F. 1 000 元

3．简答题

（1）简述美元纸币的票面特征。

（2）简述港币纸币的票面特征。

（3）简述日元纸币的票面特征。

单元 3　常见外币鉴别

通过本单元的学习，要达到以下目标要求。

【知识目标】了解常见外币防伪特征。
【能力目标】1. 熟悉常见外币的防伪特征；
2. 掌握常见外币识假方法。
【德育目标】培养学生尊重外国货币。

【课前准备】

1. 学生：收集各种真、假外币的票样、实物、资料。
2. 教师：外币图片、实物、案例。

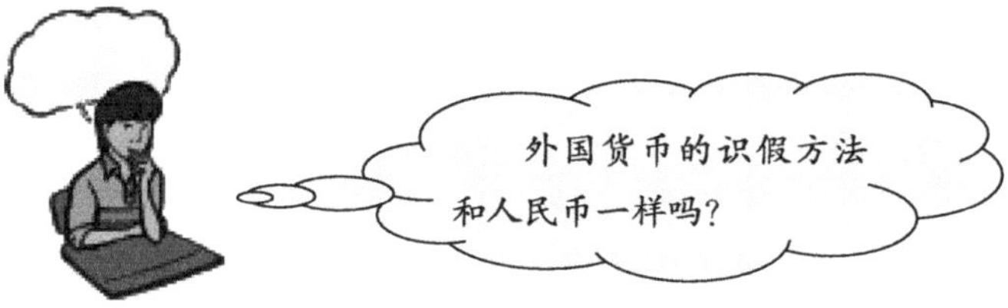

3.3.1 港币防伪特征

本书以香港上海汇丰银行券为例，说明港币防伪特征，如表3-3-1所示。

表3-3-1 香港上海汇丰银行券的防伪特征

序号	防伪特征	具体说明
1	水印	正面右侧有狮头水印图案。2000年版1 000元港币在石狮图案上方增加“1000”字样白水印
2	安全线	全埋深色安全线，其中2000年版1 000元港币还在票面正面右侧增加了一条全息开窗文字安全线
3	雕刻凹版印刷	正背面主景、银行名和面额数字等均采用了凹版印刷，用手触摸有明显的凹凸感
4	凹印缩微文字	正面或背面多处印有凹印缩微文字“THEHONGKONGANDSHANGHAIBNAKINGCORPORATIONLIMIT-ED”字样
5	对印图案	正面右侧及背面左侧花边均有一圆形局部图案，迎光透视，可见正、背面组成了一个完整的图案
6	隐形面额数字	正面右下角的长方形图案中印有隐形面额数字。将票面置于与视线接近平行的位置，面对光源，旋转钞票可见该面额钞票的面额数字
7	异形号码	正面左下和右侧分别印有横竖异形号码，该号码的特点是数字逐渐增大
8	无色荧光图案	在紫外线下，可以看到票面正面有明亮的荧光图案
9	无色荧光纤维	2000年版1 000元港币在纸张中增加了红、蓝、绿三色荧光纤维，在紫外线下清晰可见

2000年12月，香港上海汇丰银行又发行了新版1 000元钞票。新版钞票保留了1993年版的基本设计，并增加了新的防伪措施。本书以1 000元汇丰银行券为例来说明，如图3-3-1所示。

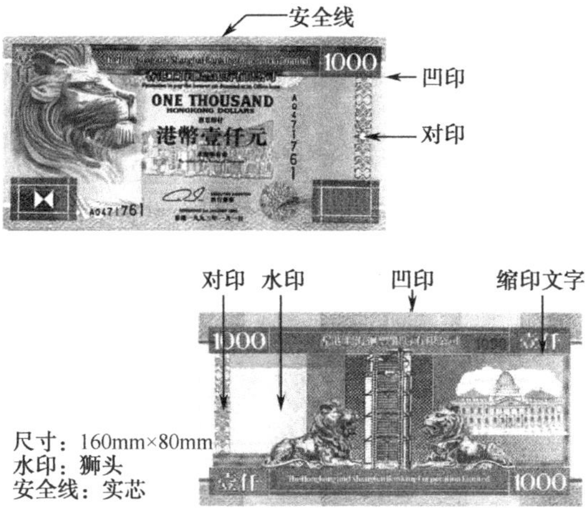

图 3-3-1 港币 1 000 元汇丰银行券防伪点

3.3.2 美元防伪特征

美国开始了对现行流通 65 年的现钞进行第一次大规模的再版设计，目的在于提高现钞的安全防伪性能，尽可能减少伪钞的威胁。2010 年 4 月 21 日发布了新版 100 美元纸钞，新钞票除保留了美国货币的传统外观，还增加了最先进的 3D 防伪科技，如图 3-3-2 所示；票面的防伪特征如表 3-3-2 所示；真假美元识别方法如表 3-3-3 所示。

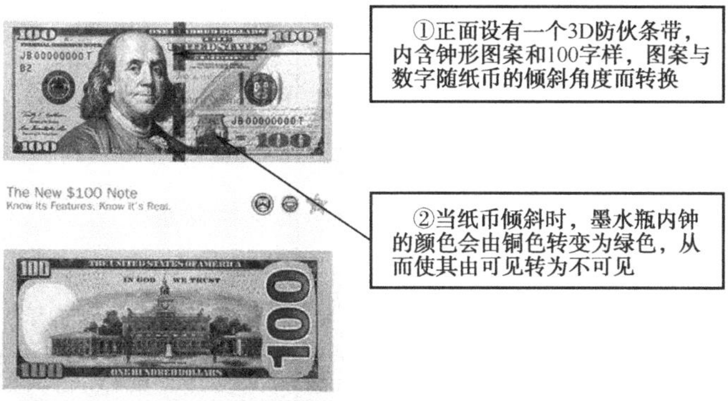

图 3-3-2 新版 100 美元纸钞

表 3-3-2 美元纸币的防伪特征

序 号	防 伪 特 征	具 体 说 明
1	专用纸张	纸张主要由棉、麻纤维制造而成。纸张坚韧、挺括，在紫外线下无荧光反应
2	固定人像水印	1996 年版美元纸张加入了与票面人物头像图案相同的水印
3	红、蓝彩色纤维	从 1885 年版起，纸张中加入了红、蓝彩色纤维丝；1885—1928 年版美钞的红、蓝彩色纤维是采用定向施放的，即红、蓝纤维丝分布在钞票的正中间，由上至下形成两条狭长条带；1929 年版及以后各版中的红、蓝彩色纤维丝则随机分布在整张钞票中
4	文字安全线	1990 年版起，各面额纸币的纸张中加入了一条全埋文字安全线，并印有“USA”及阿拉伯或英文单词面额数字字样；1996 年版 50、20 美元安全线上还增加了美国国旗图案，且还是荧光安全线，在紫外线下 100、50、20、10 和 5 美元安全线分别为红、黄、绿、棕和蓝色

续表

序　号	防伪特征	具体说明
5	雕刻凹版印刷	正背面的人像、建筑、边框及面额数字等均采用雕刻凹版印刷，用手触摸有明显的凹凸感
6	凸版印刷	美元纸币上的库印和冠字号码采用凸版印刷，在钞票背面的相应部位用手触摸有凹凸感
7	细线印刷	1996 年版美元正面人像和背面建筑的背景均采用细线设计，有很强的防复印效果
8	凹印缩微文字	从 1990 年版起，在美元人像边缘中增加一条由凹印缩微文字“THEUNITEDSTATESOFAMERICA”组织的环线；1996 年版 100、20 美元分别在正面左下角面额数字中增加了缩微文字“USA100”和“USA20”字样，50 美元则在正面两侧花边中增加缩微文字“FIFTY”字样
9	冠字号码	美元纸币正面均印有两组横号码，颜色为翠绿色；1996 年版以前的美元冠字号码由 1 位冠字、8 位数字和 1 个后缀字母组成；1996 年版美元增加了 1 位冠字，用以代表年号
10	光变面额数字	1996 年版 100、50、20、10 美元正面左下角面额数字用光变油墨印刷，从与票面垂直角度观察时呈绿色，将钞票倾斜一定角度则变为黑色
11	磁性油墨	美元正面凹印油墨带有磁性，用磁性检测仪可检测出磁性

表 3-3-3　真假美元识别方法

鉴别方法	真美元	假美元
手感鉴别	四角面额数字手摸有明显凹凸感	手摸印迹线无凹凸感
针挑鉴别	票面空白处含有一些细小的红、蓝纤维丝，用针尖可将其挑出	仅在表面印有不能与纸分离的仿制纤维丝，虽也能挑出，但材质不同，在紫光灯下无荧光反应
擦拭鉴别	票右侧的绿色徽记和号码，在白纸上用力擦后，纸上会留下鲜明的绿色印迹	擦后虽有痕迹，但不明显
质感鉴别	用的是以棉、麻纤维为原料制成的一种印制钞票专用纸，质地坚韧挺拔，用手轻轻一弹，可发出啪啪的响声	无任何声响
色泽鉴别	正面人物、图像、文字、花边等用含有磁性物质乌黑色油墨印制，鲜艳夺目	用劣质油墨印制，其色泽与真美元相比反差较大
人物肖像鉴别	人物肖像眼神炯炯有神	人物肖像眼神呆滞，其人物线条模糊不清

3.3.3　日元防伪特征

很多去过日本的人都会注意到一件十分神奇的事情：日元看起来好像是几乎没有防伪设计的，只有一个水印，商家也没有验钞机。难道日本真的不怕假钞问题？其实不然，日本纸币使用 9 种防伪技术制造，是世界最难伪造的货币之一，而且日本有关制造或使用假钞的法律十分严厉，违法者会受到很严重的刑罚。日元纸币的防伪特征如表 3-3-4 所示。

表 3-3-4　日元纸币的防伪特征

序　号	防伪特征	具体说明
1	专用纸张	纸张呈淡黄色，含有日本特有植物三桠皮纤维，纸张有非常高的韧性和挺度
2	水印	水印图案与正面主景图案相同，水印清晰度非常高
3	雕刻凹版印刷	正背主景、行名、面额数字等均是采用雕刻凹版印刷的，图案线条精细、层次丰富，用手触摸有明显的凹凸感
4	凹印缩微文字	正背面多处印有“NIPPONGINKO”字样的缩微文字

续表

序　　号	防伪特征	具体说明
5	盲文标记	由圆圈组成，用手触摸有明显的凸起，透光观察清晰可见
6	磁性油墨	正背面凹印部位的油墨带有磁性，可用磁性检测仪检测出磁信号
7	防复印油墨	采用了防复印油墨印刷图案，当用彩色复印机复印时，复印出来的颜色与原券颜色明显不同
8	光变面额数字	2 000 日元正面右上角的面额数字是用光变油墨印刷的，从与票面呈垂直角度观察时呈蓝色，倾斜一定角度则变为紫色
9	隐形面额数字	2 000 日元正面左下角有一装饰图案，将票面置于与视线接近平行的位置，面对光源，做 45° 或 90° 旋转，可看到面额数字“2 000”字样
10	珠光油墨	2 000 日元正面左右两侧分别采用珠光油墨各印刷了一条条带，转换钞票角度可看到有颜色变化
11	隐形字母	2 000 日元背面右上角的绿色底纹处印有隐形字母，垂直角度下无法看到，将票面倾斜一定角度即可看到“NIPPON”字样，且前 3 个字母呈蓝绿色，后 3 个字母呈黄色

温馨提示：

日元纸币简易识假方法：手心向上，将日元纸币放在手上，真日元纸币两边会自动向上翻卷，如图 3-3-3 所示。

图 3-3-3　日元纸币识假

3.3.4　欧元防伪特征

欧元纸币包括许多复杂的安全措施，如水印、红外及紫外墨水、全息图像、微缩印刷等，以确保纸币的真实性。辨别欧元纸币真伪主要有三种方法，即欧洲央行推广的“触摸、观察、倾斜法”。

1. 触摸法

（1）纸张——欧元纸张是经过特殊材料处理的，用手触摸有坚韧感和脆性。

（2）凹版印刷——欧元纸币上的主要图案、代表面值的大号数字和代表欧洲央行的字母缩写均采用凹版印刷，用手触摸有凹凸感。

2. 观察法

（1）水印——欧元纸币经过水印处理，图案包括纸币的面值及不同时期欧洲建筑的窗户，迎着光线观察，原本模糊的图案会变得清晰可见。

（2）安全线——迎着光线观察，可在欧元纸币中间发现一条磁性黑线，在黑线中间印有透明的“欧元”字样及相应面值。

（3）互补对印——迎着光线观察，可看到欧元纸币正面左上角和背面右上角的不完整数字合二为一，该数字代表纸币的面值。

3. 倾斜

（1）全息图像——在 5 欧元、10 欧元及 20 欧元纸币的正面右侧有一条全息图像带，反复上下倾斜可看到纸币面值、欧盟旗帜、欧元符号及“欧元”字样；在50欧元至500欧元纸币的正面右侧，有一个全息图像标签，上面印有纸币面值、微缩“欧元”字样及纸币正面主图案。

（2）彩虹带——在5欧元、10欧元及20欧元纸币的背面有一条印有纸币面值及欧元符号的彩虹带。

（3）光学变色油墨——在50欧元至500欧元纸币的背面右下角有用光变油墨印刷的面值数字，反复上下倾斜可看到其颜色会有不同变化。

除上述三种方法外，欧元纸币还采取了其他措施防伪，如：

（1）红外与紫外特性——在红外仪器下，欧元纸币的一部分会消失；而在紫外线下，纸币图案会有荧光效应。

（2）微缩文字——仔细观察纸币，可看到非正常但仍可用肉眼识别的文字，这些文字线条细而清晰，很难通过一般印刷来伪造。

（3）防复印圆圈——欧元纸币上有一些不规则排列的圆圈，在某些复印机上可通过这些圆圈来识别纸币，进而拒绝对其复印。

（4）数字水印——通过数学加密算法将信息嵌入图案中，使用一些图像处理软件来识别，并拒绝对其处理。

（5）磁性油墨——纸币的特定区域用磁性油墨印刷（如纸币序列号），以便用特殊仪器探测。

（6）条码——将纸币迎着光线观察，可发现欧元纸币中间偏左的地方有条码水印，不同面额所展示的条码不同。

单元检测

1．填空题

（1）2000年12月，汇丰银行又发行了新版__________钞票，保留了__________，增加了________。

（2）新版100美元纸钞增加了最先进的________，正面设有一个________，内含________和________。

（3）汇丰银行券的防伪特征有________、________、________、_________、_________、________、________、________、________。

（4）日元纸币盲文标记由________组成，用手触摸________，透光观察________。

2．选择题

（1）美元纸币倾斜时，防伪科技的墨水瓶内的钟的颜色会由（　　）转变为（　　）。

A. 红色，黄色　　B. 绿色，蓝色

C. 铜色，绿色　　D. 金色，绿色

（2）欧元纸币真伪鉴别方法主要有（　　）。

A. 触摸法　　B. 针挑鉴别法　　C. 倾斜法

D. 色泽鉴别法　　E. 观察法

（3）美元纸币正面均印有（　　）。

A. 一组横号码　　B. 两组横号码

C. 一组竖号码　　D. 一横一竖号码

3. 简答题

（1）日元纸币如何识假？

（2）新美元增加了哪些防伪特征？

（3）欧元纸币有哪些防伪特征，用何种方法识别？

模块 4

钞票清点技术

内容概要

要掌握好点钞技术，首先必须熟知点钞技能的基本要领，才能按照规范要求学习点钞的技术动作。因此，本模块重点培养学生使用各种方法清点钞票的技术能力，要求学生熟练掌握单指单张、多指多张点钞方法，学会使用手按式单指多张、多指多张的清点方法，熟练操作点钞机清点钞票，掌握多种方式的钞票捆扎技巧。通过本模块的学习，使学生熟练掌握手工点钞与机器点钞技术。

技能要求

1. 熟知钞票清点的基本程序及分类
2. 掌握规范的手持式点钞技术
3. 能规范操作手按式点钞
4. 会多种钞票的捆扎技术
5. 熟练运用机器点钞，并规范操作

单元 1　点钞技术概述

通过本单元的学习，要达到以下目标要求。

【知识目标】了解点钞技术的概念。

【能力目标】1. 熟悉点钞技术的各种方法；

2. 掌握点钞技术的基本要领和操作流程。

【德育目标】培养学生的理财意识。

【课前准备】

1. 学生：练功券、钞条、挡板、海棉缸、甘油、名章、计算器。
2. 教师：练功券、钞条及相关课件。

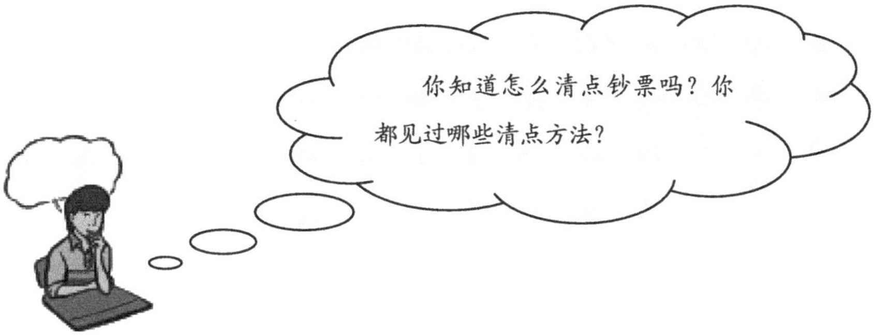

4.1.1 点钞技术的概念及意义

点钞技术，即清点、整理钞票技术。作为整理、清点钞票的一项专门技术，它是财经类专业学生必不可少的一项专业技术，也是从事财会、金融、商品经营等工作必须具备的基本技能。

银行出纳部门最频繁的工作就是现金的收付和整点，因此，点钞速度的快慢，质量的好坏直接关系到银行的形象和银行资金的周转，点钞只有达到一定的速度，才能体现出纳员的业务素质高低，才能充充分显示点钞技能的重要意义。

4.1.2 点钞技术的基本要求

点钞不但要求又快又准，而且还要反假防假，挑剔残钞，严防差错，不出问题。为了更好地完成点钞工作，应做到以下几点。

1. 坐姿要端正

点钞的坐姿会直接影响点钞技术的发挥和提高。正确的坐姿应该包括以下两点：

（1）要直腰挺胸，两脚平踏地面，身体自然，肌肉放松。

（2）双肘自然放在桌上，持票的左手腕部接触桌面，右手腕部稍抬起，整点货币轻松持久，活动自如（见图 4-1-1）。

图 4-1-1　点钞坐姿图

2. 钞票要蹾齐

清点完钞票，应将钞票蹾齐（四条边水平，不露头，卷角拉平）后才能扎把。

温馨提示： 钞票不齐不易点准，对折角、弯折、揉搓过的钞票要先将其弄直、抹平，明显破裂、质软的钞票要先挑出来。

3．开扇要均匀

手工点钞时，不论采取哪一种点钞方法，都需要把钞票开成一个扇面或微扇形，使钞票有一个坡度，以便于清点。扇面均匀，是指打开扇面后，扇面上每张钞票的间隔距离均匀。在采用扇面点钞法时，开出的扇面一定要均匀。因为扇面开得是否均匀，决定着钞票清点的准确度。

4．手指接触面要小

手工点钞时，捻钞的手指与钞票的接触面要小，这样能使钞票捻出后迅速弹出。如果手指与钞票的接触面太大，则一会造成手指往返动作幅度随之增大，导致手指捻钞的频率下降；二会使钞票不易弹出，往往被手指挡住，影响手指动作的频率和下张速度。

5．动作要连贯

点钞时动作要连贯，这是提高点钞效率和质量的必要条件。动作连贯有两层意思：一是指点钞过程中的起把、点数、扎把、拆把、盖章等每个环节须衔接紧密，动作协调，环环紧扣。二是指清点时动作要连贯，这就要求点钞时，双手动作协调，清点速度均匀，切忌忽快忽慢。

6．点数要准确

点钞的关键字是“准”，这也是点钞技术最基本的要求。点数不准不仅影响日常工作的质量，而且会产生差错，造成损失。所以，点数时，精神要集中；坚持定型操作，坚持复核；双手点钞时，眼睛看钞，脑子记数，手、眼、脑紧密配合。

7．扎把要牢固

点好的钞票应捆扎牢固，以不散把、抽不出票为准。扎小把要以第一张钞票轻轻向上方提拉，以抽不出票为标准，如图 4-1-2 所示。扎大捆（10 把）要以“#”字型捆扎，做到用力推不变形，以抽不出票为标准。

图 4-1-2　扎把标准图

8．盖章要清晰

在捆钞条上盖上名章是点钞环节的最后一个环节，是分清责任的重要标志，因此，名章一定要盖得清晰可见，不能模糊，如图 4-1-3 所示。

图 4-1-3　加盖名章示意图

4.1.3 点钞技术的方法

点钞方法是多种多样的，按清点的币种不同，可以划分为纸币整点和硬币清点；按清点工具不同，可以划分为手工点钞和机器点钞。对于手工点钞，根据持票姿势不同，又可划分为手持式点钞方法和手按式点钞方法。手持式点钞方法，根据指法不同又可分为单指单张、单指多张、多指多张等几种。手按式点钞方法，根据指法不同又可分为单指单张、多指多张两种。具体分类见图 4-1-4。

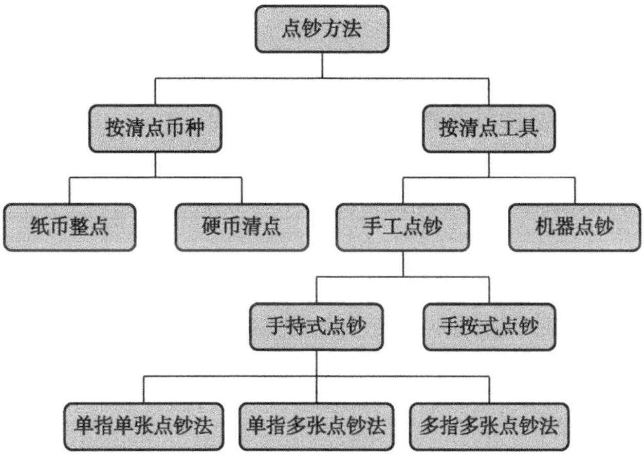

图 4-1-4 点钞方法分类

老钱说事

手工清点硬币的方法也是一种手工点钞法。在没有工具之前，硬币全部用手工清点，这是清点硬币的一种基本方法，它不受客观条件的限制，只要熟练掌握，在工作中与工具清点速度相差不大。

4.1.4 点钞的操作流程

点钞的操作流程主要包括 5 道工序，如图 4-1-5 所示。

图 4-1-5 点钞基本操作流程

1. 持钞

一般左手持钞，持钞的姿势因点钞的方法不同而不同。

2. 点数

点数时，要求手中点钞，眼睛紧盯捻动的钞票，脑中记数。手、眼、脑三位一体，协调配合，点准 100 张钞票。点数时的指法因点钞的方法不同而不同。

3. 整理

整理即将已清点无误的钞票清理整齐，将折叠的钞票抚平，将钞票上、下、左、右蹾齐。

4. 扎把

清点后，将每 100 张扎把，捆好。

5．盖章

将捆好的钞票加盖带有银行名的经手人名章。可以逐把盖章，也可集中盖章，或分次盖；盖章要先轻后重，字迹清晰。

单元检测

1．填空题

（1）点钞技术，即________________________。

（2）点钞时动作要____________，这是提高点钞效率和质量的必要条件。

（3）对于手工点钞，根据持票姿势不同，又可划分为____________和____________。

（4）点钞的关键字是____________，这也是点钞技术最基本的要求。

（5）手持式点钞方法，根据指法不同又可分为____________、____________、____________三种。

（6）点数时，要求手中点钞，眼睛紧盯捻动的钞票，脑中记数。____________、____________、____________三位一体，协调配合，点准100张钞票。

2．简答题

简述点钞技术的基本要求。

3．思考题

点钞技术的方法多种多样，除常见的几种方法外，你还了解其他哪些点钞方法？

4．课外活动及学习建议

实地到银行去办理存取款业务，观察工作人员是如何清点钞票的。

单元2　手持式点钞技术

通过本单元的学习，要达到以下目标要求。

【知识目标】了解手持式点钞法的种类及适用范围。

【能力目标】1. 熟练掌握手持式单指单张点钞技术；

2. 掌握多指多张点钞技术；

3. 掌握扇面清点钞票与手工清点硬币技术；

4. 掌握单把捆钞技术。

【德育目标】培养学生做事一丝不苟、精益求精的精神。

【课前准备】

1. 学生：点钞票、腰条、海棉缸、甘油。
2. 教师：点钞票、腰条、手持式点钞视频及相关课件。

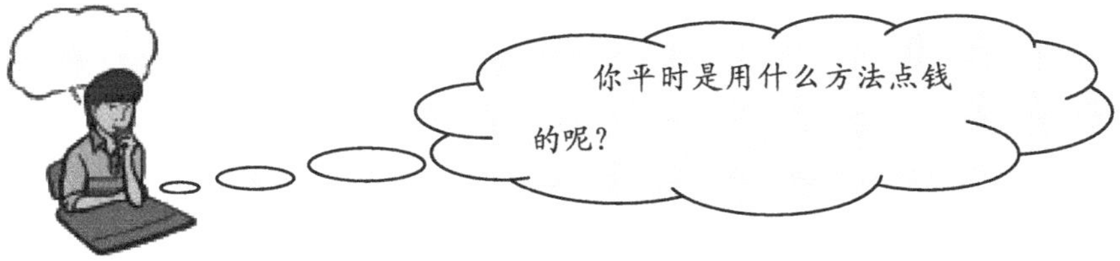

4.2.1　手持弹拨式单指单张点钞法

手持弹拨式单指单张点钞法是最基本、最常用的点钞方法，是指用一个手指一次点一张的方法。它的适用范围比较广，可用于收款与付款的初点、复点和整点各种新旧或大小面额钞票。使用这种点钞方法由于持票面小，能看到票面的 3/4，又由于是逐张捻动钞票，容易发现假钞票及残破票，缺点是点一张记一个数，比较费力。

（手持弹拨式单指单张点钞法）

具体操作方法如下。

1．持票

钞票横立桌面，左手手心向上，用中指和无名指夹紧钞票左端，拇指按住钞票内侧将钞票沿着上端向外滑推，推出一个微开的扇面形状，食指托住钞票背面，使钞票直立，与桌面基本垂直，如图 4-2-1 所示。同时，右手拇指、食指做点钞准备。

2．清点

左手持钞并打开扇面后，右手食指托住钞票背面右上角，用拇指尖逐张向下捻动钞票右上角，如图 4-2-2 所示，拇指每捻下一张，无名指弹拨一张，捻动幅度要小，不要抬得过高，要轻捻快弹，食指在钞票背面的右端配合拇指捻动，左手拇指按捏钞票不要过紧，要配合右手起自然助推的作用。

图 4-2-1　手持弹拨式单指单张持票

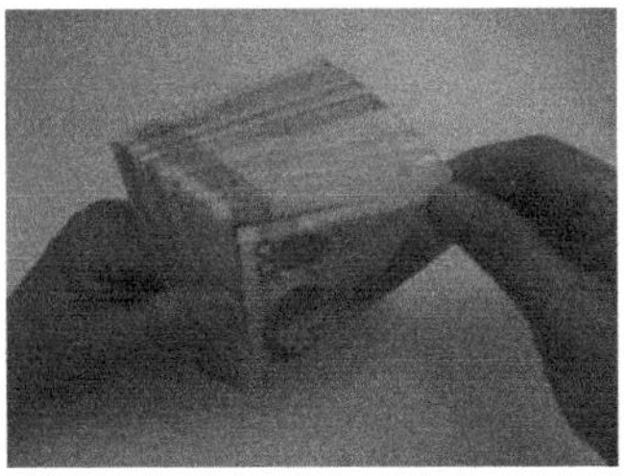

图 4-2-2　手持弹拨式单指单张清点

温馨提示： 每天坚持计时点数 30 分钟，注意先准再提速，争取达到每把在 20 秒以内完成。

3．记数

记数与清点同时进行，可采用单数分组记数法记数。分组记数法把 10 作 1 记，有以下两种方法。

（1）末尾数变动法：

1、2、3、4、5、6、7、8、9、1[④]（即 10），

1、2、3、4、5、6、7、8、9、2[⑤]（即 20），

……

以此类推，数到 1、2、3、4、5、6、7、8、9、10（即 100）。

（2）首位数变动法：

1[①]、2、3、4、5、6、7、8、9、10，

1[②]（即 11）、2、3、4、5、6、7、8、9、10，

2[③]（即 21）、2、3、4、5、6、7、8、9、10，

……

以此类推，数到 9（即 91）、2、3、4、5、6、7、8、9、10。

采用这种记数法记数的优点是将双数变成单数，既简单又快捷，省力又好记。但记数时应默记，不要念出声，做到脑、眼、手密切配合，既准又快。

4.2.2　手持刀削式单指单张点钞法

手持刀削式单指单张点钞法是近年来全国会计技能大赛中常采用的一种点钞方法，是指用右手食指或中指像削面条一样一次点一张的方法。此种点钞法速度较快，适合比赛使用。

具体操作方法如下。

1．持票

钞票横立桌面，左手持钞。持钞时，手心朝胸前，手指向下，中指在钞票内侧中部，食指、无名指、小指在钞票外侧，将钞票夹紧。以中指为轴心，五指自然弯曲，中指第二关节顶住钞票，向外用力，小指、无名指、食指、拇指同时向手心方向用力（见图 4-2-3），将钞票压成“U”形，“U”形口朝里。这里注意食指要从右上侧将钞票往里下方轻压，打开微扇；手腕向里转动 90°，持钞于胸前，拇指按在钞票右侧扇面的右上角处，左手手腕平放，“U”形口朝左侧，持钞完毕，如图 4-2-4 所示。

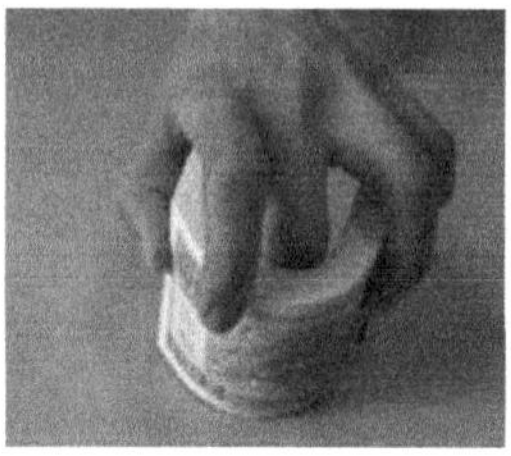

图 4-2-3　手持刀削式单指单张持钞（1）

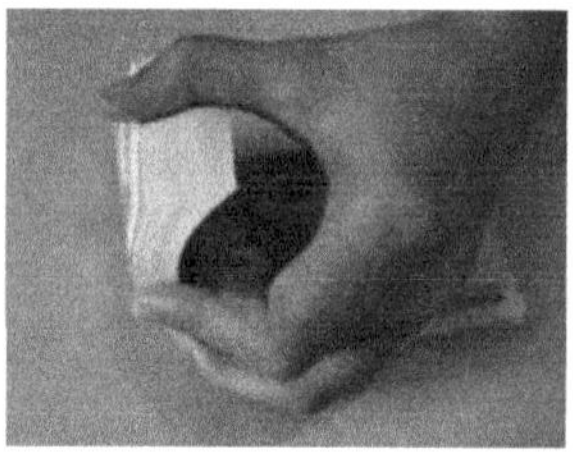

图 4-2-4　手持刀削式单指单张持钞（2）

（手持刀削式单指单张持钞（2））

2．清点

右手腕抬起，拇指贴在钞票的右里角，食指（或中指）伸直，将食指（或中指）指尖前部左侧放在钞票上角或下角均可，将钞票向下削下，削点时幅度要小，动作要快，如图 4-2-5 所示。左手拇指随着点钞的进度逐步向后移动，以便加快钞票下落的速度。

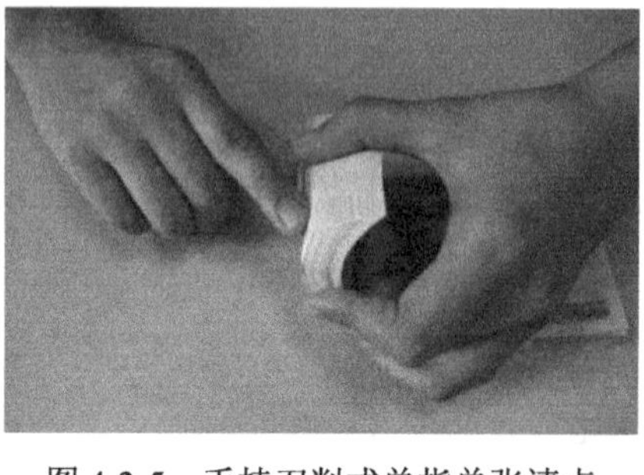

图 4-2-5　手持刀削式单指单张清点

3．记数

记数方法与弹拨式单指单张法相同。

温馨提示： 此种点钞方法是从四指四张点钞法演变而来的，因右手食指清点动作与刀削面近似，故称为刀削式点钞法。起把方式与四指四张点钞法相似，区别在于左手拇指与食指压住的扇面需更小，捏得更紧，且清点的扇面需尽量垂直于桌面。

老钱说事

单指单张点钞法的要求：点，要准；挑，要净；蹾，要齐；捆，要紧。每天累计练习1小时，尽快达到每分钟平均清点并捆扎两把的速度。

4.2.3　手持式多指多张点钞法

手持式多指多张点钞法是指点钞时用多个手指依次捻动钞票的方法。这种点钞方法的优点是速度快、点数准、省力、省脑，是钞票复点中常用的一种方法。

（手持式多指多张点钞法）

可分为两种方法：四指拨动点钞法是指用小指、无名指、中指、食指依次捻下一张钞票，一次清点四张钞票的方法。如果拇指也参与波动，一次清点五张钞票，则称五指拨动点钞法。下面仅以四指拨动点钞法为例进行介绍。

1．持票

钞票横立桌面，左手持钞。持钞时，手心朝胸前，手指向下，中指在钞票内侧中部，食指、无名指、小指在钞票外侧，将钞票夹紧；以中指为轴心，五指自然弯曲，中指第二关节顶住钞票，向外用力，小指、无名指、食指、拇指同时向手心方向用力，将钞票压成“U”形，“U”形口朝里，如图4-2-6所示。这里注意食指要从右上侧将钞票往里下方轻压，打开微扇；手腕向里转动90°，持钞于胸前，拇指按在钞票右侧扇面的右上角处，左手手腕平放，“U”形口朝左侧，持钞完毕，如图4-2-7所示。

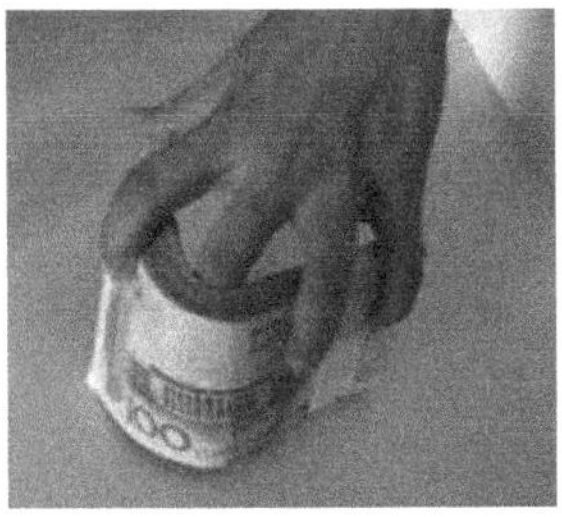

图4-2-6　手持式多指多张持钞（1）

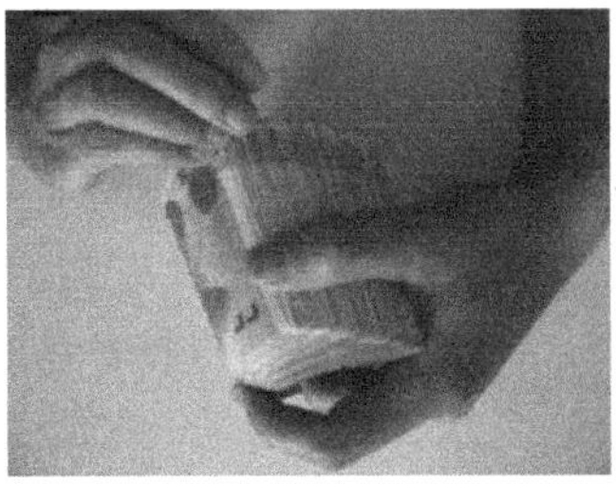

图4-2-7　手持式多指多张钞（2）

（手持式多指多张持钞（2））

2．清点

右手腕抬起，拇指贴在钞票的右里角，其余四指同时弯曲并拢，指尖成斜直线，点数时，从小指开始每指捻动一张钞票，依次下滑四个手指，每一次下滑动作捻下四张钞票，如图4-2-8所示，循环操作，同时左手拇指、食指配合右手动作向右侧轻推，保证清点时下钞顺畅，直至点完100张。

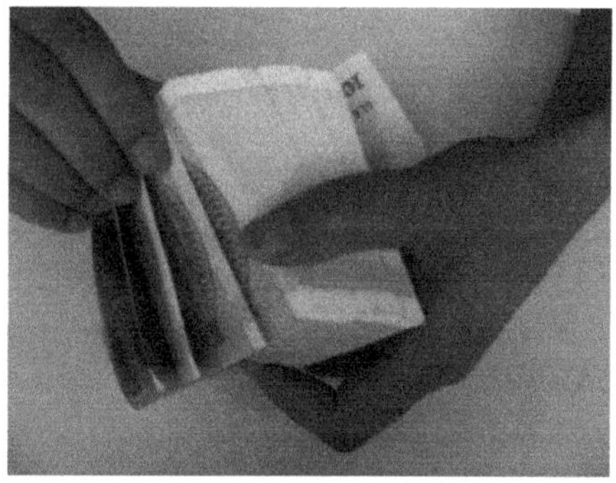

图 4-2-8 手持式多指多张清点

清点时操作要领如下：

（1）捻钞票时动作要连续，下张时一次一次连续不断，当食指捻下本次最后一张时，小指要紧紧跟上，每次之间不要间歇。

（2）捻钞的幅度要小，手指离票面不要过远，四个指头要一起动作加快往返速度。

（3）四个指头与票面接触面要小，应用指尖接触票面进行捻动。

（4）右手拇指随着钞票的不断下捻向前移动，托住钞票，但不能离开钞票。

（5）右手捻钞的同进左手要配合动作，每当右手捻下一次钞票，左手拇指就要推动一次，两指同时松开，使捻出的钞票自然下落，再按住未点的钞票，往复动作，使下钞顺畅自如。

温馨提示： 记得每天坚持计时正确点数 1 小时，争取早日达到每把在 10 秒以内完成！

3．记数

采用分组记数法，每次点数四张为一组，记满 25 组为 100 张。

老钱说事

手持式多指多张点钞法的难度动作是右手四指的捻拨，要注意将四指并拢，减少动作幅度。练习时要熟练掌握动作的基本要领，并注意与分组记数法密切配合。

4.2.4 扇面清点技术

扇面清点技术是把钞票捻成扇面状进行清点的技术方法，常用的是一次清点 5 张和一次清点 10 张，这种点钞方法速度快，是手工点钞中效率最高的一种。但它只适合清点新票币，不适于清点新、旧、破混合钞票。

图 4-2-9 扇面点钞持票

1．持钞

左手持钞，钞票竖拿，左手拇指在票前下部中间票面约 1/4 处。左手食指、中指在票后同拇指一起捏住钞票，无名指和小指向手心自然弯曲。右手拇指在钞票正面中间，其余四指伸向钞票背面横托钞票，用虎口从右侧卡住钞票，做开扇准备，如图 4-2-9 所示。

2．开扇

开扇是扇面点钞的一个重要环节，也是难度较大的一个环节，扇面要开的均匀，为点数打好基础，做好准备。其方法是：以左手拇指为轴，右手食指将钞票向胸前左下方压，然后右手手腕带动手指从左向右甩动钞票，同时右手拇指在钞票前向左上方推动，食指、中指在钞票后面用力向右捻动，左手拇指在钞票原位置向逆时针方向画弧捻动，食指、中指在钞票后面用力向左上方捻动，右手手指逐步向下移动，直至打开如扇开形状，如图4-2-10所示。如有不均匀的地方，可双手持钞抖动，使其均匀。每两张钞票之间的距离以能清晰辨认为标准。

（扇面点钞开扇）

图4-2-10　扇面点钞开扇

温馨提示： 打扇面时，左右两手一定要配合协调，不要将钞票捏得过紧，如果点钞时采取一按十张的方法，则扇面要开小些，便于点清。

3．点数

左手持钞，使扇面平持，右手中指、无名指、小指托住钞票背面，拇指在钞票右上角1cm处，眼睛与扇面保持一定距离，从扇面右上角开始向左看，确认一组5张或10张后，右手拇指快速向下按压，同时食指跟上将这组钞票压住，拇指继续向前按第二次，以此类推，同时左手应随右手点数速度向内转动扇面，以迎合右手按动，如图4-2-11所示，直到点完100张为止。

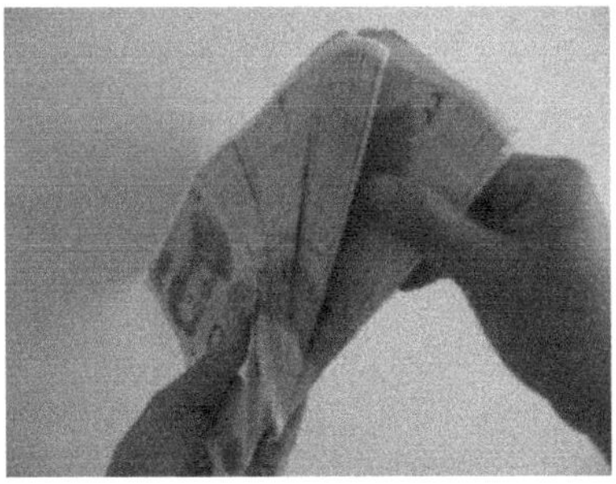

图4-2-11　扇面点钞清点

4．记数

采用分组记数法。如一次按5张为一组，记满20组为100张；如一次按10张为一组，记满10组为100张。

5．合扇

钞票清点完毕合扇时，右手拇指放在钞票右侧正面中间，其余四指托住钞票背面，双手同时快速向中间推钞合把，钞票竖立在桌面上，然后两手松拢轻蹾，把钞票蹾齐，准备扎把。

> **温馨提示：** 手持式单指单张点钞法与多指多张点钞法是实际工作中采用得最多的两种点钞方法，同学们在学习本模块时应重点对这两种方法多加练习。

4.2.5 手工清点硬币方法

硬币的整点方法及各种方法的适用范围如表 4-2-1 所示。

表 4-2-1 硬币的整点方法及适用范围

硬币清点方法	适 用 范 围
手工整点	一般用在收款时，收点硬币尾零款
工具整点	整点大批硬币

下面分别介绍这两种方法的操作过程。

1. 手工整点硬币

手工整点硬币操作流程包括 5 个环节，如图 4-2-12 所示。

拆卷 → 清点 → 记数 → 包装 → 盖章

图 4-2-12 手工整点硬币操作流程

（1）拆卷。用双手的拇指与食指、中指捏住硬币的两端向下振动，同时左手稍向里扭动，右手稍向外扭动，使包装纸硬币的两端（其中拇指在卷里，中指和食指在卷外边），两手腕同时向里转，使硬币散落，然后取出包装纸准备清点。拆卷时，注意用力要适度，不要使硬币振散以致硬币掉落。

（2）清点。从左向右分组清点。根据个人技术熟练程度不同，每次清点的枚数可以是 5 枚或 10 枚，也可以是 12 枚、14 枚、16 枚等，如图 4-2-13 所示。

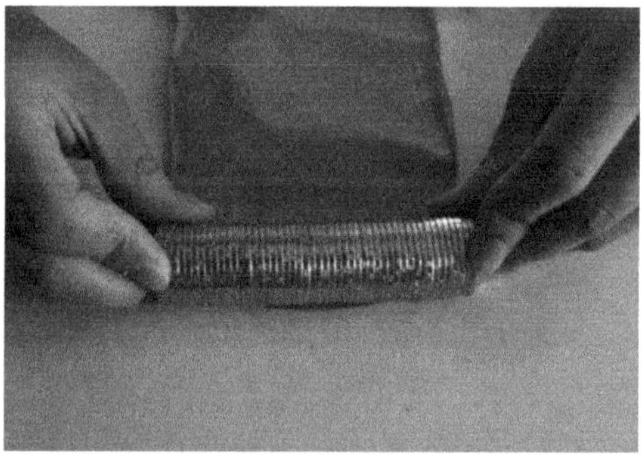

图 4-2-13 手工整点硬币

（3）记数。采用分组记数法，一组为一次。如一次清点 10 枚，那么 10 次即为 100 枚。

（4）包装。清点完毕即可包装。硬币每 50 枚或 100 枚包一卷。包装时，用双手的无名指、中指分别顶住硬币的两端，用拇指、食指捏住硬币的两端，再用双手拇指把里半边的包装纸向外掀起并用食指掖在硬币底部。然后用右手掌心用力向外推卷，随后用双手的拇指、食指和中指分别把两端包装纸向中间方向折压紧贴硬币，再用拇指将后面的包装纸往前压，食指将前面的包装纸往后压，使包装纸与硬币贴紧。最后再用拇指、食指向前推币，包装完毕，如图 4-2-14 所示。包装的硬币要求紧，不能松，两端不能露出硬币。

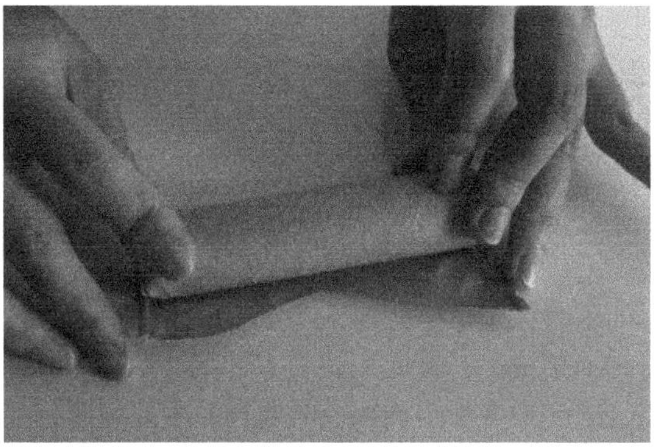

图 4-2-14　手工包装硬币

2．工具整点硬币

工具整点硬币是指借助硬币整点器（也称硬币计数器）进行清点。硬币整点器内根据 1 元、5 角、1 角三种硬币的直径设计的三种相应的弧形槽式硬币板，又根据流通中硬币的平均厚度固定了 100 枚硬币总长度，每次可清点 100 枚硬币。

每一槽由两部分组成，一部分是定槽，另一部分是动槽，动槽可以前后移动。动槽和定槽相间均等排列，每一个槽相当于 5 枚硬币的厚度。当清点人员按拉动槽时，硬币以 5 枚一组被分开，便于点数。这种工具使用简便，携带也方便，工效又高，是银行清点硬币不可缺少的工具。

硬币整点器的操作步骤与手工整点硬币相同。

4.2.6　手持式点钞技术的训练方法与考核标准

1．手持式点钞技术的训练方法

点钞属于精细的操作技能，同样也需要通过练习达到动作的准确、流畅和自动化。一直以来，点钞练习只是停留在教师示范讲解，学生单一模仿、机械重复练习这一层面上，学生很少深入地探究“我为什么要这样练习？这种练习方式是否适合我，如果不适合应采取何种方式”，同时在练习的过程中，学生比较依赖别人对自己的观察指导，却不懂得如何监控自己的练习过程，并做出自我调节和自我评价。

点钞训练一般分为两个阶段。

（1）第一阶段常规训练，一般在班级内进行，由各班的任课老师与班主任老师组织。在这一阶段应注意以下几点。

① 掌握正确的点钞技巧。点钞动作是否规范合理会直接影响点钞的速度与准确度，故在教学时应教授学生规范动作。

② 将点钞动作的分解练习和综合练习相结合。可对点钞起把—点数—扎把—拆把—放把—盖章各环节进行专项训练，也可将部分环节综合起来训练。

③ 个人练与集体练相结合。课堂教学时应采用集体练习的方式，课余时间各学生可根据自己动作的缺点进行练习。

（2）第二阶段选手训练，一般从各班挑选出优秀学生进行集中训练，由专职教师进行指导与组织训练。此阶段可采用以下方法进行训练。

① 抗干扰训练。抗干扰训练可采用多种形式，常用的有，将选手带到公共场合、各班级教室、教学楼大厅、人流量大的地方进行测试。

② 耐力训练。测试时间一般为 5 分钟，可将测试时间调整为 20 分钟。

③ 准确度训练。单指单张可要求学生将心中默数读出声来，以便检查心中默数与点钞速

度是否一致；多指多张则要注意点数时的力度与方向，尽量不要夹张。

④ 以赛代练。多组织选手进行比赛，增加比赛经验，锻炼选手临场发挥及控制比赛状态的能力，也可在队内形成强烈的竞争势头。可采用队内比赛、队外比赛、校外友谊赛、交流赛各种形式。

学生在训练时常遇到一些问题，现收集了以下常见问题及相应对策，提供给学生及指导教师作为参考。

问题一：速度不快。训练时很多学生普遍反映点不快，除去训练量不够的原因外，主要原因是学生指法不够规范合理而造成的，此时应调整点钞指法。

问题二：准确度不高。这是很多学生在训练时遇到的主要问题，只要速度一快，就容易出现准确度不高的情况，主要原因是学生对钞票的掌握能力不够，即点数时力量控制不当，力量大了容易夹张，力量小了点不下来钞。待训练达到一定时间后，准确度也会随之提高。

问题三：动作不连贯。主要原因是左右手不能同步进行操作，右手放把时左手应同时起下一把。散把清点时，在左手丢弃多余钞票的同时右手应迅速拿扎条进行扎把，扎把时应左右手同时绕圈，不可只用右手绕圈。

老钱说事

指导学生正确选用练习方式。动作技能的练习方式有很多种，有局部练习、整体练习、集中练习、分配练习、心理练习等，正确选用练习的方式可以避免盲目地尝试，提高练习的效果。在点钞练习的过程中，关键是通过练习指导教给学生练习的策略，让学生不仅提高点钞速度与质量，而且更重要的是获得策略知识，学会自我学习。

2．手持式点钞技术的考核办法及标准

（1）点钞通级操作程序及规则。

通级操作程序：完成每一把的起把、捻钞、扎把、拆把、盖章等所有环节，并且做到扎把牢、盖章清晰、100%的准确。

① 第一把钞可以持钞在手，但是不允许清点。

② 监考老师喊“开始”后点钞，清点出的每一把，认为是正确的就更换腰条，放右边；认为是错误的就在原腰条上注明错张。

③ 监考老师喊“还剩一分钟”时，可以开始盖章。

④ 盖章完毕后若还有时间，则可以继续点钞或复核错把，如果是正确的，则马上更换腰条后盖章，直至时间到。

通级规则：

① 每次通级，考生必须携带有效证件及相应的通级用具按时到达通级地点，迟到考生做自动弃权论处。

② 在5分钟之外，禁止一切同点钞有关的操作，只允许放置通级工具、填写记录单。

③ 监考老师喊“预备”时，考生可持第一把钞在手，但是允许清点出第一手或第一张。

④ 关于扣张：未扎把每把扣50张，未盖章每把扣10张，未拆把每把扣10张，扎把散开每把扣20张。

⑤ 通级时考生必须要服从监考老师的指挥，采用相应的指法参加考试。

⑥ 考生不按安排的场次按时参加通级，做自动弃权论处，不再单独补考。

⑦ 考生代考按学校舞弊处理办法执行，并且双方取消三次通级机会。

（2）点钞通级标准如表4-2-2所示。

表 4-2-2　点钞通级标准　　单位：张

标准及项目		单 指 单 张	多 指 多 张
普通级（5 分钟）	三级	400	600
	二级	600	800
	一级	800	1 000
能手级（10 分钟）	三级	1 800	3 000
	二级	2 000	3 400
	一级	2 400	4 000

单元检测

1．填空题

（1）__________是指用一个手指一次点一张的方法。

（2）手持式单指单张点钞法的要求是：__________、__________、__________、__________。

（3）把钞票捻成扇面状进行清点的方法叫__________。

（4）__________是扇面点钞的一个重要环节，扇面要开的均匀，为点数打好基础，做好准备。

（5）硬币的整点基本有两种：一是__________、二是__________。

2．简答题

采用手持式多指多张点钞法清点钞票时，有哪些操作要领?

3．思考题

（1）手持式单指单张点钞法、多指多张点钞法和扇面点钞法分别适合什么样的钞票的清点情况呢?

（2）手持式单指多张点钞的指法是什么样的呢?

4．实训题

（1）手持式单指单张法。

目的：使学生掌握手工点钞法中手持式单指单张法的持钞、清点、记数三个环节，并能熟练掌握。

实训用具：秒表、练功券、海绵缸。

实训步骤：

① 点钞姿势——规范放松。

② 用具摆放——整齐合理。

③ 手指名称——拇、食、中、无、小；

④ 点钞规则——持、压、支、夹（左手）；点、捻、托、撑（右手）。

⑤记数——分 10 组记数，只数单数。

实训时间：每天坚持计时练习 10 分钟。

实训练习注意点、数相结合。

（2）手持式多指多张法的实训同上。

（3）计时，采用扇面点钞法清点钞票，争取 10 秒内完成一扎。

5．课外活动及学习建议

利用自习课或技能训练时间，进行一对一计时练习和集体计时练习。

在练习手持式单指单张点钞法时，务必要清点、记数同时进行练习，不可只清点不记数，长此以往，会造成准确度较低的情况发生。

单元3　手按式点钞技术

通过本单元的学习，要达到以下目标要求。

【知识目标】了解手按式点钞技术适用范围。

【能力目标】掌握手按式单指单张点钞技术法。

【德育目标】培养学生做事一丝不苟、精益求精的精神。

【课前准备】

1. 学生：点钞票、腰条、海绵缸、甘油、名章。
2. 教师：点钞票、腰条若干及相关课件。

4.3.1　手按式单指单张食指点钞法

采用手按式单指单张食指点钞法清点时，可以看到的钞票面积较大，便于鉴别变造币和伪造币及挑剔残损钞票。该方法适用于整点新旧、大小钞票，特别适用于残破币较多及不足100张的钞票，也是初学者经常会采用的方法之一。这种点钞法劳动强度相对手持式单指单张法而言有些偏大，速度比手持式单指单张要慢，但准确度要高些。

（手按式单指单张食指点钞法）

1．按钞

将拆把后准备清点的钞票横放在桌面上，距离胸前20cm处，两手中指、无名指及小指并拢按住钞票左右前角处，左手的拇指、食指自然弯曲，右手的拇指托起部分钞票，准备点数，如图4-3-1所示。

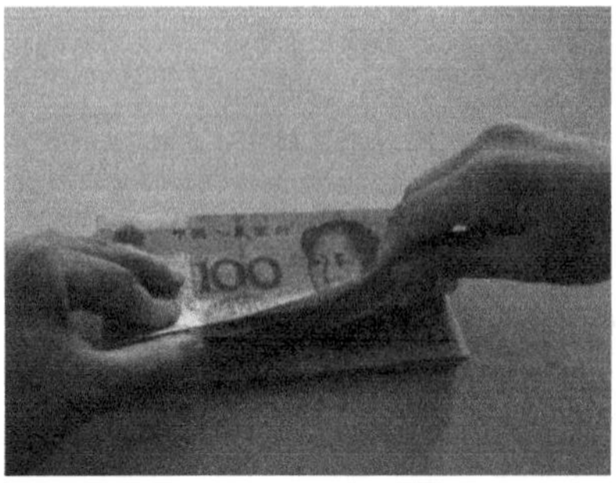

图4-3-1　手按式单指单张按钞

2. 清点

用右手的拇指托起部分钞票，用右手的食指捻动一张钞票，使最上面的一张与小叠钞票分离，用左手拇指按住这张已分离的钞票，右手同时记数，如图 4-3-2 所示。依此动作连续操作，直到清点完所有钞票。如果清点的钞票张数过多，点数中双手把持不住而影响继续点钞时，可以将已清点过的钞票翻扣在未点的钞票前面，然后再按上述要领继续清点未点的钞票。

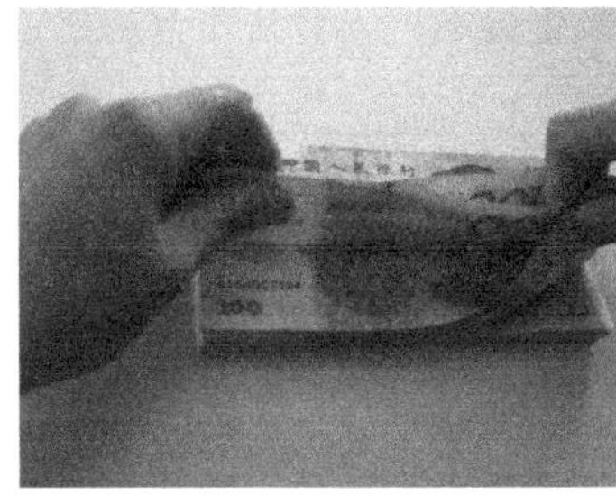

图 4-3-2　手按式单指单张清点

3. 计数

计数方法同手持式单指单张点钞的计数方法，注意不要漏计数。

4.3.2　手按式拇指点钞法

1. 按钞

将钞票平放在胸前的桌面上，以左手手掌外侧按住钞票左端约三分之一处，左手食指、中指和大拇指抓住钞票右端向上提起，小指、无名指自然弯曲（如图 4-3-3 所示）；右手大拇指放在钞票右端里侧的角上，食指和中指放在右端外侧，其他手指自然弯曲，为点数做准备，如图 4-3-4 所示。

图 4-3-3　手按式拇指清点持钞（1）

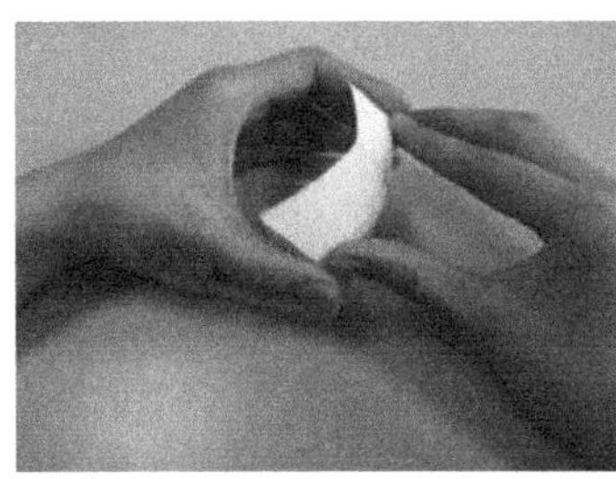

图 4-3-4　手按式拇指清点持钞（2）

2. 清点

右手拇指向掌心方向用力，将钞票逐张滑下，滑动时幅度要小，动作要轻，用力要均衡，左手拇指随着点钞的进度逐步向后移动，以便加快钞票下落的速度，如图 4-3-5 所示。

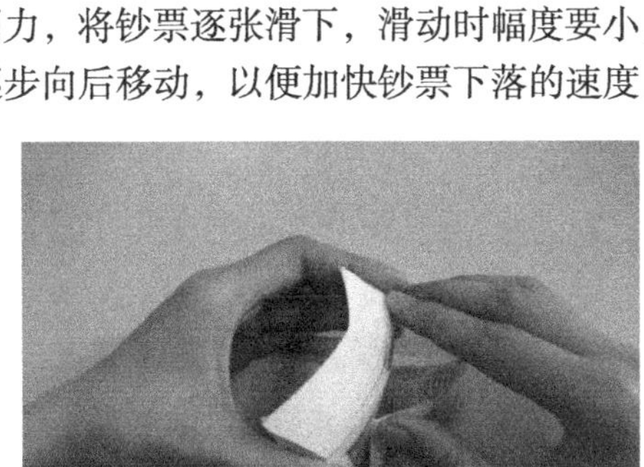

图 4-3-5　钞票清点

3. 记数

记数与清点同时进行，具体方法同手持式单指单张点钞法。

温馨提示： 此种点钞法不像手持刀削式单指单张点钞法的练习需要有四指四张点钞法作为基础，且持钞动作较为简单，故上手较快，适合初学点钞的学生使用。

4.3.3 手按式多指多张点钞法

手按式多指多张点钞法可分为手按式两指两张点钞法、三指三张点钞法及四指四张点钞法。这些点钞法的主要优点是速度比手按式单张点钞法快一些；缺点是挑残破币不方便。故不适用于整点残破币，劳动强度也较大。这里主要介绍手按式四指四张点钞法。

1．按钞

将拆把后准备清点的钞票呈30°角斜放在桌面正前方，左手食指、中指、无名指及小指按住钞票左端中间处，拇指自然腾空，右手食指、中指、无名指及小指自然弯曲放在钞票右侧上方，准备点数，如图4-3-6所示。

图4-3-6　手按式四指四张按钞

2．清点

右手食指、中指、无名指、小指依次从钞票右上角处向左下角方向各拨动一张钞票，然后用左手拇指同时按住这三张钞票并记数，依此动作连续操作，直至清点完所有钞票，如图4-3-7所示。

图4-3-7　手按式四指四张清点

3．计数

记数采用分组记数，四张为一组，记一个数，数到25就是100张。

温馨提示： 手按式多指多张点钞法因清点速度较慢，故使用得不多，实际工作中多采用手持式点钞法来清点钞票。

单元检测

1. 填空题

（1）手按式单指单张食指点钞法适用于______________，尤其适用于残破币较多的点钞，也是初学者常常采用的方法之一。

（2）手按式多指多张点钞法的主要优点是____________________、缺点是___________。

（3）__________不适用于整点残破币，劳动强度也较大。

（4）__________劳动强度相对而言较大，速度也较慢，但十分准确。

采用手按式多指多张点钞法点数时把钞票斜放在桌上。左手的五指、四指压住钞票的左上方约__________处。

2. 思考题

手按式点钞法在实际工作中运用得多吗？

3. 实训题

（1）准备 10 把点钞票，分别采用手按式单指单张食指点钞法和手按式多指多张点钞法，进行计时清点。

（2）准备 10 扎点钞票，计时 5 分钟，分别采用手按式单指单张食指点钞法和手按式多指多张点钞法，看能清点完几把。

4. 课外活动及学习建议

（1）利用自习课或技能训练时间，进行一对一计时练习和集体计时练习。

（2）在练习手按式单指单张食指点钞法时，务必要清点、记数同时进行练习，不可只清点不记数，长此以往，会造成准确度较低的情况发生。

单元4　钞票的捆扎技术

通过本单元的学习，要达到以下目标要求。

【知识目标】了解钞票捆扎的要求。

【能力目标】掌握缠绕式钞票捆扎方法。

【德育目标】培养学生做事不怕吃苦、认真负责的精神。

【课前准备】

1. 学生：点钞票、腰条。
2. 教师：点钞票、腰条若干及相关课件。

4.4.1　钞票捆扎的要求

钞票的捆扎是点钞过程中一个重要的环节，捆扎钞票以 100 张为一把，经清点无误后用腰条在钞票三分之一处捆扎牢固；不足百张的则用腰条进行捆扎，然后将钞票的张数、金额写在腰条纸的正面。

钞票捆扎完毕，还应在扎钞纸条的侧面加盖点钞人员的名章，以明确责任。

钞票的捆扎方法有手工捆扎和机器捆扎两种。

4.4.2　手工捆扎钞票的方法

1．缠绕捆扎法

（1）向下缠绕捆扎法。

银行临柜收款常采用向下缠绕捆扎法进行捆扎钞票,其特点是捆扎后的钞票非常牢固，但速度较慢。其具体操作方法介绍如下。

（向下缠绕捆扎法）

① 将清点准确的100张钞票蹾齐。

② 左手抓住钞票的左上端，拇指按在钞票前，中指、无名指和小指在钞票后，食指伸直放在钞票的上侧。

③ 右手拇指和食指握着腰条头将其夹在钞票右边三分之一处（或直接将腰条一端以左手食指按在钞票背面中间），由内向外开始绕钞票两圈。

④ 绕到钞票上端时，右手拇指将腰条向右折叠90°，如图4-4-1所示，用拇指或食指将腰条头塞入腰条与钞票的空隙间，同时用拇指将折角压平，以防松脱。

⑤ 整理钞票。

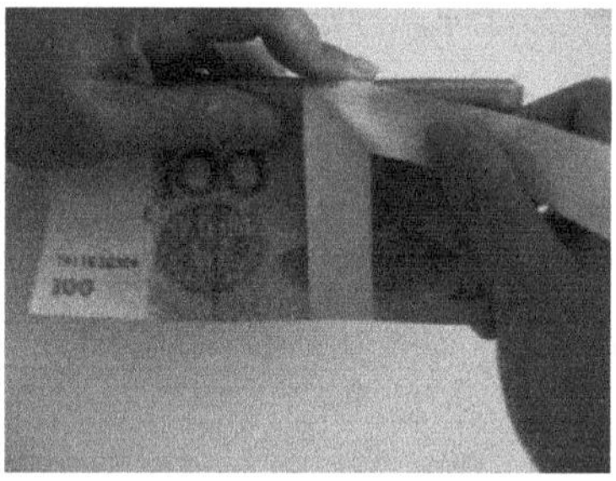

图4-4-1　向下缠绕捆扎法

（2）向上缠绕捆扎法。

机器清点钞票时常采用向上缠绕捆扎法进行捆扎钞票，其特点是在空中完成捆扎，且速度较快。其具体操作方法介绍如下。

① 将清点准确的100张钞票蹾齐。

② 左手横握蹾齐的钞票左侧，左手拇指在内，其余四指在外握住钞票左侧，五指配合将钞票握成一个弧形。

③ 左手握紧钞票，右手拇指、食指和中指捏住扎条一端，将扎条一端从钞票下侧贴在钞票背面，用左手食指、中指将扎条压住，如图4-4-2所示。

（向上缠绕捆扎法（1））

图4-4-2　向上缠绕捆扎法（1）

④ 右手拇指和食指夹住扎条，由下向上顺时针方向缠绕扎条两圈至钞票下端，如图 4-4-3 所示。

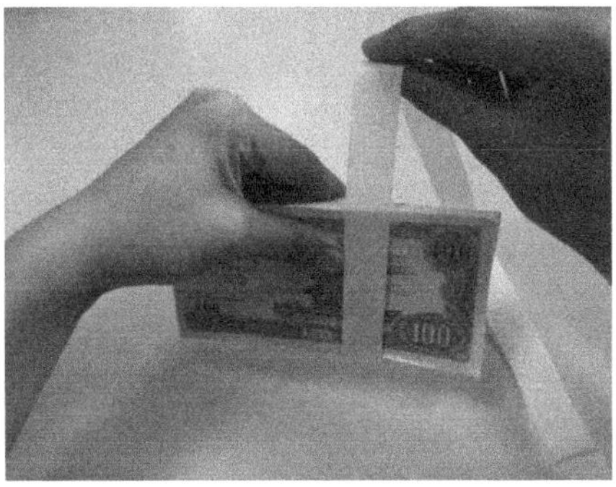

图 4-4-3　向上缠绕捆扎法（2）

⑤ 右手腕向右侧翻转，将扎条折成 45° 角，如图 4-4-4 所示，将右手拇指塞入扎条圈内，并用左手拇指配合将扎条拉紧（如图 4-4-5 所示）。右手拇指将下端折角压平，以防纸条松脱。

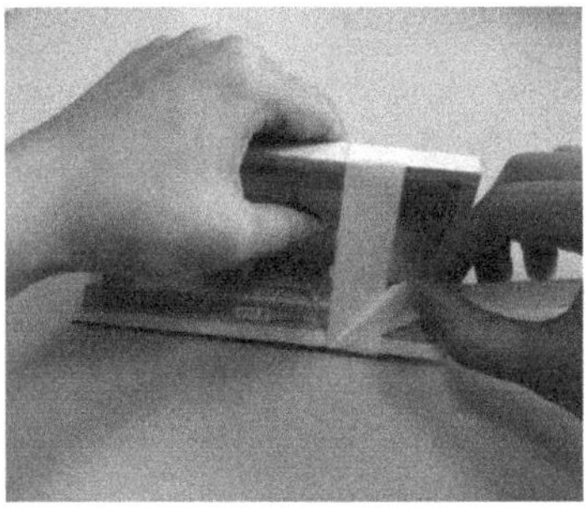

图 4-4-4　向上缠绕捆扎法（3）

图 4-4-5　向上缠绕捆扎法（4）

（向上缠绕捆扎法（3））

温馨提示： 缠绕时应以肘部为轴绕圈，且左右手臂应同时从相反方向相向进行缠绕，两圈 720° 由左右手各负责 360°，注意平均用力，保护手指，以防被扎条划伤。最后一个动作——扎条塞入时，右手拇指应快进快出，提高速度。

2. 拧结捆扎式

考核、比赛常采用拧结捆扎法进行捆扎钞票，其特点是操作简单、捆扎速度快，但捆扎得不够牢固。其具体操作方法介绍如下。

（1）将清点准确的 100 张钞票蹾齐。

（2）左手抓住钞票的左上端，拇指按在钞票前，食指、中指、无名指和小指在钞票后。

（3）右手拇指和食指握着腰条头将其送至钞票背面左手食指处，用左手食指压住腰条三分之一处，右手拇指与中指捏住腰条较长的一端，从钞票的正面往下向外绕半圈，在钞票背面用右手食指勾住腰条短的一头，将腰条两端合拢捏紧。

（4）左手稍用力握住钞票的正面，将钞票捏成正面凸出瓦状（此瓦状的幅度影响扎钞的松紧），左手腕向外转，右手捏住腰条向里转，然后在双手还原的同时将右手中的腰条拧成花结，如图 4-4-6 所示。

（5）同时用右手食指按压花结外侧，顺势将腰条花结塞进凹面瓦状里，再把钞票抚平。

（拧结式捆钞）

图 4-4-6　拧结式捆钞

4.4.3　机器捆扎钞票的方法

手工捆扎钞票的效率低，标准化程度不高，随着银行服务标准化程度和服务速度要求越来越高，银行临柜现在基本上都使用自动扎把机来进行钞票的捆扎。扎把机的品牌与种类众多，常见的是热压式自动扎钞机，如图 4-4-7 所示。

（热压式自动扎钞机）

图 4-4-7　热压式自动扎钞机

具体操作步骤如下。

（1）将机器捆扎专用纸条盘（如图 4-4-8 所示）按说明书上的安装说明装入机器。

（2）插上电源，按下开机键，开机进行预热机器。

（3）如首次使用，应根据需要扎钞条捆扎在钞票上的位置调节机器。

（4）机器准备就绪后，将清点完毕的 100 张钞票蹾齐，竖立放入扎钞口，机器自动捆扎，完毕后将捆扎好的钞票取出即可。

图 4-4-8　机器专用扎钞条盘

老钱说事

银行在实际工作中，除了将每 100 张钞票清点完毕后捆成一扎外，还需将钞票按一定的方向排列，成双十字 10 把钞票捆扎成一捆，并在每捆两端加入垫衬纸，用于粘贴封签。封签上加盖日期戳及点钞员和捆钞员的名章，以明确职责，便于查找差错。

单元检测

1．填空题

（1）捆扎钞票以____________为一把，经清点无误后用纸条在钞票三分之一处捆扎牢固。

（2）钞票捆扎完毕，应在扎钞纸条的侧面加盖____________的名章，以明确责任。

（3）手工捆扎钞票的方法有两种，分别是____________、____________。

（4）临柜收款常采用___________式捆扎钞票，其特点是___________________。

（5）考核、比赛常采用___________式捆扎钞票，其特点是_____________________。

2．简答题

钞票捆扎的要求是什么？

3．实训题

（1）练习拆捆腰条，准备一把点钞票和若干腰条，先拆掉原腰条，再采用缠绕式捆上腰条，反复练习 20 次。

（2）准备 10 把点钞票和 10 根腰条，采用缠绕式完成 10 把点钞票的腰条，要求 1 分钟内完成。

4．课外活动及学习建议

（1）利用自习课或技能训练时间，进行一对一计时练习和集体计时练习。

（2）在班内进行腰条比赛，在 1 分钟内分别采用两种捆扎方法进行捆扎钞票，看谁扎得多、扎得紧，并进行评奖。

（3）去银行实地观察，柜员如何进行钞票的捆扎？

单元 5　机器点钞技术

通过本单元的学习，要达到以下目标要求。

【知识目标】了解机器点钞法的概念。
【能力目标】1. 掌握纸币点钞机的使用；
2. 掌握硬币清点器的使用。
【德育目标】培养学生做事认真负责，一丝不苟的精神。

【课前准备】

1. 学生：点钞票、腰条、海绵缸、甘油。
2. 教师：点钞机、硬币清点器、点钞票、腰条及相关课件。

4.5.1 纸币点钞机的使用

机器点钞法也称点钞机点钞法，是用点钞机（如图 4-5-1 所示）代替部分手工操作的点钞方式。当计数器计 100 张时，即可将出钞口的钞票捆成一把。机器点钞用机械操作代替手工劳动，是手工点钞的 2～3 倍，不但有效减轻了工作人员的劳动强度，提高了工作效率，而且点钞的同时还能检验钞票的真伪。但机器点钞存在一定的局限性，因此机器点钞适用于现金收入较多又较频繁的单位，用于清点整齐的大票。

1. 点钞机的基本构造

点钞机由下钞斗、功能按键、运钞带、计数器和出钞口的挡钞板五部分组成，如图 4-5-1 所示。

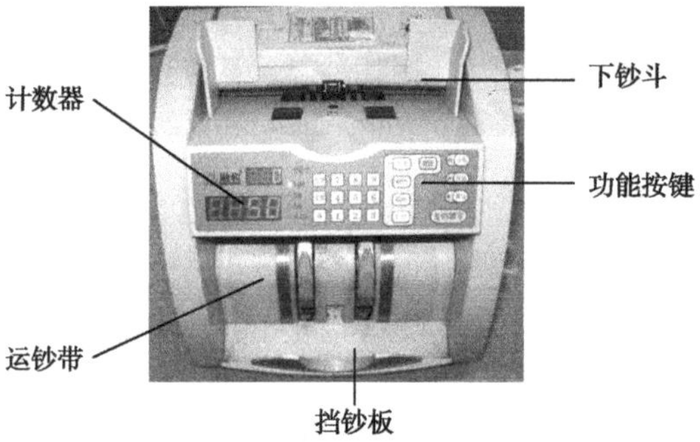

图 4-5-1 点钞机的构造图

2. 机器点钞前的准备工作

（1）将点钞机放在工作人员的正前方，使用时首先应打开电源开关，检查各机件是否完好，运转是否正常，捻钞拉力是否合适，观察下钞是否流畅，计数是否正确。调试一般要求达到不松、不紧、不吃、不塞。

（2）等待清点的钞票放在点钞机的右侧，按大面额票券在前，小面额票券在后的顺序排列，腰条和印章放在点钞机前方合适位置，如图 4-5-2 所示。

（3）根据清点的钞票票面调整好下钞斗，并且选择相应的功能键。

3. 操作方法

（1）持钞。

用右手持钞，右手拇指在钞票下侧，食指在钞票正中心附近，中指、无名指、小指在钞票背面，捏住钞票，如图 4-5-3 所示。

（点钞机及用品摆放图）

图 4-5-2　点钞机及用品摆放图

图 4-5-3　机器点钞持钞

（2）拆把。

左手将腰条撕下，放在桌上，右手拇指与食指夹在钞票上侧边，松开中指、无名指、小指，钞票自然形成斜坡形，放入下钞斗，如图 4-5-4 所示。注意观察计数器上是否显示为“0”。

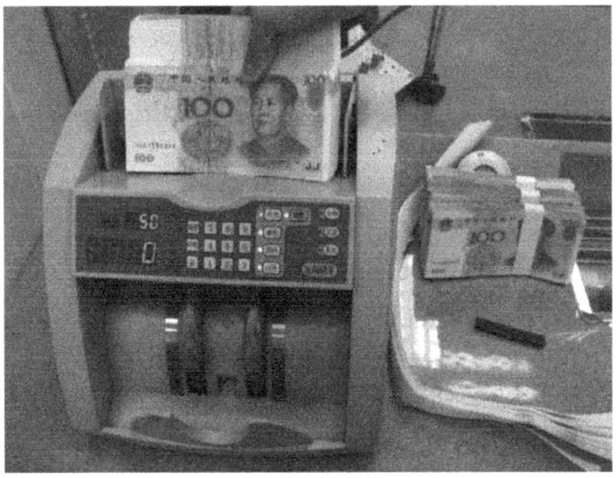

（机器点钞拆把放钞）

图 4-5-4　机器点钞拆把放钞

（3）清点。

① 将钞票轻轻放入下钞斗内。勿用力过大，造成塞钞，使其自然下滑，通过捻钞轮进入机器内，如图 4-5-5 所示。

② 目光迅速转向传送带。如果发现有夹杂券、破损券、假钞或其他异物，应立即剔出。

③ 钞票全部下到出钞口的挡钞板后，看清数码管显示数字是否与持把所标金额相符。

④ 金额无误将钞票取出蹾齐、扎把，如图 4-5-6 所示。

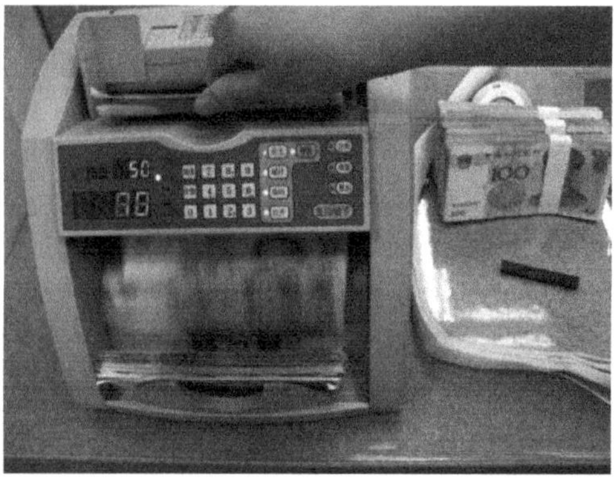

（机器点钞清点）

图 4-5-5　机器点钞清点

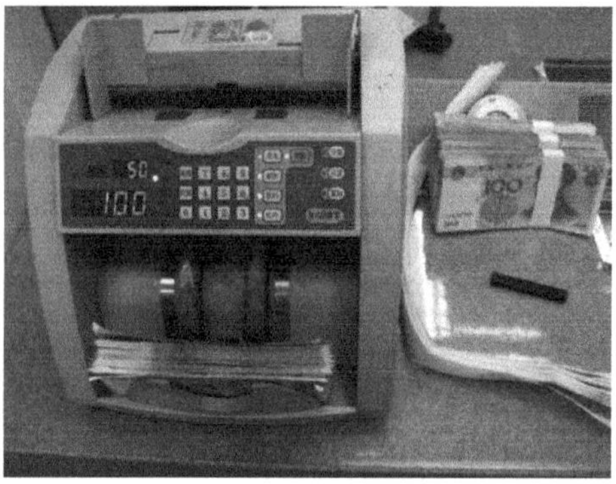

图 4-5-6　机器清点钞票完毕

⑤ 在清查过程中要根据票面大小，随时调整挡钞板大小，以适应大小不同的钞票，使其整齐。

⑥ 在整点整把钞票时，如果发现数码管反映不是 100（即不是 100 张），则需立即复点。在复点前必须先将数码管显示数字还原为 0 后再复点，并注意保管好原把纸条，不能混淆，以便分清责任。

（4）捆扎。

具体操作方法见单元 4 中介绍的钞票的捆扎技术。

老钱说事

掌握机器点钞的要领，可熟记下列口诀：

认真操作争分秒，左右连贯用技巧；
右手投下欲点票，左手拿出捻毕钞；
两眼查看票面跑，余光扫过记数表；
顺序操作莫慌乱，环节动作要减少；
原钞腰条必须换，快速扎把应做到。

4．机器点钞的注意事项

（1）在机器点钞过程中，如下钞正常，目光要集中在输钞带上，直至下钞完毕，目光再移到数码上，看余额是否准确。

（2）在取出刚点完的钞票时，特别要注意取净，防止落下，造成混把。

（3）点完一个单位的钞票后，要清理一次机器底下是否有遗张，特别是在发现少款的情况时，要仔细检查输钞带、捻钞轮底下是否有“吃钞”情况。

温馨提示： 采用机器清点现金，要将钞票打颠倒各点一次，注意防止夹张、假币、留张、飞张（指钞票飞出点钞机）等情况而出现差错。

4.5.2 硬币清点器的使用

1. 硬币清点器的主要功能

硬币清点器是一种多功能、高效率、可分选、点算各国硬币的处理机具，如图 4-5-7 所示。整机结构紧凑、外形美观、操作简便、计数准确、鉴伪度高、速度快，是银行业务、公交硬币汇总、自动售卖等用途方面的得力帮手。

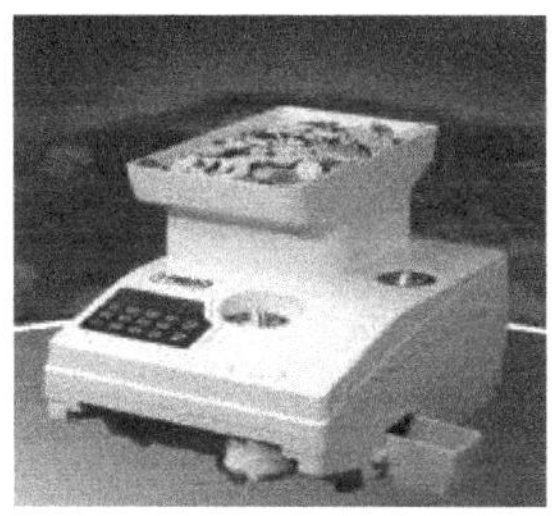

图 4-5-7　硬币清点器

主要功能如下：

（1）配备两个调节旋钮，可根据硬币厚度和直径分别调节，适应性广。

（2）具有 9 档固定预置数点币、任意预置数设置记忆。

（3）自动倒转退出卡币、自动停机和分选硬币。

2. 操作方法

（1）定数清点。进入预置清点模式，根据所要清点硬币的大小跟厚度，将调节旋钮调到合适位置，预置清点的数量，机器内置预置数有 20、25、40、50、100、200、500、1 000、5 000 九种，按下开始按钮，机器便开始清点。

（2）累加清点。进入累加清点模式，根据所要清点硬币的大小跟厚度，将调节旋钮调到合适位置，按下开始按钮，机器便开始累加清点。

（3）连续清点。自动开机便进入连续清点模式，根据所要清点硬币的大小跟厚度，将调节旋钮调到合适位置，按下开始按钮，机器便开始清点。

单元检测

1. 填空题

（1）__________也称点钞机点钞法，是用点钞专用机器通过电子计数器反映张数，进行整点钞票。货币就是固定充当一般等价物的_______。

（2）点钞机的速度较快，一般是手工点钞的__________倍。

（3）硬币清点器具有三种清点模式，分别是__________、__________、__________。

（4）采用机器清点现金，要将钞票颠倒各清点一次，注意防止__________、__________、__________、__________等情况而出现差错。

（5）点钞机调试时，一般要求达到____________、____________、____________、____________。

2. 简答题

机器点钞的注意事项有哪些？

3. 思考题

随着金融行业机械化程度不断提高，使用机器进行钞票清点在工作中起到越来越重要的作用，那是不是就应该淘汰手工点钞方法呢？

4. 实训题

准备点钞机和点钞票若干，让学生每人使用点钞机进行一次清点钞票练习，并按照机器点钞的相关要求，给每个学生打出一个分数，作为平时分的一部分。

5. 课外活动及学习建议

利用到图书馆或上网查资料的方法了解更多点钞机和硬币清点器的种类及功能。

模块 5

数据与文字录入技术

内容概要

作为财经工作者，对数字、数据的处理是不可能避免的。在信息化时代，大量的信息是借助电子计算机分析和处理的，但不管如何处理都要有原始的数据，这些数据的获得有很大一部分要通过人工搜集和录入的。为了提高工作效率，快速精确的数据录入就成了财经工作者的一项基本技能。通过本模块的学习，使学生了解数据与文字录入技术，能够熟练运用各种录入工具进行账表算、传票算等，掌握票币计算，熟练掌握中英文录入技术。

技能要求

1. 熟练掌握规范的计算器录入指法
2. 熟悉计算器、计算机与翰林提小键盘录入数据的方法
3. 掌握规范的英文录入指法
4. 熟练掌握规范的汉字录入指法

单元 1　数据录入技术概述

通过本单元的学习，要达到以下目标要求。

【知识目标】了解各种录入工具在财经行业中的应用。

【能力目标】1. 熟悉录入工具各按键的功能；

2. 掌握各种录入工具的规范指法。

【德育目标】培养学生一丝不苟的职业精神。

【课前准备】

1. 学生：计算器、笔。
2. 教师：各种录入工具、计算题及相关课件。

5.1.1　数据录入概述

数据是无实体的抽象存在，任何人都离不开数据，小到工厂管理，大到科学研究，无不需

要数据给人们指明前进的方向。数字既可以用来表达、交流和传递信息，也可以用来表示测量结果，还可以用来表示一组事物的顺序。当今的管理者对数据的依赖也越来越大，因此对数据的处理速度要求也更高，作为未来的财经工作者，财经专业的大、中专生更应该很好地掌握数据录入技术。

数据录入是指进行相关内容数据的采集和输入工作，并根据需要进行数据整理与计算。

数据录入按录入文档的形式可以分为：调查问卷录入，数字录入，档案录入和 Word 文档、Excel 数据表、WPS 文档录入，纯英文录入、纯数字录入、中英文混合数据录入，以及网页 HTML 文件格式、PDF 格式文件的录入等。

数据录入按录入数据的内容分为：基本运算、账表算、传票算、币值计算等。

数据录入的工具主要有计算器、计算机、算盘、翰林提等。

5.1.2 数据录入常用工具——计算器

1. 计算器的分类

计算器是现代人发明的可以进行数字运算的电子机器，距今已有近三千年的历史。现代的电子计算器既可以用于商业交易中，也是各行各业必备的办公用品之一。

计算器的分类有多种标准，如：按造型可分为掌上型、折叠型、桌上型、礼品型、语音型；按功能可分为普通计算型、科学型、金融型、图形计算器；按表现形式可分为实物计算器和软件形式的计算器。软件形式的计算器可分为三类，即常见计算器、专用计算器、综合功能计算器。

常见计算器主要有以下四类。

（1）算术型计算器，又称简单计算器，可进行加、减、乘、除等简单的四则运算，一般都是实物计算器。

（2）科学型计算器，又称函数计算器，可进行乘方、开方、指数、对数、三角函数、统计等方面的运算，可以是软件形式，也可以是实物形式。

（3）程序计算器是专门为程序员设计的，可以编制程序，具有存储功能。

（4）统计计算器是为有统计要求的人员设计的计算器， 可以是软件的，也可以是实物。

使用比较普遍的是常见计算器中的算术型计算器。

- 计算器
  - 实物计算器
  - 软件形式的计算器
    - 常见计算器
      - 算术型计算器
      - 科学型计算器
      - 程序计算器
      - 统计计算器
    - 专用计算器
    - 综合功能计算器

2. 电子计算器的特点

电子计算器与其他计算工具相比具有许多优点，可以概括为快、准、低、省、小。

1）运算速度快

计算常见加法运算可达到每秒 5 000 次，巨型计算器运算速度可达到 3.84×10 的 11 次方次 1 秒。

2）准确度高

计算器可以显示的有效数位达 8 位、10 位、12 位、16 位，一般常见的多是 12 位的。

3）耐用耗电低

采用磷化钾绿色发光数码管显示的计算器耗电仅 0.1～0.6W，采用液晶显示的计算器仅需 0.000 01～0.01W。一般使用寿命都在 5 年以上（正常使用，电池寿命 2 年左右）。

4）安全可靠

正常使用的情况下，一般计算器可使用上千小时。有的函数型机种可以存储一部 8～10 位的数学用“表”，而且查“表”容易，不易出错。

除上述特点外，还具有操作功能简便、价格便宜，便于携带与稳定性好、记忆力很强等优点。但电子计算器也存在着一些缺点，如对环境温度及光线（光源计算器）敏感、损坏后不易修复等。因此，在使用时还应注意保管计算器，尽量不要磕碰。

3．简单普通型计算器的构造

本书以常见的普通台式计算器为例介绍普通型计算器的外观，如图 5-1-1 所示。

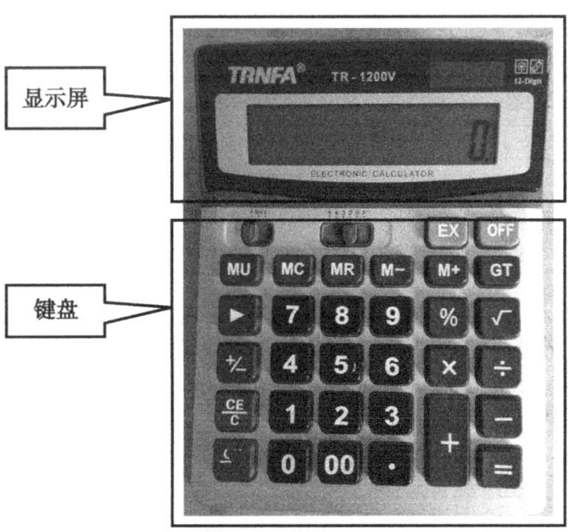

图 5-1-1　普通型计算器

计算器一般由运算器、控制器、存储器、键盘、显示器、电源（如电池或太阳能板）和一些可选外围设备及电子配件构成。主要部件如下。

（1）显示器。显示器位于计算器的上方，是数据输出部件，用于显示输入的数据、计算公式、标记符号和运算结果，说明计算器当前的工作状态和性质。一般为液晶显示，可显示一定数量的数字（通常为 8、10、12 位，以 12 位最常见）。除显示计算结果外，还常有溢出指示、错误指示等。

（2）键盘。键盘位于计算器的下方，是数据输入部件，是最常用也是计算器最主要的部分，通过键盘可以将数字、计算符号等输入到计算器中，一般采用接触式或传感式。

4．电子计算器的功能键说明

计算器是利用键盘输入各种数据，通过按键进行各种操作，不同的计算器按键的个数及排列的位置略有不同。

桌上型计算器是各行各业的工作人员，特别是财经工作人员日常工作中必不可少的计算工具，若能掌握计算器盲打技术，可大幅度地提高工作效率。因此，本书以普通桌上型计算器为例进行按键说明，如表 5-1-1 所示。

表 5-1-1　普通桌上型计算器按键说明

按　键	键 位 名 称	功　能
ON/C	电源开启键	按下此键可删除记忆外的所有数据
OFF	电源关闭键	桌上型计算器一般都具有电源自动关闭功能
0～9	数字键	计算时用来输入数字，输入顺序是从高位到低位，每按一次键输入一位数字
C、AC	总清除键	将计算器记忆的数字全部清除
00\000	快速增零键	例：180,000,000,000
CE	删除错误输入的数字	每按一次，清除前次输入错误的数字。例：10+20+30CE=
→	退位键	每按一次，清除一个输错数字。例：123457890
↑5/↓	四舍五入键	↑全入，↓全舍。例：10÷3=、10÷6=
F4320A	保留小数键	F 全部；A 录入时不按小数点，结果自动记为 2 位小数
%	百分比运算键	计算百分数时使用。例：69 按下%键得 0.69
M+	记忆加法键	存储器加法键（加法运算结果累计并存储）
M−	记忆减法键	存储器减法键（减法运算结果累计并存储）
MR	可调出记忆的总值	读取存储器中的数据，未按 MC 以前有效
MC	数字键	清除存储器中的内容，但保留显示屏上的数据
MU	损益运算键	成本利润率计算键
GT	总和	多次连续运算后的总结果累加（注意多次运算之间不可按 AC 键）
+/−	正负符号	输入数字或运算结果的正、负转换
E	错误提示	有时计算器显示屏上会显示出“E”字母，表示存在超过位数或出现其他输入错误，这时需要按“AC”或“ON/C”键方可恢复正常

5．计算器使用时应注意的事项

（1）使用计算器时，应检查桌子、计算器是否平稳，以免按键时晃动，必要时可用双面胶固定。

（2）使用计算器前，应逐一按下数字键，检查显示器的显示是否正常。

（3）使用前，要特别检查四舍五入键、保留小数键，以免出现运算结果不符合要求。

（4）每笔运算前，要按一下总清除键，清除计算器里的数据，或在最后一笔数字后按“=”号。

（5）计算器的键盘较小，按键排列密集，按键时用力要均匀，以免数据输入错误。

（6）电子计算器自动关闭的时间一般较长，停止不用时要及时关闭，节约能源。

（7）保持电池电量充足，及时更换，以免运算错误；长期不用时，应卸下电池。

（8）电子计算器不要浸水，其表面可以使用带酒精或去污水的湿润棉布擦干净。

5.1.3　数据录入的基本要领与程序

1．数据录入的基本要求

1）正确的坐姿

① 身体要自然坐直，两脚放平与胳膊平行，眼睛与屏幕的距离为 40～50cm。

② 显示器的位置应在视线以下 45° 左右。

③ 右手手指轻放在规定的基准键上，手腕平直，传票放在键盘下方。

2）操作定型，用品定位

应根据不同的计算工具，将计算工具、运算资料摆放在相应的位置，以舒适、方便，有利于准确、快速运算为宜。

3）录入准确

数据录入最好一次正确录入，尽量不要反复利用回退键修改错误。

4）动作连贯

眼、脑、手三者配合，做到“两看两不看”，即录入时“看数不看盘”、书写时“看屏不看笔”。

2. 数据录入的基本程序

数据录入操作程序：看数→记数→拨数→写数→清屏。

（1）握笔运算。运算时应根据运算器具与运算结果记录的要求不同，决定是否握笔运算。例如，使用计算器和算盘时就需要握笔运算，及时记录计算结果，节省拿、放笔时间，以提高工作效率。

握笔方法：以小指和拇指握笔为主，小指按键时拇指握笔，拇指按键时小指握笔，如图 5-1-2 所示。

图 5-1-2　握笔运算

（2）置数：眼睛紧盯数字资料，看清位数，手连续不停地敲击，分节看数、分节敲数，置数时做到“看数不看盘”。

（3）指法：要做到规范、正确、快速、盲打。

所谓指法，是指在计算器键盘上的手指分工，即将计算器上的各个键位合理、固定地分配给各个手指的规定。指法正确与否、击键频率快慢与否，直接影响着运算速度，因此，要养成良好的指法习惯，为进一步做到盲打做好准备。

温馨提示：

正确指法要点

① 各手指要放在基本键上，输入数字时，每个手指只负责相应的几个键，不能混淆。

② 手腕平直，手指自然弯曲，只限于手指指尖击键，身体其他部分不要接触键盘。

③ 输入时，手稍微抬起，只有要击键的手指才伸出，击键后立即回到基准键上。

④ 击键速度要均匀，用力要轻，有节奏感，不可用力过猛。

⑤ 击键时，必须依靠手指和手腕的灵活运动，而不是整个依靠手臂的运动。

⑥ 对于初学者来说，为了达到动作定型可以采用将小臂距手腕 10～15cm 处搭靠在桌边棱上，抬起手腕，五指自然弯曲。指尖定位在小键盘的数字键盘 456 上。由于有了支点，可以减少手的移动。

当键位非常熟悉以后为了提高录入速度，再把手腕抬起，悬空在小键盘数字键盘上约 1～2cm 处。总之，手指移动的幅度越小，准确性越高。

（4）书写答案：眼看显示屏，快速、规范地将答案从左到右逐位抄下来，做到“看屏不看笔”。

（5）清屏：写到最后一两位时，清、写同时完成，快速进入下一个题目。

5.1.4　数据录入的基本指法与训练

正确的坐姿、标准的指法是提高计算器数据录入最根本的基础，所以在初学及训练中必须严格要求，以养成良好的习惯。

1. 计算器的基本指法（见表 5-1-2）

表 5-1-2　计算器的基本指法

键　位	指　法	
4、5、6	基本键位	分别由右手的食指、中指和无名指负责
1、4、7、0	食指	例：147、174、417、471、741、714
2、5、8、00	中指	核心键位：一般计算器键盘的“5”上会有区别于其他键位的标志，或有一个凸起的圆点，或较其他键位略高，盲打时应以此键位为核心向其他键位延伸。例：258、285、582、528、825、852
3、6、9、.	无名指	例：369、396、639、693、936、963
+、−、×、÷、=	小指	例：64+28−8×9÷4=
On、off	拇指	
说明：“0、←”等键位，因计算器型号不同，键盘位置不同，指法会有所不同		

2. 计算机、翰林提学习机录入指法

随着计算机技术的飞速发展，要培养跨世纪的中、高级技术专业人才，计算机知识与应用能力已变得尤为重要。在实际工作中，银行职员、财务工作者、收银员不仅要熟练地掌握计算器录入技能，还应熟练地掌握计算机小键盘的数字录入技术。

1）键盘结构

计算机键盘主要由主键盘区、小键盘区和功能键组构成。主键盘即通常的英文打字机用键（键盘中部），小键盘即数字键组（键盘右侧），功能键组即键盘上部的按键。翰林提学习机键盘如图 5-1-3 所示。

本单元主要以计算机数字小键盘为主进行讲解，小键盘结构如图 5-1-4 所示。

图 5-1-3　翰林提学习机键盘

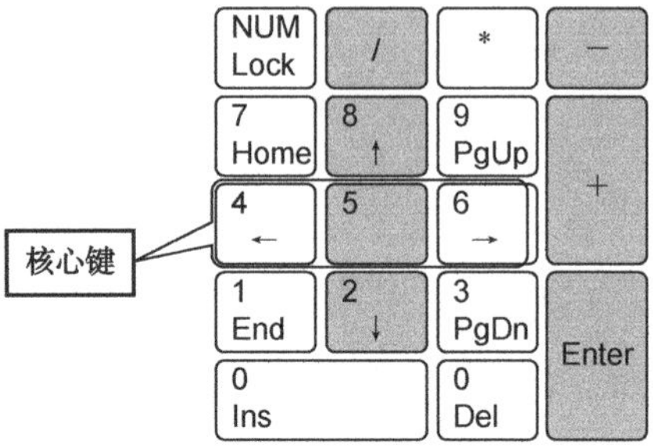

图 5-1-4　计算机小键盘

2）基本指法

小键盘基本指法如表 5-1-3 所示，指法分布图如图 5-1-5 所示。

表 5-1-3　小键盘基本指法

键　　位	指　　法
4、5、6	基本键位
1、4、7	食指
2、5、8、/	中指
3、6、9、.　、*	无名指
+、−、Enter	小指
0	拇指

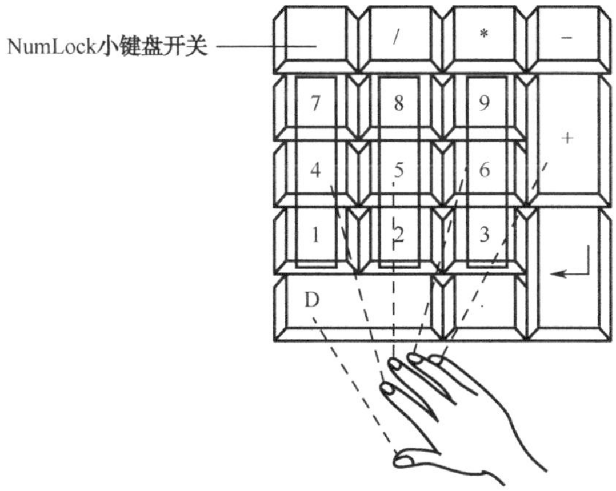

图 5-1-5　小键盘指法分布图

训练要诀：先练“4、5、6”基准键位，再分指练习，食指“1、4、7”，中指“2、5、8、/”，无名指“.、3、6、9、*”，小指“+、−、Enter”。

温馨提示： 学习计算器录入是为学习计算机小键盘盲打打下基础，在实际工作中计算机小键盘的数字录入应用非常广泛，是银行柜员和收银员等财经从业人员的基本功，千万不可忽视！

正确规范的指法，可以使输入数据时做到有条不紊，分工明确。根据指法规则，经过一段时间的训练，就能运指自如，得心应手，甚至可以做到盲打。

小键盘的训练方法参照计算器盲打训练方法进行，练习题可使用各种数据录入的习题。

老钱说事

计算器的应用比较适合在教学中使用，在实际工作中主要都是用计算机小键盘完成计算工作的，信息时代要求每个财经工作者都必须能很好地应用它，这样才能高效、快捷地工作。

3. 基本指法训练方法

（1）准备：举起右手，用手摸到中心键位“5”。

（2）要求：以下每一项做 3 遍，完全正确后再进行下一组练习。

（3）盲打技巧：紧紧围绕 4、5、6 这 3 个键位展开盲打练习，逐渐向 1、2、3、7、8、9、0、00 键延伸，开始就要养成不看键盘的习惯；不要急于进行运算练习。可以循序渐进地掌握计算器的基本指法，进而为计算器盲打创造条件。

“盲打”是指法训练的最高境界。

4．键盘盲打基本练习

以下每一项连做3次，完全正确后再进行下一组，尽量做到盲打，记录对错，遇到录入错误时，练习“→”（回退键）。

（1）456。例：456、465、546、564、654、645

（2）456、ON/OFF、+、→。例：465+546+564+654+645+456=

（3）123。例：123、132、231、213、321、312

（4）123456、+。例：163+231+516+432+543+462+153+261=

（5）789。例：789、798、897、879、978、987

（6）123456789、+。例：168+247+354+681+827+493=

（7）0～9。例：1,234,567,890、1,357,924,680、2,497,861,035

（8）0～9及00、+、-。例：37,000+940-1,006+500+8,400-20,900=

单元检测

1．填空题

（1）[C.CE]是________键，[OFF]是________键。

（2）计算完毕按________键可以出现结果。

（3）在运算过程中，若发现已经输入的一个数字不正确，可使用________键清除错误；若发现已经输入的一笔数字不正确，可使用________键清除错误。

（4）在运算过程中，若需要全部清除前边输入的所有数据，则需要先按________键关机，再按________键开机后重新输入数据。

2．基本指法练习题

（1）	（2）	（3）	（4）	（5）
159	184	487	787	871
864	569	905	423	939
372	206	269	896	526
506	361	651	750	136
792	715	354	165	714

（6）	（7）	（8）	（9）	（10）
560,783	697,523	458,043	397,813	453,187
928,154	709,157	698,714	767,407	270,569
702,943	518,771	392,819	408,565	153,806
140,936	981,706	739,051	271,146	326,715
521,538	853,529	217,194	190,512	893,426

3．借助爱丁数码翰林提学习机里的计算器功能进行盲打练习

（1）1,234,567,890连加3次，再加30，等于3,703,703,700。

（2）1,234,567,890连加8次，再加90，等于9,876,543,210。

（3）加百字：1+2+3+4+…+100，等于5,050。

（4）盲打身份证号码、手机号码。

单元2 数据加减法的录入

通过本单元的学习，要达到以下目标要求。

【知识目标】了解数据加减法录入的程序。

【能力目标】熟练掌握账表算录入方法。

【德育目标】培养学生一丝不苟、踏踏实实的工作作风。

【课前准备】

1. 学生：计算器，收集各种表格、单据。
2. 教师：各种表格、传票算及相关课件。

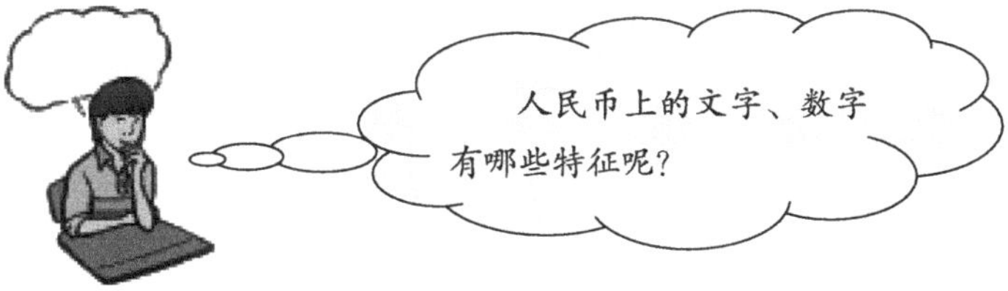

5.2.1 基本加减法录入

数据录入中加减法运算是最多、最常见的，要想数据录入准确、快速，除了要熟练掌握正确的指法外，还要特别加强加减法训练。

1. 加减法训练的基本原则

准中求快，条件反射，循序渐进，持之以恒，手脑相应。

2. 操作程序

看数→记数→拨数→写数→清屏。

要求运算过程连贯，做到：看数不停、记数不停、拨数不停、写数不停。

3. 要求

做到盲打、握笔运算、看数不看屏、看屏不看笔。

4. 训练步骤

（1）简单低位数（3位数以下）加减法运算。

（2）高位数（3位数以上）加减法运算。

高位数运算要领说明：分节看数、分节拨数；看数的同时，右手要立即拨数；将要拨到末尾时，紧接着看另一节数；看数时要从第一个小节开始，三位看一次，逐渐练成能看几个小节的数字。

5.2.2 账表算录入

在经济业务中，企业部门的会计核算、统计报表、财务分析、计划检查等业务活动，其报表资料的数字来源都是通过会计凭证的计算、汇总而获得的。这些会计凭证的汇总即传票算，其运算速度及结果准确与否，直接影响到各个项目业务活动数据的可靠性、及时性；而报表、汇总表均属于表格计算（即账表算），通过这些报表汇总运算，取得有效数字，从而为有关部门制定政策提供数字依据，因此说，账表算和传票算是财会工作者日常工作中的一项很重要的基本功。

1. 账表算的定义

账表算又称表格算，是日常经济工作中最常见的加减运算形式，是把纵向运算与横向运算合并于一张表格中，用横栏和纵栏相互交叉的数据分别进行横向和纵向的加减运算，最后求得的两个总数相等，俗称“轧平”的计算。会计报表的合计、累计、分组算等都是账表算。

数据录入中加减算的基础训练是通过账表算来完成的，而账表算也是财会专项技能的基本功之一。

2. 账表算的分类（见图 5-2-1）

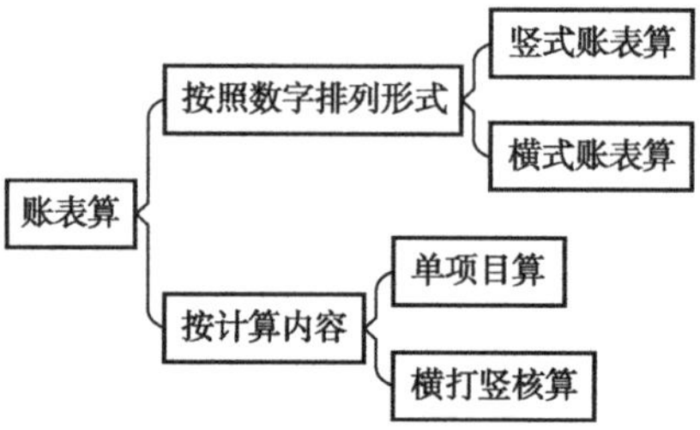

图 5-2-1　账表算的分类

3. 账表算题型

这里以京津等地财会综合技能比赛的方式和要求为例来阐述账表的运算方法。

账表算的一张表格由 7 列 10 行组成（见表 5-2-1）。即纵向 7 个算题，横向 10 个算题，最高位数为 6 位，最低位数为 4 位，每道题均衡排列，纵向题中设有 4 笔减数题。

表 5-2-1　京津等地比赛账表算样题

北京财会综合技能账表算练习题

（高级）

时间：15 分钟　　　　鉴定员________

学校________　班级________　姓名________　考核成绩________　复核员________

序号	一	二	三	四	五	六	七	合计
一	63,807.25	5,784.62	93,845.21	173,694.82	26,479.51	893,514.76	36,081.49	
二	8,451.39	39,160.84	176,903.48	58,713.69	937,185.04	60,389.25	2,730.15	
三	385,706.41	872,053.16	−7,251.06	20,694.51	40,273.86	3,701.82	571,024.98	
四	21,430.85	4,516.79	2,610.38	875,916.041	12.568.07	701,249.63	−3,849.71	
五	967,024.31	17,023.85	859,476.13	1,850.29	4,230.18	59,074.81	40,769.52	
六	6,718.95	21,469.03	32,081.59	8,674.03	532,096.41	6,145.09	967,584.13	
七	42,586.79	705,384.92	−6,785.42	47,021.35	6,185.39	17,680.32	802,379.64	
八	97,064.23	91,065.73	502,648.79	3,194.72	859,760.42	3,752.46	28,731.56	
九	5,912.04	6,184.29	97,032.41	230,485.96	27,318.69	458,276.91	16,025.39	
十	176,809.32	852,073.94	49.760.35	67,283.05	3,950.74	20,934.58	−8,560.42	
合计								

4. 账表算计分方法

账表算的计分方法采用百分制。

纵向题：每题计 10 分×7 =70 分。

横向题：每题计 10 分×10=100 分。

横式合计=纵式合计，称为“轧平”，加 30 分。所以，全表为 200 分。横向或纵向任错一题，即使轧平数是正确的，仍不得分。

5. 账表算的运算方法与顺序

（1）纵向题账表算的运算方法：账表中的纵向题与珠算等级练习题相同，使用算盘为运算工具时，可采用一目三行或一目双行简捷算法。把账表放在算盘下面，左手指数，并随着计算把题向上推，使其计算的行数尽量与盘面的距离接近，以便看数、拨珠、抄写答数能快速进行。

（2）横向题账表算的运算方法：账表中的横向题与珠算等级练习题相同，使用算盘为运算工具时，较好的打法是“钟摆式”，即第一题→（从高位往低位打）、第二题←（从低位往高位打）、第三题方向同第一题、第四题方向同第二题……，以此类推。左手指着数字，右手拨入盘上。

这种打法的优点是：运算时手不空回，从右到左拨加时，不必考虑末位定位问题，运算速速相对来说较快，但对于初学者来说，看数字从右到左不习惯，容易出现错档、错数现象。

（3）比赛时，每个选手有两张表，第一张表（包括合计数）全部打完以后才能打第二张表。先纵式后横式，不能有空题，如有空题视为跳题，此题后不计成绩。

老钱说事

账表算是财经专业的基本功，无论使用哪一种计算工具都必须要学好，它不仅是提高运算准确率的好方法，同时还可以培养学生的耐心，克服急躁心里。

温馨提示： 开始学习时，可以先算横式，后算竖式，并从低位数逐渐过渡到高位数，但此法仅限最初阶段，目的在于先易后难、循序渐进，逐步适应中、高难度的题型，在实际工作中则没有计算顺序的限制。

6. 训练方法

（1）准备：坐姿端正，然后将账表摆放在左侧，计算器放在右侧，如图 5-2-2 所示。

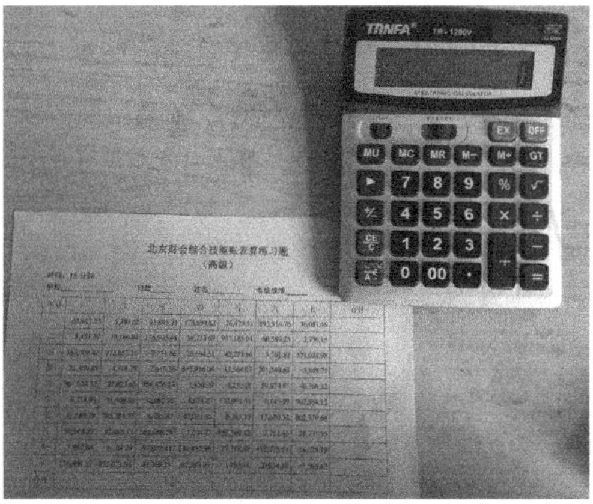

图 5-2-2 账表的摆放位置

（2）跟数训练：左手指着将要计算的那一笔数字，以免串行。

（3）读数训练：眼睛看数，并在脑中默读要计算的数字。

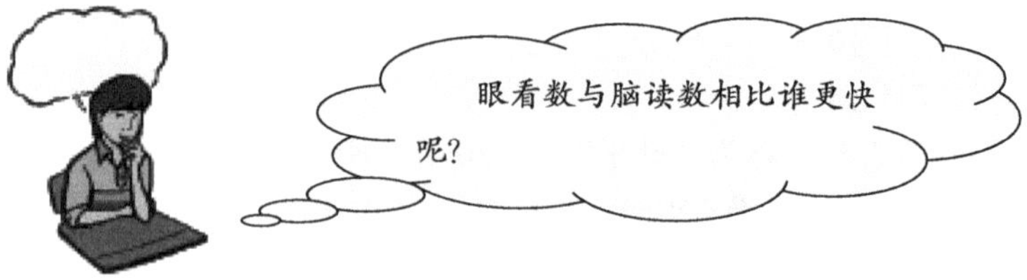

例：

5, 492, 316

631, 928

58, 607

1, 274, 137

当第一笔数字读到 5,492 时，眼睛随后就看到 316；眼睛看到后，大脑迅速反应，读 316 的同时，左手跟到下一笔数字；看、读到 631 时，接着看 928；左手又转移到下一笔数字，以此类推，将数与数的衔接时间逐步缩短，达到快速计算的目的。

（4）按键训练：左手指着数字，右手快速按键。

（5）综合训练：手指数、眼看数、手拨数，眼、脑、手快速协调配合，自行独立完成一张账表算，直到轧平为止。

5.2.3 数据综合录入——传票算

除账表算外，传票算在日常经济核算工作中也是应用较多、要求较高的一项计算工作。

1. 传票算的定义

传票，是指记录有文字和数字的单据、凭证，如发票、收据、记账传票、出/入库单、领/发料单等。

求许多张相同内容的传票的合计数，就是传票算。传票算也称为凭证汇总算、传票翻打，是指在经济核算过程中，对各种单据、发票或凭证进行汇总计算的一种方法，一般采用加减运算。

打传票是财经工作的基本功，是计算器加法练习的一种好方法。它是加减运算在实际工作中的具体应用，它可以为会计核算、财会分析、统计报表提供及时、准确、可靠的基础数字，是财经工作者必备的一项基本功，并被列入全国会计技能比赛的正式项目。随着计算机的广泛使用，传票算日益成为各工商企业（收银员）、金融业（储蓄员）处理日常业务的基本方式，小键盘数字录入的快速与准确，也成为评判从业者业务素质高低的标准之一。

2. 传票算分类与样式

实际业务中的发票存根、收据存根等装订成册的票据、会计的记账凭证、销售日报、成本计算单等为活页式传票，其计算内容有单一项目和两项以上的项目计算，每次需计算的页数不等，蓝字相加，红字相减。教学中学生训练用的模拟传票会比实际中的规整。传票算的分类如图 5-2-3 所示。

（1）按是否装订分。

① 订本式。一般在左上角胶粘。订本式传票本，一般每本为 100 页，每页的右上角印有阿拉伯数字表示页码，每页传票上有 5 笔（行）数字，每行数字前自上而下依次印有（一）、（二）（三）、（四）、（五）的标志，“（一）”表示第一行数，“（二）”表示第二行数，以下同理。每行最高位数有 7 位数字，最低位数有 4 位数字。订本式传票算如图 5-2-4 所示。

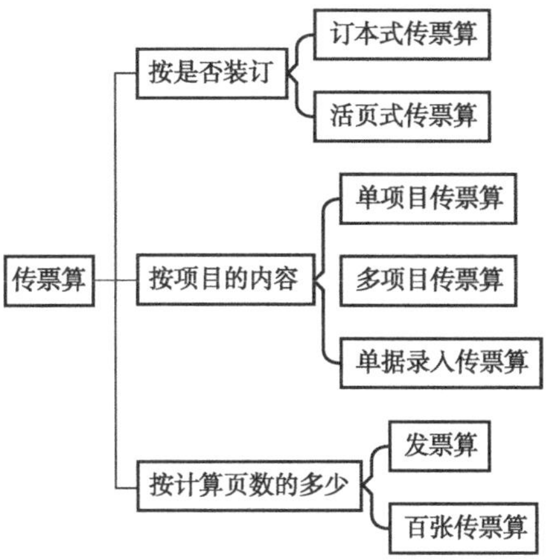

图 5-2-3　传票算的分类

② 活页式。按 1～100 页的顺序排列，计算时需打好扇面后用夹子夹住左上角。活页式传票如图 5-2-5 所示。

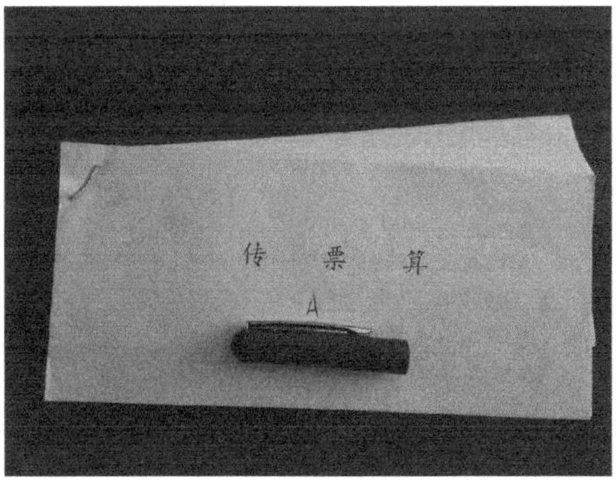

图 5-2-4　订本式传票算

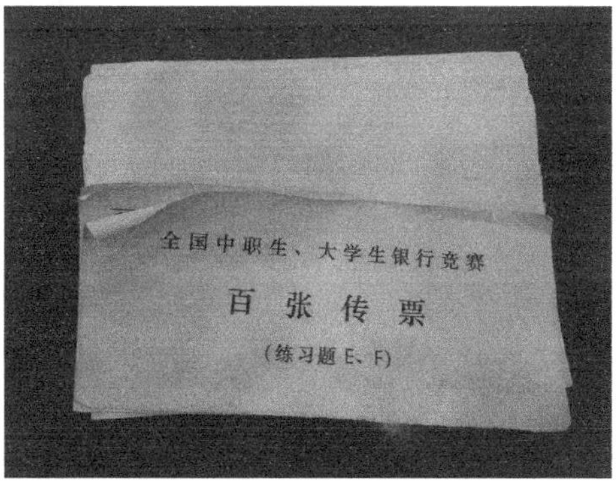

图 5-2-5　活页式传票算

（2）按计算的项目分。

① 单项目传票。指每张传票上只有一个计算数字，求若干张相同内容的合计数为单项目计算，如：商业工作中的每日销售合计，就是由该日销货发票加总求得。单项目传票算本样式如图 5-2-6 所示。

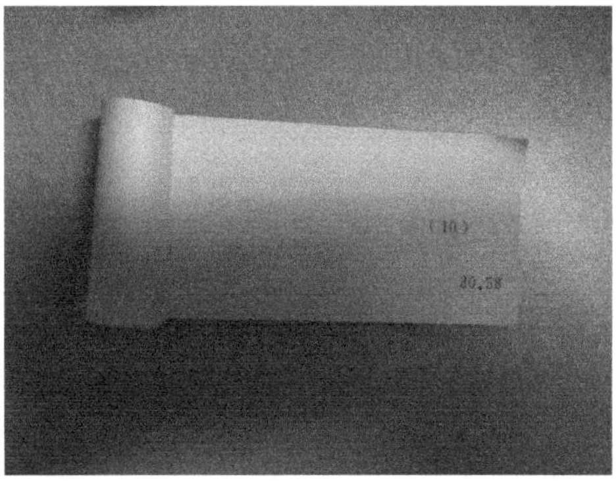

图 5-2-6　单项目传票算本样式

② 多项目传票。一页有多个数字，比赛用传票算每页 5 行，每行数字前依次标有（一）～（五）序。

③ 单据录入传票。一页有多项内容，既有文字，也有数字、字母、符号、金融单位等。单据录入传票如图 5-2-7 所示。

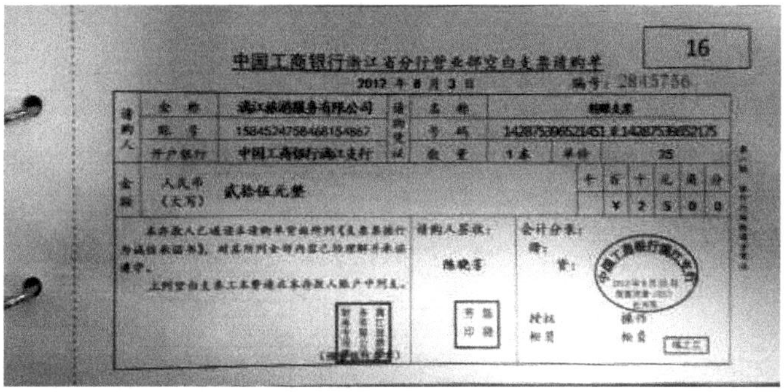

图 5-2-7　单据录入传票

（3）根据《中国珠算协会珠算式心算鉴定标准》可将传票按页数多少分。

① 发票算。全部为连加法，没有减数。每本 200 张，正、反两面印，共 400 页码（页号印在中间），每页印一行字码，全是金额单位。比赛时每 30 页为一道题，命题时任意选定起止页数。例如，第一题从 42 页至 71 页止，第二题从 59 页至 88 页止等。

② 百张传票算。银行系统业务竞赛常用的一种比赛形式，采取百页数字一次计算，在答数正确的基础上，以速度决定名次。

全国比赛传票算本样式如图 5-2-8 所示。

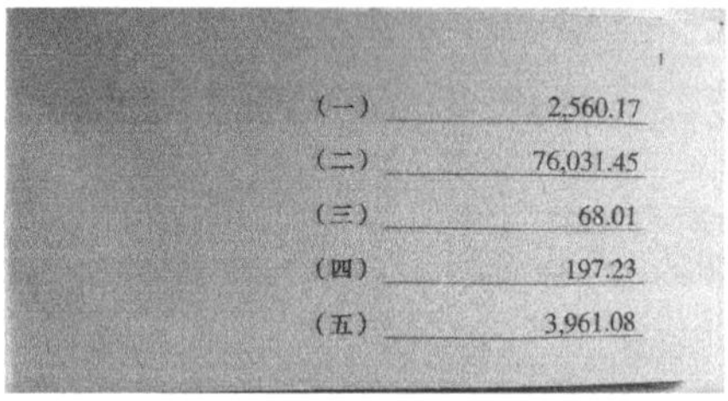

图 5-2-8　全国比赛传票算本样式

日常练习中，传票本是练习传票算的依据。

3. 传票算的题型

根据传票算的运算特点，计算时除用算盘或小键盘外，另需一张传票算试题答案纸。

传票算每 20 页为一道题，分为规则题型和无规则题型两种，运算数码 110 个。20 页规则题型如表 5-2-2 所示。

表 5-2-2　20 页规则题型

序　　号	起 讫 页 数	行　　次	答　　案
1	1～20	（一）	
2	21～40	（一）	
3	41～60	（一）	
4	61～80	（一）	
5	81～100	（一）	

20页无规则组合题型如表5-2-3所示。无规则题型做题要求：第一题要求从第11页起，运算到30页截止；“(二)”表示把每页第二行数字累加起来，然后将结果填写在答案中。

表5-2-3　20页无规则组合题型

序　号	起讫页数	行　次	答　案
1	11～30	（四）	
2	61～80	（二）	
3	18～37	（一）	
4	39～58	（五）	
5	67～86	（三）	
		…	

4．传票算的运算步骤与方法

要想打好传票算，首先要摆正思想，认清传票算在行业中的重要位置，它不是简单的加减法运算，还要配合翻页、找页、加总等，因此，要打好传票算，必须掌握好基本功，如整理传票、找页、翻页和累加等几方面。

1）检查与整理传票本

传票本在使用前一定要进行检查，要逐页翻看，防止重页、错页和漏页。如有重页，直接撕下来即可；如有错页、漏页，就要更换并重新检查。同时还要检查是否存在印刷问题，如小数点后位数是否统一为两位数。

传票运算时，为了提高运算速度，加快翻页的动作，还需将传票本捻成扇面形状，如图5-2-9所示。整理传票本的步骤如下。

① 蹾齐：双手拿起传票侧立于桌面蹾齐。

② 开扇：左手固定传票左上角，右手沿传票边沿轻折，打开成扇形，扇形角度为2～2.5cm。

图5-2-9　整理传票方法

打扇面的方法：一般采用“上翻法”，两手拇指放在传票封面上，两手的其他四指放在背面，左手捏住传票封面的左上角，右手拇指放在传票封面的右下角，然后向下捏，传票自然展开成扇形，如图5-2-10和图5-2-11所示。扇面形状的大小依需要而定。

③ 固定：打好扇面后可借助夹子夹住左上角，或同时用夹子夹住最后一页右下角，控制好扇面，防止翻打时传票散乱。

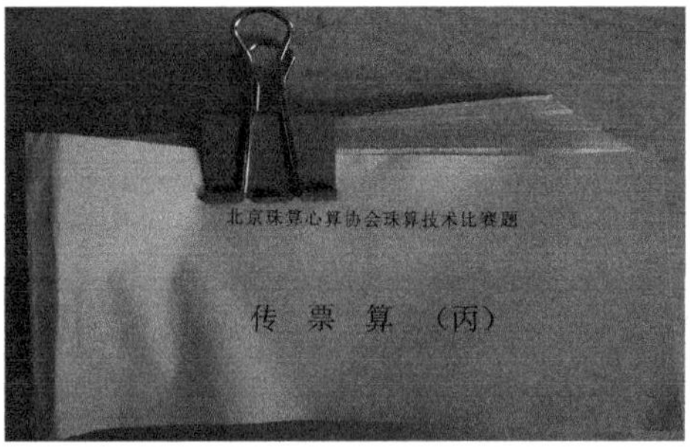

图 5-2-10 传票算上翻法扇面

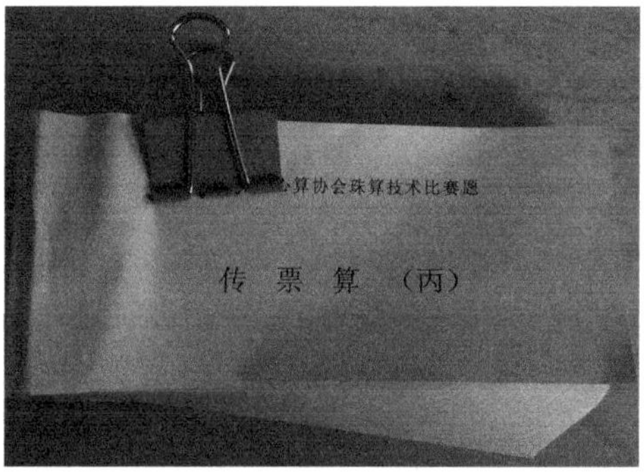

图 5-2-11 传票算下翻法扇面

无论用哪种方法将传票捻成扇形，都要求：捻成扇形后应该是传票的封面往下突出，背面向上突出，扇形宽度一般为 1～2cm，宽度过大，影响速度；宽度过小，容易重页。另外，运算前还应仔细检查传票本有无缺页、重页或数字不清晰。

2）摆放传票本

翻打传票时，应根据不同的计算工具将传票本摆放在恰当的位置，以看数和计数方便为宜。

使用计算器计算时，传票本应放在计算器的左上方，采用这种位置摆放，使翻传票、打计算器互不干扰，且又便于看数；使用小键盘计算时，传票本应放在下边，答题纸放在中间，传票本压住答题纸，以不影响看题、写数为宜；使用算盘计算时，传票本则应摆放在算盘的左下方，答题纸放在算盘的下方，如图 5-2-12 所示。

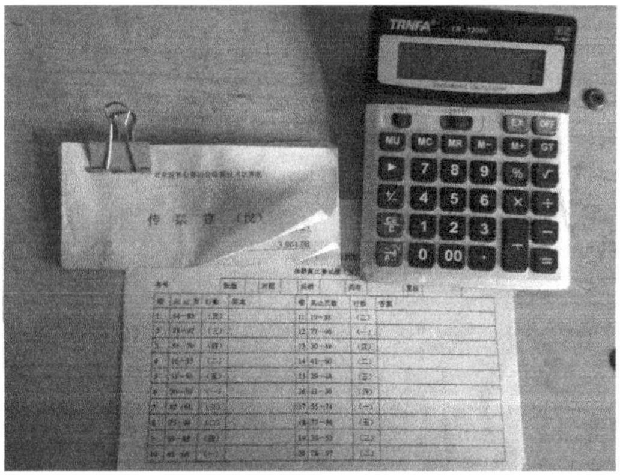

图 5-2-12 传票本的摆放位置

3）快速翻动传票页

翻页是打传票快慢的关键，翻页速度的快慢直接影响传票运算的速度和准确率，因此，要学好传票算，就要熟练地掌握翻页技巧。

① 翻页的方法。

翻页动作是用左手完成的，左手小指，无名指和中指放在传票本左下方，食指拇指放在每题的起始页，拇指的指肚处轻轻靠住传票本应翻起的页码，翻上来后食指配合拇指把翻过的页码夹在中指与食指的指缝中间以便拇指继续翻页，拇指翻一页，食指立即挡住一页，这样反复地翻、接、夹，如图 5-2-13 和图 5-2-14 所示。

② 翻页要求。翻页要快速、准确，一次翻到目标页。

③ 翻页技巧。

“按”：左手小指、无名指和中指按住传票的左下端。

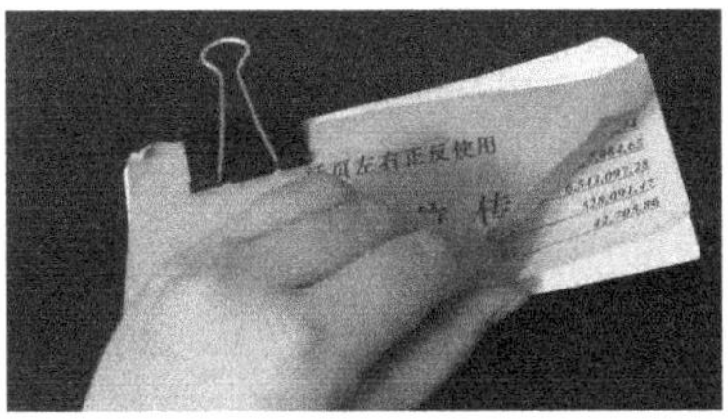

图 5-2-13　翻传票动作（1）

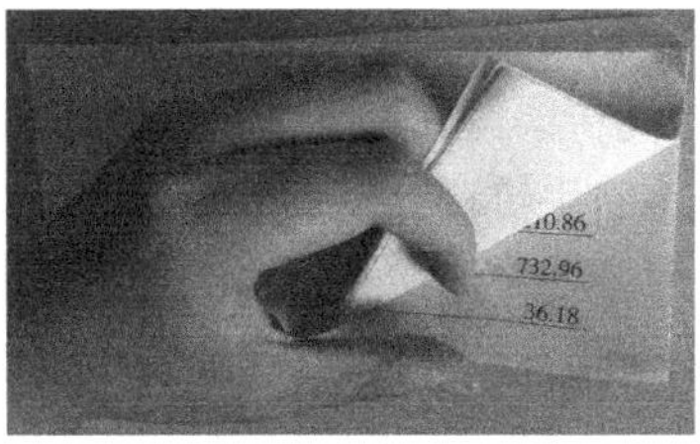

图 5-2-14　翻传票动作（2）

"翻"：左手拇指逐页翻起传票，并交给食指夹住。做到掀、翻一步完成。

拇指应同传票接近平行，用拇指最突出的部位去翻传票，这样可减少一次翻多页的现象。中指、无名指、小指如何放也可根据方便而定，可三指平放在传票上，也可小指略勾起，其他两指平放；或小指、无名指略勾起，中指平放；但要注意，中指一定要平放，不能勾起。

温馨提示：

1．不能用右手帮忙翻页或找页，否则会影响计算速度；传票不宜掀得过高，翻页的角度应尽可能小，以刚好能看清数据为准。

2．翻传票时，为了减少一次翻多页，除了拇指与传票的位置关系外，还可以在左手拇指指肚沾一些点钞蜡或甘油，加快翻页速度。

3．翻传票时，左手食指弯曲，指尖朝下（与桌面几乎垂直），不要伸到传票里面。

4）运算时准确、快速找页

全国比赛传票算不是按照自然页数连续运算的，而是采用起始页无规律、相互交叉的题目，如第一题从传票第 8 页到 27 页，第二题则从 66 页到 85 页，第三题可能又从 36 页到 54 页……，这就需要在运算过程中来回找页（顺找页、倒找页），在运算中找页的准确、快速，将会直接影响运算的准确性，因此，找页是传票算的基本功之一。

在 100 页中，要快速找到起始页，平时必须掌握找页的基本功。为了加快计算速度，在右手抄写答数的同时，要用眼睛余光看下一题的起始页，最多翻三次就能准确找到目标页数。

对找页，平时要多进行练习。首先应练习手感，可以先掌握 100 页、50 页的厚度，再逐步掌握 20 页、40 页、80 页的厚度，最后再掌握 10 页的厚度。练习一段时间后，基本能够摸准多少页有多厚了，在此基础上再练习翻各题目的起始页。

快速找页时要做到：翻动传票最好一次就找到，如不能做到一次翻到，可用左手略做调整，最多 3 次就能找到目标页数。时间最好控制在 1 秒以内，最多不能超过 2 秒。例如，第二题从 66 页到 87 页，找第 66 页，第一次就要凭手感翻到第 66 页前后，再向前或向后稍做调整。找页必须经过刻苦训练，方法得当，才能达到既准又快，还不能影响右手的录入速度。

5）运算时记页

传票算每题由 20 页组成，初学者如未经训练，经常会出现打过页或者没有打够页数的现象，而影响计算的速度与准确。因此，在运算中必须默记打了多少笔数，打第 1 页心中默记 1，打第 2 页默记 2……默记到 20 时，快速核对该题的起止页，立即书写答数。

6）看数和记数的要求

记数时按三位一节的特点去看、去记，对较短的数据，一次看完，一次记准，对较长的数可分两次看完。看记数时，只默记数码，不必记住数位，以免影响速度，最终达到随翻、随看、随拨数。

7）翻打配合

翻打传票一般采用一次一页打法，即翻动一页传票后，将这一页的某行数字录入计算器，然后再翻到下一页，再录入计算器，以此类推直到运算结束。

要提高传票运算速度，就应做好翻打配合，必须做到以下两个协调。

① 左右手协调：左手翻传票时，右手直接将传票上的数字敲入计算器。

② 眼脑手协调：左手刚翻到第 1 页，眼睛就迅速看准应录入的数字，大脑同步记住该数字，右手连续不断地将此行数字敲入计算器。同时，确保右手未打完当页数字时，左手已经翻到下一页，边看下一页边打数，尽量在计算过程中没有停顿，保持动作连贯、流畅。

要掌握上述基本功，关键在于眼、脑、手的配合，也就是找页、翻页、看数、记数、拨数、写数、清盘等紧密结合。初学者会出现打打停停、停停打打的现象，这主要是由于基本功没有练好。

5．传票算翻打训练

1）盲翻训练

盲翻是指整理好扇面后，左手压住传票，不看票面数字，连续不断地快速翻动传票。可以采用正翻法，即将传票从前往后翻；也可以采用倒翻法，即将传票从后往前翻，直至翻到最后一页为止，时间控制在 1 分钟以内。训练方法如下。

① 两人一组对练：看谁翻得快。

② 集中训练：限定一定时间，看谁翻得页数多，如计时 2 分钟，集体翻页。

2）有规则找页训练

教师说出间隔多少的规则并开始计时，全体学生从第一页找页。训练方法如下。

① 集中训练。教师说间隔“5”并开始计时，学生从第一页开始，每 5 页一翻，要求一次性找到目标页。

② 两人一组对练。一位同学报页数，另一位同学找页。如甲同学报“19”，乙同学快速找到“19 页”。

3）有序找页练习

如 7、16、23、35、42、55、68、74、80 页数依次递增，或反过来页数依次递减。

① 集中训练。由教师报 8 个页码，学生快速翻找。

② 两人一组对练。一人报数、计时，一人翻找。要求：报 8 个数，每段均有一个数，16 秒内完成。

4）无序找页练习

如 7、55、79、23、66、18、42、30。

① 集中训练。由教师报起始页码，学生快速翻找。

② 两人一组对练。一人报数、计时，一人翻找。要求：报 8 个数，每段均有一个数，16 秒内完成。

5）翻读训练

用百张传票做翻读练习，翻一页看记一笔数字，再翻到下一页看记同一行数字，在规定时间内看谁翻看得快。训练方法如下：

① 限量不限时翻页训练：百张传票为一个单元，事先设定好读哪一行的数字，然后翻一页读一笔数字，记录翻完 100 页的用时，注意动作的衔接使时间缩到最短。

② 限时不限量翻页训练：在规定时间内，事先设定好读哪一行的数字，然后用百张传票翻一页读一笔数字，再翻到下一页读同一行数字，看谁翻读得更快。

6）翻、看、拨、写、清五个动作的配合训练

① 翻、看结合训练：翻到起始页，立即看记数。翻页读数至末页，2 分钟完成。

② 写、看结合训练：写数同时用眼睛余光看下一题的起始页。

③ 写、找结合训练：右手写答案的同时，左手迅速翻找页，二者同时完成。

④ 清、看结合训练：清盘的同时迅速看下一题要求计算哪一行。

7）综合训练

① 账表式传票算训练。

初学者可以利用账表算比赛题型，将20行×5列的100个数字连续相加，把账表当作不翻页的百张传票算，此法可以帮助学生快速提高正确率。

账表式传票算训练方法如下。

方法一：限量不限时，100个数加完，记录完成的时间。

方法二：限时不限量，计时3～5分钟，能够完成多少个数的加总。

② 翻打训练。

翻打训练主要是练习翻页和数字录入的协调配合，以提高运算速度。具体训练如下。

方法一：按照比赛要求20页为一道题，训练翻打传票。先易后难，先做规则题型，再做不规则题型，逐步提高运算速度。

方法二：将100页传票的某行数字加总，即训练单项目传票算，如表5-2-4所示。

练习时，可以先计算1～50页，再计算51～100页，分别按这种顺序计算每行数字。练习一段时间后，再练习一次从第1页打到100页。

表5-2-4　传票算单项目记录单

行　数	答　案	对错记录	完成时间
（一）			
（二）			
（三）			
（四）			
（五）			

方法三：20页为一单元，将每页的5行数字加总，即训练多项目传票算，如表5-2-5所示。

表5-2-5　传票算多项目记录单

序　号	起止页数	行　次	答　数
1	1～20	1～5行	
2	21～40		
3	41～60		
4	61～80		
5	81～100		

6. 传票算比赛方式

这里以中国职业技术教育学会商科专业委员举办的全国商科院校第八届“爱丁数码杯”学生夏令营比赛项目——传票翻打为例进行阐述。

（1）比赛设备：爱丁学生派7418系列平板电脑（包括主机和键盘）。

（2）传票码本：爱丁九位传票I版。

（3）比赛模式：传票算模式（系统默认，无法修改）。

（4）跳转模式：国赛跳转模式（系统默认，无法修改）。

（5）每组题数：20题/组（系统默认，无法修改）。

（6）比赛时间：10分钟（系统默认，无法修改）。

（7）评分标准和方法如下。

① 按系统提示的连续 20 页同一行的 20 个数据累加计算，未按数字顺序录入或录错任何一位数字的，该题不得分。

② 正确一组得 20 分。

③ 对于比赛时间到但没能完成一组全部 20 个题的，由系统自动根据选手实际完成的正确录入题数计算小分。

④ 总分=20×正确的组数+最后一组无错时已敲个数。

⑤ 由评分系统自动评分。

7．单据传票录入的要求与方法

这里以中国职业技术教育学会商科专业委员举办的全国商科院校第八届“爱丁数码杯”学生夏令营比赛项目——票据录入为例进行阐述。

传票录入（1） 传票录入（2）

（1）比赛设备：爱丁学生派 7418 系列平板电脑（包括主机和键盘）、单据码本 2 版。

（2）比赛时间：20 分钟。

（3）输入法：拼音输入、五笔输入法，可在比赛前设置时自行选择。

（4）比赛方式：竞赛设原始单据 100 张，每张单据中设 5～15 个录入项目，每个录入项目为 1 题，按单据录入专用设备的程序和方法进行录入，录入内容范围包括：汉字、英文（区分大写/小写）、数字（0～9）、字符（逗号、句号、小数点）。票据录入码本页面、起始行、起始页由系统自动随机给出（无法自行设置）；单据 5 张一组，一组完成后随机跳转下一组，比赛时间限时 20 分钟，不限量，比赛成绩由系统自动生成。

（5）评分标准和方法如下。

① 每张单据均设若干个录入项目。每个录入项目录入正确得 1 分，录入错误或不录入则每个录入项目扣 2 分。

② 总分=正确录入项目的得分-录入错误或不录入的项目数量×2。

③ 由系统自动评分。

温馨提示：

人们往往把准与快看成一对矛盾，其实不然。对初学者来说，应以准为基础，准中求快，掌握正确的方法，力求达到 100%的准确。

传票算要想取得高分，关键在于指法准确性的高低，例如，10 分钟打对 25 题是 500 分，同样的速度如果每题打错一个数字，修改时按退格击一次、录入正确数字击一次，10 道题多击 20 下，20 道题多击 40 下，以 9 位数传票来计算就至少差出 5 页，小分就差出 5 分。

同理，一般传票算一道题 20 页，110 击，其中错误率达到 2%，就会相差至少 10 分，如果打过页了，再往回减错误率就更高了。不算不知道，一算吓一跳，高手之间的差距就相差在这分分秒秒，经过一段时间的练习，传票算的速度自然会有所长进，即所谓的“从量变到质变”。

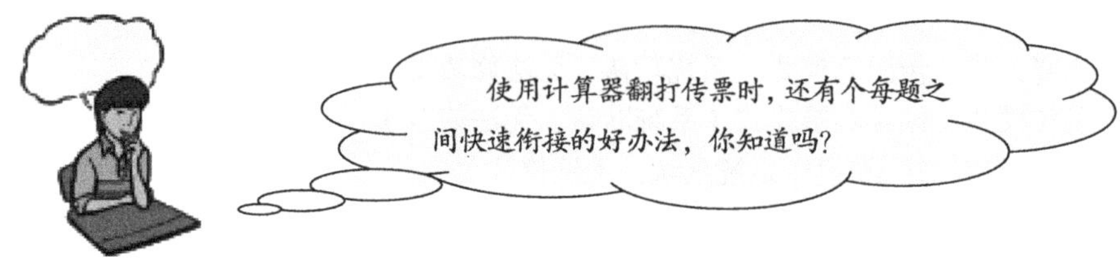

老钱说事

翻打百张传票的计算技巧

在用计算器翻打传票时，可以取消计算器清盘环节，即：在打完最后一页的一笔数字后不按“+”号，而是按“=”号，这样就不用按“C”或“AC”键，直接打第二道题就可以了。假若以打20题为例，每题少击一次，至少比按清除键的同学能快打出2页。

什么时候是翻传票页的最佳时间节点呢？

在右手敲到小数点时左手开始翻下一页。

单元检测

1. 计算器传票算20页规则题型（见表5-2-6和表5-2-7）

表5-2-6　计算器传票算20页规则题型

序　号	起讫页数	行　次	答　案	行　次	答　案
1	1～20	（二）		（三）	
2	21～40	（二）		（三）	
3	41～60	（二）		（三）	
4	61～80	（二）		（三）	
5	81～100	（二）		（三）	

表5-2-7　计算器传票算20页规则题型

序　号	起讫页数	行　次	答　案	行　次	答　案
1	1～20	（四）		（五）	
2	21～40	（四）		（五）	
3	41～60	（四）		（五）	
4	61～80	（四）		（五）	
5	81～100	（四）		（五）	

2. 计算器传票算20页无规则题型（见表5-2-8）

表5-2-8　计算器传票算20页无规则题型

序　号	起讫页数	行　次	答　案
1	37～56	（五）	
2	11～30	（三）	
3	52～71	（二）	
4	12～31	（一）	
5	9～28	（四）	

单元3　票币计算的录入

通过本单元的学习，要达到以下目标要求。

【知识目标】了解单倍速乘心算的应用范围。

【能力目标】1. 掌握2倍、5倍速乘心算要领与方法；

2. 熟悉账表式票币的计算方法；

3. 熟练掌握常规票币计算方法。

【德育目标】培养学生一丝不苟的职业性格。

【课前准备】

1. 学生：计算器、笔。
2. 教师：加法算题、票币计算题及相关课件。

在银行工作中，银行临柜柜员每天都要清点现金，按照不同面额的货币记录数量，并算出总额；在会计工作中，出纳员去银行存款的时候都要填写现金缴款单（如图5-3-1所示）；在人们的生活中也会接触到不同面额的人民币……若想快速理清手中的货币总额，提高工作效率，无疑学会2倍、5倍速乘心算是最好的选择。

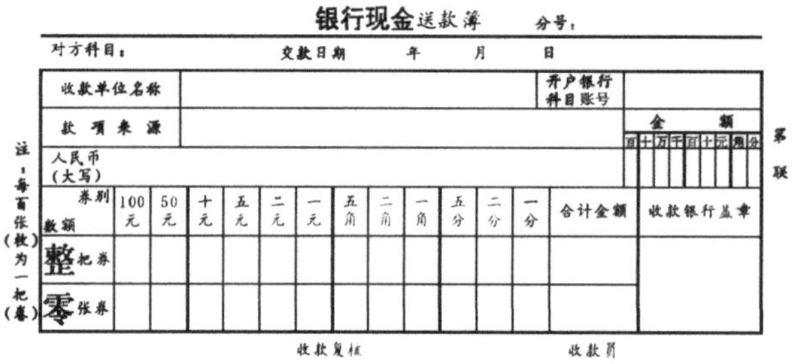

银行现金送款簿　分号：

对方科目：　交款日期　年　月　日

收款单位名称										开户银行科目账号			
款项来源												金额（百 十 万 千 百 十 元 角 分）	
人民币（大写）													
券别 / 数额	100元	50元	十元	五元	二元	一元	五角	二角	一角	五分	二分	一分	合计金额	收款银行盖章
整把券													
零张券													

注：每百张（枚）为一把（卷）

第　联

收款复核　收款员

图5-3-1　现金缴款单

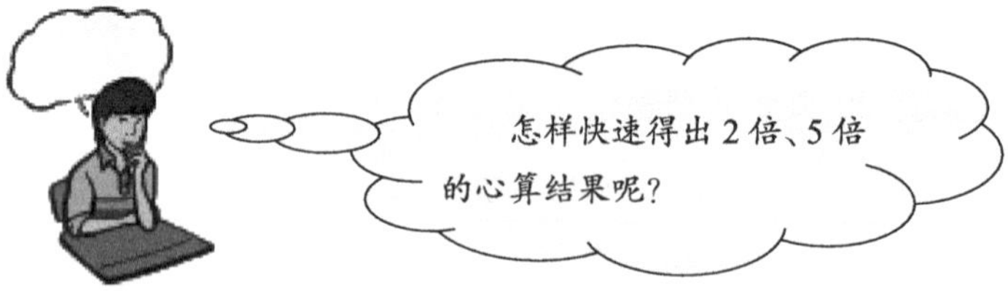

5.3.1　单倍速乘心算

1. 心算速乘基本概念

速算法和传统乘法一样，均需逐位处理乘数的每位数字，被乘数中正在处理的那个数位称为“本位数”，本位右侧第一位到最末位所表示的数称“后位数”。

本位被乘以后，只取乘积的个位数，即“本个”，本位的后位数与乘数相乘后要进位的数就是“后进”。本个加后进的倍数乘积结果称为“合数”。

本位积=（本个+后进）之和的个位数

公式说明：乘积的每位数都由“本个加后进之和”的个位数组成，心算时要由左向右地逐位求本个与后进，然后相加再取其个位数。

2. 心算速乘基本要领

（1）心算顺序：自左向右，即从高位到低位，一一对应写出心算结果。

（2）算前先补 0，乘时对好位。心算前，先在被乘数的最高位数前加“0”再心算，以免错位。

（3）算前位看后位。即：算本位数个位数的同时，还要看后位数有无进位数。

（4）本个加后进，舍 10 只取个。即：本位数的个位数加上后位数的进位数，本位满 10 只取个位。

学习单倍速乘心算，必须熟练掌握本个和后进规律，同时不要急于求成，一定要注意由易到难，循序渐进，逐步提高。本书按照学习者易于掌握的程度，先讲乘 5 的心算。

3. 5 倍速乘心算

5 倍的心算可以不用常规的心算方法，因此不必遵守“乘前先补 0”的基本要领。

（1）本个规律：奇 5 偶 0。

即：最后一位数是奇数 1、3、5、7、9 时，乘 5 后积的末位数是 5；末位数是偶数 2、4、6、8 和 0 时，乘 5 后积的末位数是 0。

（2）被乘数全部是偶数时，本位折半，末尾补 0。

例 1：

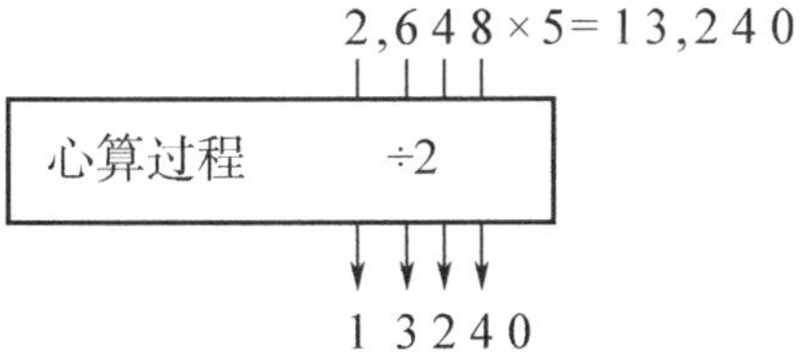

积数：

心算过程说明：被乘数全部为偶数时，直接折半，即将 2,648 除以 2 是 1,324，末位是偶数，因此，最后在末尾补 0。

（3）被乘数全部是奇数时，减 1 折半；左数减 1，右数加 10，末尾补 5。

例 2：

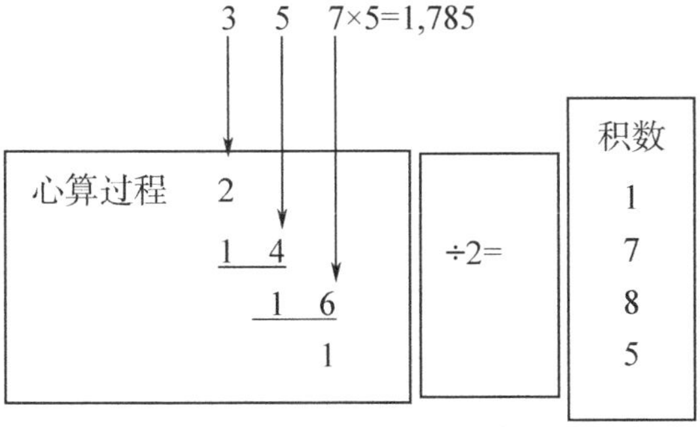

心算过程说明：被乘数都是奇数时，本位数减 1 折半，后位数加 10 减 1 再折半，即：将本位 3 减 1 再除以 2；后位 5 加 10 后是 15，再减 1 折半；以此类推，最后在末尾补 5。

（4）被乘数是奇偶混合时（采用分段法）：遇奇先减 1，见偶停一停。

即：被乘数是奇偶混合数时，将数字分成几段，即见到偶数 2、4、6、8、0 时就分一段，然后再按照前述规律心算出结果。

例 3： 2 | 5,8 | 3 6×5 = 1 2 9, 1 8 0

心算过程　　　　乘积

2　　　÷2=　　1

5 8　　　　　　2 9

3 6　　　　　　1 8 0

心算过程说明：被乘数是奇偶混合数时，见到偶数就分一段，因此，将 25,836 分成 2、58、36，共 3 段，然后分别折半，就是 1、29、18，末位是 6，因此补 0。

> **温馨提示：**
> 易错题目整理。
> 1．首位为 1 的，直接连后位，如 139、187。
> 2．中间有 0 的，视同偶，如 309、4,072。
> 3．中间 0、1 的，如 4,107、9,015、8,105。
> 4．乘数有小数点的，如×0.5、×0.05。

4．2 倍速乘心算

（1）本个规律：自身相加只取个（或自身加倍取个）。

（2）后进规律：满 5 进 1。即后位数大于或等于 5 前位就向前一位进 1。

“满”：即后位数大于等于几。

（3）合数：即积数，本个加后进，得到本位积。

例 1： 0 7 8 3 × 2 = 1,566

心算过程	本个	0466
	后进	1100
	合数	1566

心算过程说明：

① 算前先补 0，即 0783。

② 算本位，即将本位加倍，舍 10 取个，0466。

③ 加后进，即后位满 5 进 1，1100。

④ 合数，即本个加后进，得 1566。

5.3.2 账表式票币计算

1．账表式票币计算定义

初学者进行票币运算会很困难，因此，可以在 2 倍、5 倍心算准确的基础上先练习账表式票币计算，即将票币运算练习题设计成账表形式，运算时先心算出每一个币种的金额，再用计算器加总横行合计，然后求出纵行合计，最后轧平。题型如表 5-3-1 所示。

表 5-3-1　账表式票币计算题

序号	数量	各种金额的钞券面额													金额（元）	
		100 元	50 元	20 元	10 元	5 元	2 元	1 元	5 角	2 角	1 角	5 分	2 分	1 分	小写	大写
1	45															
2	39															
3	62															
4	19															
5	87															
6	29															
7	37															
8	64															
9	59															
10	18															
合计																

2．账表式票币计算步骤

（1）将每一空格的心算结果写出来。

（2）将横式的结果加总。

（3）将竖式的结果加总。

（4）将横式合计与竖式合计进行比较，看是否相等。若相等，则说明已经轧平；若不相等，则说明至少有一个结果是错误的。

5.3.3　币值计算

1．币值计算定义

在熟练掌握了 2 倍、5 倍心算和账表式票币计算后，就可以练习币值计算了，也称票币计算，即：将不同面额的货币与不同的张数进行组合，对票币组合部分采用单倍速乘的方法心算得出结果，再用计算工具相加，迅速计算出合计金额的数据计算方法。题型如表 5-3-2 所示。

表 5-3-2　币值计算习题

序号	各种面额钞票张（枚）数													金额（元）
	100 元	50 元	20 元	10 元	5 元	2 元	1 元	5 角	2 角	1 角	5 分	2 分	1 分	
1	49	23	52	18	14	90	73	15	46	63	84	32	26	
2	12	45	30	71	45	34	69	46	25	34	86	79	70	
3	53	16	41	28	60	45	92	36	32	19	75	23	28	
4	68	35	26	92	57	26	62	65	18	66	23	40	35	
5	27	66	53	27	25	45	35	86	76	25	78	61	67	
6	91	87	37	34	51	65	55	76	23	62	32	46	15	
7	52	11	74	54	83	89	81	62	57	28	58	75	88	
8	43	54	48	69	55	84	76	34	98	75	86	12	56	
9	75	96	81	26	29	32	37	88	56	25	85	68	38	
10	48	12	29	30	48	26	33	73	26	84	28	12	40	

2．币值计算的步骤

（1）看数：币值计算表最好放在计算工具的下端，离计算工具越近越好，既方便看数，提高正确率，又可以提高运算速度。

（2）算数：按不同券别心算出金额。

（3）录数：将心算结果在计算工具上依次累加，要先保证准确，再逐步提高速度。

（4）记数：将计算结果准确、无误地书写记录，注意分清分节号、小数点，严防漏写、点错，书写不规范。

3．币值计算的要求

（1）心算要准确、快速。

（2）计算器或算盘上要定好位。

（3）累加动作要准确、快速。

（4）记数要对照计算工具上的数字记录，做到准确无误、清晰。

4．注意

（1）券别是 5 的，得数的尾数应是 5 或是 0。

（2）券别是 2 的，得数的尾数应是双数或是 0。

温馨提示： 对于初学者来说，一定要注意小数点的位置。

单元检测

1．5 倍心算题

被 乘 数	×50	×5	×0.5	×0.05
529				
378				
3,041				
2,159				
38,107				

2．2 倍心算题

被 乘 数	×50	×5	×0.5	×0.05
361				
549				
2,847				
9,046				
18,037				

3．币值计算题

完成表 5-3-1、表 5-3-2。

单元4 英文录入技术

通过本单元的学习，要达到以下目标要求。

【知识目标】1. 了解键盘的4个分区；
2. 了解键盘中一些常用特殊功能键；
3. 掌握键盘输入时的手指分工；
4. 熟练掌握8个基准键的输入操作。

【能力目标】1. 坚持规范操作键盘输入；
2. 在操作时保持正确的姿势。

【德育目标】1. 学习养成良好的操作习惯；
2. 体会好习惯给自己带来的益处。

5.4.1 初识键盘

键盘是最常用也是最主要的输入设备，通过键盘可以将英文字母、数字、标点符号等输入到计算机中，从而向计算机发出命令、输入数据等。键盘对于计算机的操作非常重要，计算机的很多工作几乎都是由键盘操作来完成的，因此初学者必须掌握正确的键盘操作规则，这是掌握计算机最重要，也是最基础的内容。下面首先来认识一下键盘。

大家知道常用的键盘上一共有多少个键吗？按键盘的键数可分为86键键盘、101键键盘、104键键盘、108键键盘。

86键键盘：这是早期的键盘，键盘上有86键。

101键键盘：将常用键及数字键分离出来组合成键盘第三区——数字小键盘区，这样就有101个键了。

104键键盘：在Windows 95推出后，增加三个功能键，包含两个Win功能键和一个菜单键。它是目前最流行的一种键盘。

108键键盘：108键键盘比104键键盘多了几个与电源管理有关的键，如开关机、休眠、唤醒等。

下面以最常用的104键键盘为例进行介绍，如图5-4-1键盘分区图所示。整个键盘分为4个区域：功能键区、主键盘区、编辑键区和辅助键区。

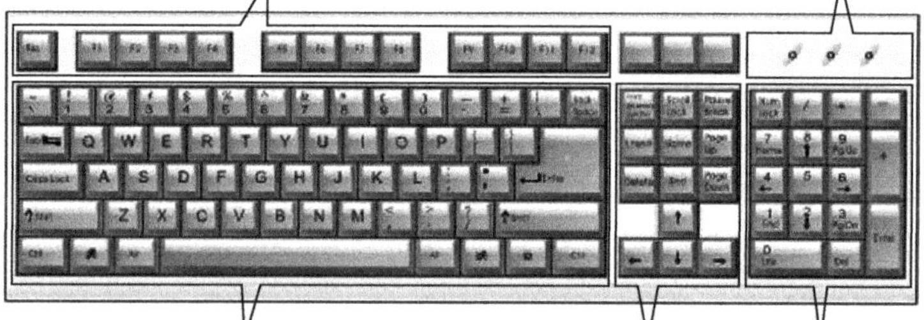

图 5-4-1　键盘分区图

（1）功能键区：键盘上方第一排，如表 5-4-1 所示。

表 5-4-1　功能键区介绍

【ESC】键 取消键或退出键	在操作系统和应用程序中，该键经常用来退出某一操作或正在执行的命令
【F1】～【F12】功能键	在计算机系统中，这些键的功能由操作系统或应用程序所定义。如按【F1】键常常能得到帮助信息
【PrintScreen】屏幕硬拷贝键	按下该键可将计算机屏幕当前显示的内容复制到剪切板中
【Pause】或【Break】暂停键	按下该键，能使计算机正在执行的命令或应用程序暂停工作，知道按键盘上任意一个键则继续。另外，按【Ctrl】+【Break】键可以中断命令的执行或程序的运行

（2）主键盘区（打字盘区）：它是键盘的主要组成部分，它的键位排列与标准英文打字机的键位排列一样。该键区包括了数字键、字母键、常用运算符及标点符号键，除此之外还有几个必要的控制键。

表 5-4-2 对几个特殊键及其用法做简单介绍。

表 5-4-2　特殊键的介绍

空格键	键盘上最长的条形键。每按一次该键，在当前光标的位置上将空出一个字符的位置
【Enter】回车键	每按一次该键，将换到下一行的行首输入；或在输入完命令后，按下该键，则表示确认命令并执行
【CapsLock】大写字母锁定键	该键是一个开关键，用来转换字母大小写状态
【Shift】换挡键	换挡键在打字键区共有两个，它们分别在主键盘区第四排左右两边对称的位置上
【Ctrl】控制键	在打字键区第五行，左右两边各一个。该键必须和其他键配合才能实现各种功能，这些功能是在操作系统或其他应用软件中进行设定的
【Alt】换位键	在打字键区第五行，左右两边各一个。该键要与其他键配合起来才有用。例如，按【Ctrl】+【Alt】+【Delete】键，可以重新启动计算机（称为热启动）
【Tab】制表键	在打字键区第二行左首。该键用来将光标向右跳动 8 个字符间隔

（3）编辑键区：位于主键盘区右侧，如表 5-4-3 所示。

表 5-4-3　编辑键区介绍

【Insert】或【INS】	插入字符开关键，按一次该键，进入字符插入状态；再按一次，则取消字符插入状态
【Delete】或【DEL】	按一次该键，可以把当前光标所在位置的字符删除掉
【Home】行首键	按一次该键，光标会移至当前行的开始位置

续表

【End】行尾键	按一次该键，光比会移至当前行的末尾位置
【PageUp】向上翻页键	用于浏览当前屏幕显示的上一页内容
【PageDown】向下翻页键	用于浏览当前屏幕显示的下一页内容
光标移动键	使光标分别向左、向上、向右、向下移动一格

（4）辅助键盘区（小键盘区）：该区位于键盘的最右侧，主要是为大量的数据输入提供方便。

5.4.2 键盘操作规则

1. 正确的坐姿

操作计算机必须注意正确的姿势，如果操作者姿势不对，就不容易做到准确、快速的操作，打字时间一长，还会感到疲劳。连续操作计算机时间达到45分钟后，应稍做休息，可以采用远眺、做眼保健操等方式减轻眼睛的压力，最好用温水洗洗脸，以将聚集在脸部的静电放掉。

要学习计算机必须有坚强的意志，特别是对于初学者来说，必须掌握正确的坐姿，养成好的习惯，操作起来才会更高效、更舒适。正确坐姿如图5-4-2所示。

图5-4-2　正确坐姿图

（1）打字姿势：坐姿要自然端正，切忌腿跷、探身；下臂、腕与手背成一平面且向上倾斜，与键盘面略有距离；腕部既不要隆起，也不要下陷；手掌根部不要接触桌面或机器；眼睛不可看键盘，只能看被录入的文稿。

（2）击键：手指与键位发生弹性碰撞，去得快回来也快，体现出“击”键，而不是“按”键，击键手指要有一定的力度。击键的手指是自然弯曲的，该手的其他手指也会随之略有移动，切忌非击键手指翘起等现象。连续击键时要有节奏，速度保持匀速。

（3）手指移动：手指移动的规律可概括为基本键位→移动手指击键→返回基本键位→再击键，此规律是盲打的保证。

（4）观看：眼睛只看原稿，不看键盘和屏幕，实现文字录入。

2. 键盘指法

键盘指法是指如何运用10个手指击键的方法，即规定每个手指分工负责击打哪些键位，以充分调动10个手指的作用，并实现不看键盘地输入（盲打），从而提高击键的速度。

1）基准键位

基准键位包括【A】、【S】、【D】、【F】、【J】、【K】、【L】和【;】8个键。如图5-4-3所示。

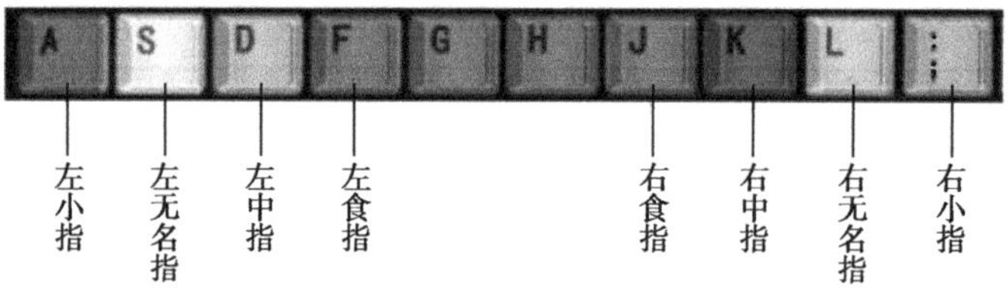

图 5-4-3　基准键位

基准键位中的【F】键和【J】键上各有一个突起，用来确定基准键位。操作键盘时，首先应将双手放在基准键位区，输入时，左右手的 8 个手指（除拇指以外）从左到右自然平放在这 8 个键位上，如图 5-4-4 所示。

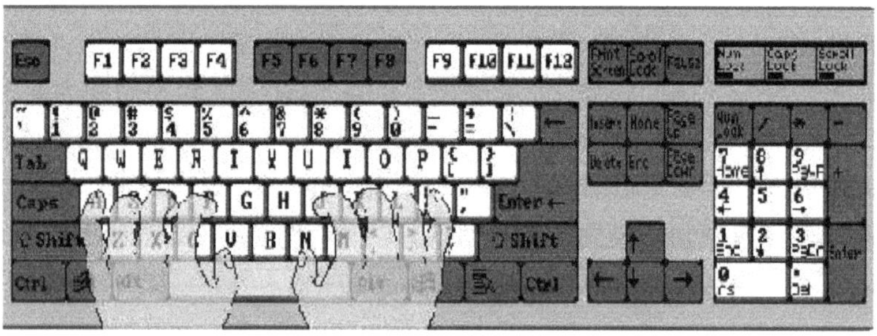

图 5-4-4　基准键位与手指对应位置图

2）指法分工

首先将手指放在键盘的基准键位上，键盘左半部分由左手负责，右半部分由右手负责，每一个手指都有其固定对应的按键。

（1）左小指：`、1、Q、A、Z。

（2）左无名指：2、W、S、X。

（3）左中指：3、E、D、C。

（4）左食指：4、5、R、T、F、G、V、B。

（5）左、右拇指：空格键。

（6）右食指：6、7、Y、U、H、J、N、M。

（7）右中指：8、I、K、,。

（8）右无名指：9、O、L、.。

（9）右小指：0、-、=、P、[、]、;、'、/、\。

各个手指对应的按键如图 5-4-5 所示。

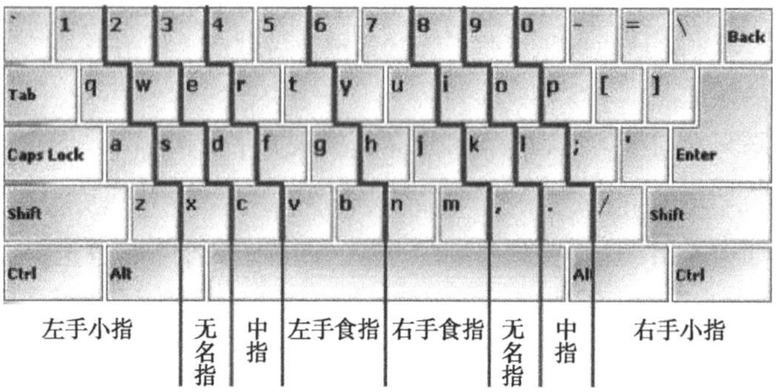

图 5-4-5　指法分工图

温馨提示：

（1）当熟悉这些标准指法以后，剩下的就是练习了。也就是说，可以按照英文 26 个字母的顺序看着键盘依次用标准指法去打它们，以一天练习 4 个字母计算，最多 7 天盲打就基本练习成功了。

（2）在打字的练习过程中，可以在计算机上新建一个文档然后在里面反复练习，其间不要刻意练习快，人的手指是很聪明的，当练过一段时间以后，它会自己去找它应该去打的那个按键。当你真正熟练以后，快只不过是一个顺理成章的事情，正所谓“功到自然成”。

老钱说事

初学者可以从网上下载打字软件来练习，如《金山打字通》、《五笔打字通》、《打字高手》等，很多练习打字的软件都包括盲打练习游戏模块，既好玩又可以练习盲打，寓教于乐，对提高打字速度是很有帮助的。

单元检测

1．基本指法

1）食指指法练习

g	h	f	j	f	f	t	y	u	y	r	v	b	v	h	y	u	n	g	f	r	t	h	g	j	v	g	t	n	u
y	r	v	b	v	j	v	g	t	h	g	h	f	j	f	f	t	y	u	y	u	n	g	f	g	r	t	h	g	b

2）中指指法练习

i	k	e	d	c	i	e	c	d	i	e	k	c	e	i	c	k	e	d	e	e	c	d	i	k	c	e	d	k	i
c	c	i	e	c	d	i	e	k	e	d	e	e	c	i	e	k	c	i	k	e	d	c	i	d	i	k	c	e	d

3）无名指指法练习

s	o	l	w	w	s	x	o	x	o	l	w	l	o	x	w	s	s	x	s	o	x	s	x	l	o	l	l	w	o
x	s	o	l	x	s	s	x	o	l	w	l	o	x	o	l	w	w	x	o	l	w	l	o	x	w	o	l	l	s

4）小指指法练习

z	p	q	a	z	p	z	a	p	q	z	a	p	q	a	a	z	p	p	q	z	a	a	p	z	q	p	p	z	z
a	z	p	a	p	p	q	z	a	a	a	a	z	p	q	a	z	p	q	z	a	p	p	q	a	z	z	p	p	a

2．英文录入

1）常用单词录入

useful	aboard	abstract	adopt	accept	affect
ambition	behave	benefit	bicycle	common	depart
cooperation	contradict	embody	disappear	different	dysentery
encourage	badly	fancy	inside	passing	through
away	opposite	against	together	around	about

续表

entirely	around	beyond	export	elect	forehead
inside	passage	village	shortage	fluid	appear
constancy	assistant	similar	library	nursery	necessary
graduate	adequate	stimulate	freedom	uncle	committee
engineer	foreign	woolen	channel	removal	umbrella
system	shorten	legend	worker	wander	western
greatest	packet	well	cigarette	genetic	handful
useful	classify	student	resistant	index	shape

2）较长单词录入

attention	vocabulary	fingering	opportunity
tomorrow	commerce	commission	thousand
following	directions	punctuation	remember
exclamation	interrogation	occurring	abbreviation
consecutively	yesterday	connection	concentration
sensation	instruction	admission	sentence
paragraph	business	impossible	handkerchief
suppressed	experience	affectionately	attention
typewritten	distribution	progress	advantage
completely	character	converted	acceptable
unacceptable	affectionate	disaffected	agreeableness
capitalize	character	magnificent	extraordinarily

3）短句录入

1	We just gave your zebra quite a bunch of flax and d drink at the pump.
2	The big jumping chief quickly provided an extra do on white eggs.
3	A quick brown fox jumps over the lazy dog.
4	Major experimental problems have confronted young quiz trick wizards.
5	The question of block-prizes was fixed up with the government by the jury.

单元5　中文录入技术

通过本单元的学习，要达到以下目标要求。

【知识目标】1. 了解常用的汉字输入法；

2. 了解汉字的拆分规则；

3. 熟记五笔字根的键盘分布。

【能力目标】1. 掌握五笔字型输入法；

2. 熟练掌握中文快速录入的技巧。

【德育目标】培养学生刻苦训练的精神。

5.5.1 常用输入法

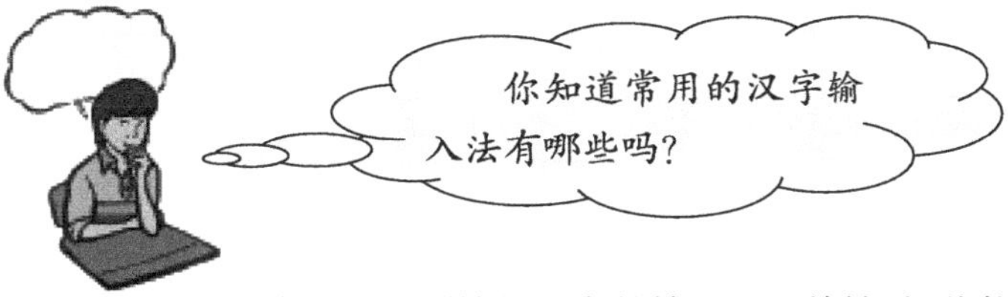

用计算机处理汉字信息，遇到的第一个问题就是汉字的输入。目前针对不同层次需要而设计的汉字输入法已有数百种。常用的有音码、形码、五笔字型等。

1. 音码

音码输入是用汉语拼音作为汉字的输入编码，以输入拼音字母实现汉字的输入。对于学习过汉语拼音的人来说，一般不需要专门的训练就可以掌握这种方法。

目前，常用的音码输入法有：全拼输入法、智能 ABC 输入法、微软拼音输入法和搜狗输入法等。

2. 形码

形码输入是按照汉字的字型进行汉字编码及输入的方法。利用汉字书写的基本顺序将汉字拆分为若干块，每一块用一个字母进行取码，整个汉字所得的码序列就是这个汉字的形码，如五笔字型、郑码等。

利用形码输入汉字时，重码率低、速度快，只要能知道汉字的字型就能拆分汉字，从而完成汉字的输入。但是，采用字型输入方法时，任何人都必须重新学习，并需要记忆大量的字根键和拆分规则。

5.5.2 五笔字型汉字编码基础

五笔字型输入法的基本原理认为汉字都是由笔画或部首组成的。把汉字拆成一些最常用的基本单位，称为字根，字根可以是汉字的偏旁部首，也可以是部首的一部分，甚至是笔画。取出这些字根后，把它们按一定的规律分类；再把这些字根依据科学原理分配在键盘上，作为输入汉字的基本单位；当输入汉字时，就按照汉字的书写顺序依次按键盘上与字根对应的键，组成一个代码；系统根据输入字根组成的代码，在五笔字型输入法的字库中检索出所有的字。

1. 笔画

汉字有 5 种基本笔画，横、竖、撇、捺、折，所有的字根都是由这 5 种笔画组成的。在五笔字型输入法中规定，把“点”归为笔画“捺”。

2. 字根

在五笔字型输入法中，字根多数为传统的汉字偏旁部首，如“氵”、“刂”、“⺮”、“辶”、“灬”，同时还把一些少量的笔画结构作为字根，如“𠂉”、“厂”、“丆”；也有一些特殊的字根，如“龶”、“卄”、“⺧”。

按照每个字根的起笔笔画，把这些字根分为 5 个“区”，分别用数字 1、2、3、4、5 来表示。以横起笔的在 1 区；以竖起笔的在 2 区；以撇起笔的在 3 区；以捺起笔的在 4 区；以折起笔的在 5 区，如表 5-5-1 所示。

表 5-5-1　五笔笔画表

笔画代码	笔画名称	笔画走向	笔画形状	变形说明
1	横	左→右	一	提笔属于横
2	竖	上→下	丨 亅	左竖钩属于竖
3	撇	右上→左下	丿	
4	捺	左上→右下	丶	点属于捺
5	折	带转折	乙 乚 乛 ㇆	带转折的全归折

五笔字型输入法中的字根有 130 种，加上一些基本字根的变型，共有 200 个左右。键盘上有 26 个英文字母键，五笔字根分布在除 Z 之外的 25 个键上。每个键位上都对应着几个甚至十几个字根。为了方便记忆，可以把这些字根按特点分区。基本字根分布图如图 5-5-1 所示。

3区（撇起笔字根）←					4区（捺起笔字根）→				
金 35Q	人 34W	月 33E	白 32R	禾 31T	言 41Y	立 42U	水 43I	火 44O	之 45P
1区（横起笔字根）←					2区（竖起笔字根）→				
工 15A	木 14S	大 13D	土 12F	王 11G	目 21H	日 22J	口 23K	田 24L	： ；
	5区（折起笔字根）←								
	纟 55X	又 54C	女 53V	子 52B	已 51N	山 25M	< ，	> .	? /

图 5-5-1　基本字根分布图

字根在键盘上的分布，如图 5-5-2 所示。

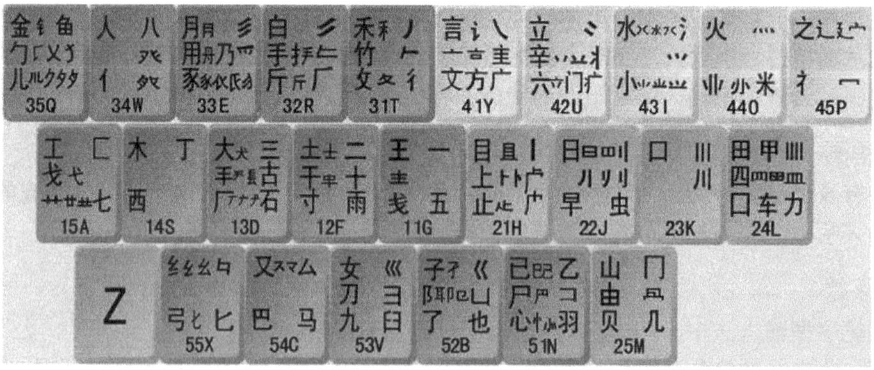

图 5-5-2　字根的键盘分布图

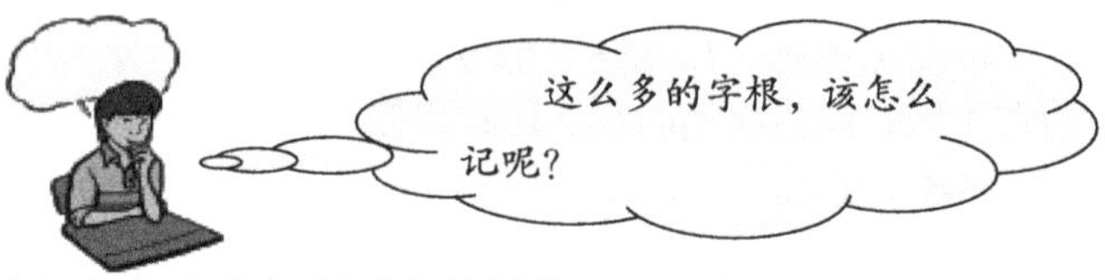

要想学好五笔，必须先记住每个字根所对应的键位。这些字根是按一定规律分配在键位上的，字根的记忆是学习五笔字型输入法的敲门砖，背诵字根口诀可以帮助你更快、更准确地记

忆字根。字根口诀如下。

11 王旁青头戋（兼）五一（“兼”与“戋”同音）

12 土士二干十寸雨

13 大犬三𡗗（羊）古石厂（“羊”指羊字底）

14 木丁西

15 工戈草头右框七（“右框”即“匚”）

11～15 助记词对应字根如图 5-5-3 所示。

图 5-5-3　横区字根分布图

21 目具上止卜⺁（虎）⺊（皮）（“具上”指具字的上部且）

22 日早两竖与虫依

23 口与川，字根稀

24 田甲方框四车力（“方框”即“囗”）

25 山由贝，下框几（“下框”即“冂”）

21～25 助记词对应字根如图 5-5-4 所示。

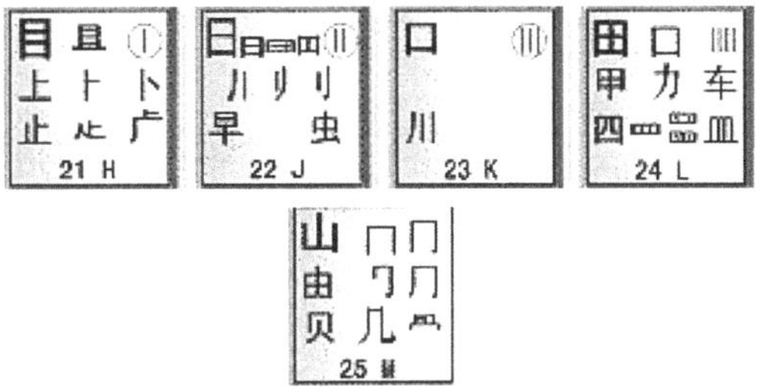

图 5-5-4　竖区字根分布图

31 禾竹一撇双人立（“双人立”即“彳”）

反文条头共三一（“条头”即“夂”）

32 白手看头三二斤

33 月彡（衫）乃用家衣底（“家衣底”即“豕”和“𧘇”）

34 人和八，三四里（“人”和“八”在 34 键位上）

35 金勺缺点无尾鱼（“勺缺点”指“勹”，“无尾鱼”指“鱼”）

犬旁留叉儿一点夕（指“犭”、“儿”、“夕”）

氏无七（妻）（“氏”去掉“七”即为“[”）

31～35 助记词对应字根如图 5-5-5 所示。

图 5-5-5　撇区字根分布图

41 言文方广在四一
高头一捺谁人去（“谁”去“亻、讠”即为隹）
42 立辛两点六门疒（病）
43 水旁兴头小倒立（“水旁”指“氵”）
44 火业头，四点米
45 之字军盖建道底（即“之、宀、冖、廴、辶”）
摘礻（示）衤（衣）（“礻、衤”摘除末笔画即“礻”）
41～45 助记词对应字根如图 5-5-6 所示。

图 5-5-6 捺区字根分布图

51 已半巳满不出己
左框折尸心和羽（“左框”即“コ”）
52 子耳了也框向上（“框向上”即“凵”）
53 女刀九臼山朝西（“山朝西”即“彐”）
54 又巴马，丢矢矣（“矣”去“矢”为“厶”）
55 慈母无心弓和匕，幼无力（“幼”无“力”即“幺”）
51～55 助记词对应字根如图 5-5-7 所示。

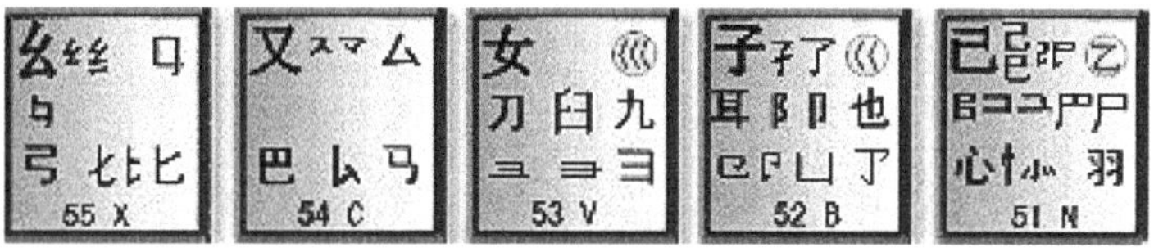

图 5-5-7 折区字根分布图

5.5.3 汉字的 3 种字型

我们把汉字各部分之间的位置关系类型称为字型。在五笔字型输入法中，可以把汉字分为 3 种类型：左右型、上下型和杂合型，分别用 1、2、3 作为代号，并分别与键盘上各区的 1、2、3 位字母键相对应，如表 5-5-2 所示。

表 5-5-2 汉字字型表

代号	字型	字例	特征
1	左右型	汉、湘、结、封	字根之间有间距，整体左右排列
2	上下型	字、莫、花、华	字根之间有间距，整体上下排列
3	杂合型	困、凶、这、乘	字根之间有交叉或包围，整体不分上下左右

1. 字根之间的关系

字根在组成汉字时，字根间的位置关系可以概括为 4 种类型：单、散、连和交，如表 5-5-3 所示。

表 5-5-3　字根间的位置关系

组字关系	说　明	字　例
单	指这个字根本身就是一个汉字。包括5种基本笔画（“一”、“丨”、“丿”、“丶”、“乙”），25个键名字根和字根中的汉字	言、虫、寸、米
散	指构成汉字的字根不止一个，且字根之间有一定的距离。如“苗”字是由“艹”和“田”两个字根组成	汉、昌、花、笔
连	指一个字根与一个单笔画相连，如“且”字是由基本字根“月”和“一”相连组成的	夭、下、正、自
交	指两个或多个字根交叉重叠构成的汉字，如“本”字是由字根“木”和“一”相交叉构成的	申、必、夷、东

2. 五笔字型汉字编码规则

汉字拆分原则如下。

（1）书写顺序：按照正确的书写顺序进行拆分，从左到右，从上到下。如“新”字拆成“立、木、斤”，“夷”字拆成“一、弓、人”。

（2）取大优先：按书写顺序拆分汉字时，每次都拆取一个“尽可能大”的，即尽可能笔画多的字根。如“克”字不能拆成“十、口、儿”，而应该拆成“古、儿”。

（3）兼顾直观：在拆分汉字时，为了照顾汉字字根的完整性，有时不得不暂且牺牲一下“书写顺序”和“取大优先”的原则，形成例外的情况。例如，“困”字按“书写顺序”应拆成“门、木、一”，但这样就破坏了汉字构造的直观性，故只好违背“书写顺序”，而拆成“囗、木”了。这就叫“兼顾直观”。

（4）能连不交：当一个字既可拆成相连的几个部分，也可拆成相交的几个部分时，一般来说，“连”比“交”更为“直观”，所以认为“相连”的拆法是正确的。例如，“于”字可拆成“一、十”（二者是相连的）或者拆成“二、丨”（二者是相交的），根据“能连不交”的原则，选择前者为正确。

（5）能散不连：字根与字根之间的关系能拆成“散”就不能按“连”去拆。例如，“午”字可拆成“丿、干”（二者是相连的）或者拆成“𠂉、十”（二者是上下的“散”关系），依据“能散不连”的原则，选择后者为正确。

3. 单字录入方法

1）键面字的录入

（1）笔画字根的录入。5个单笔画字特殊规定编码如下。

一：GGLL

丨：HHLL

丿：TTLL

丶：YYLL

乙：NNLL

（2）键名字根的录入。每个键位左上角的字被称为键名字，它们是组字频度较高而形体上又有一定代表性的字根，绝大多数本身就是汉字。键名字包括：王土大木工、目日口田山、禾白月人金、言立水火之、已子女又纟。

其录入方法是把所在键连击4下，例如，王——GGGG，又——CCCC。

（3）成字字根的录入。在字根总表中，除了键名字根外，本身就是汉字的字根，称为成字字根。例如，“马”、“手”、“刀”等，这样的成字字根一共有65个，其录入方法如下。

键名码（报户口）+（首笔码）+（次笔码）+（末笔码）

先单击一下它所在的键（称为“报户口”），再根据“字根拆成单笔画”的原则，击打它的第一个单笔画（首笔码）、第二个单笔画（次笔码）及最后一个单笔画（末笔码），不足4键时，加击一次空格键。举例如表5-5-4所示。

表5-5-4　成字字根的输入示例

成字字根	报户口	首笔码	次笔码	末笔码	所击键位
文	文（Y）	丶（Y）	一（G）	丶（Y）	YYGY
用	用（E）	丿（T）	乙（N）	丨（H）	ETNH
厂	厂（D）	一（G）	丿（T）		DGT空格
车	车（L）	一（G）	乙（N）	丨（H）	LGNH

2）键外字的录入

键面字总共不过一百多个，而大部分汉字都是键外字，汉字输入编码主要是键外字的编码。

（1）四码字的录入。四码字，即组成汉字的字根刚好4个，其录入方法如下。

首码+次码+三码+四码

例如，词——讠、乙、一、口　　YNGK

（2）多码字的录入。多码字，即组成汉字的字根多于4个，其录入方法如下。

首码+次码+三码+末码

例如，编——纟、丶、尸、卄　　XYNA

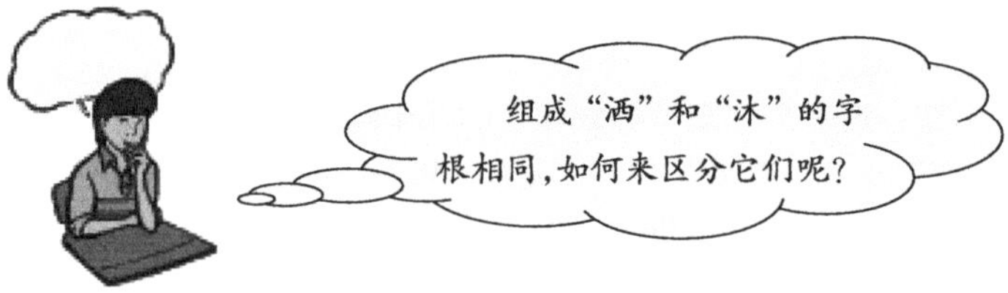

老钱说事

针对上面的问题，需要引入“末笔识别码”的概念。五笔字型输入法规定每个字的编码是4码，不足4码时需要添加识别码，但并不是每个不足4码的字都要加识别码，识别码的主要目的是降低重码率，所以没有重码时就不用添加。如“洒”字和“沐”字，它们自有的编码都是IS，为了区分这两个字就要加识别码。“洒”的识别码是G，“沐”的识别码是Y。识别码的规定是由字的“末笔”代号+“字型结构”代号构成。

末笔识别码如表5-5-5所示。

表5-5-5　末笔识别码

	左右1	上下2	杂合3
横1	11G	12F	13D
竖2	21H	22J	23K
撇3	31T	32R	33E
捺4	41Y	42U	43
折5	51N	52B	53V

关于末笔识别码有如下规定。

① 所谓末笔，一定是末字根的末笔。

② 末字根为“力”、“刀”、“九”、“七”、“乃”等时，一律认为末笔画是折。

③“进”、“逞”、“远”等带“走之”结构的字，约定以去掉“走之”部分后的末笔为整个字的末笔。

④“我”、“戈”、“成”等字的末笔取撇“丿”。

例如，“旮”和“旭”的末笔都是“横”，但“旮”是上下型，所以识别码为“F”；而“旭”是杂合型，所以识别码为“D”。

又如，“连”和“边”的字型都是杂合型，但“连”的末笔为“竖”，所以识别码为“K”；而“边”的末笔为“折”，所以识别码为“V”。

3）三码字的录入

三码字，即组成汉字的字根为3个，其录入方法如下。

首码+次码+三码+末笔识别码

例如，格——STKG（左右型、末笔为“横”，即11G）。

4）两码字的录入

两码字，即组成汉字的字根为两个，其录入方法如下。

首码+次码+末笔识别码+空格

例如，亩——YLF+空格（上下型、末笔为“横”，即12F）。

5.5.4 简码录入

为了减少码长，提高录入速度，在五笔字型输入法中，对那些使用频率较高的汉字（常用的汉字）制定了一级简码、二级简码和三级简码。熟练掌握简码的输入，有助于提高输入速度。

1. 一级简码（高频字）

在五笔字型中，挑出了在汉字中使用频率最高的25个汉字，把它们分布在键盘的25个字母上，并称为一级简码，如表5-5-6所示。

表5-5-6 一级简码字编码表

我Q	人W	有E	的R	和T	主Y	产U	不I	为O	这P
工A	要S	在D	地F	一G	上H	是J	中K	国L	
	经X	以C	发V	了B	民N	同M			

一级简码的输入方法是：按一下简码字所在的键，再按一下空格即可。

2. 二级简码

二级简码字的使用频率相当高，它的录入速度直接影响整体的录入速度，在86版五笔字型输入法的编码中有606个二级简码字。

二级简码的输入方法：第一字根码+第二个字根码+空格，如“燕”字的全码为“AUKO”，而录入时，只需要击键“AU+空格”即可。

3. 三级简码

三级简码是由汉字全码的前3个字根代码组成的。输入此类汉字时，只要输入该字的前3个字根的代码，再输入空格键即可。由于省略了最后一个字根或者末笔识别码，因而提高了输入效率，而且好学、易懂。

例如，啊——KBS，撮——RJB。

5.5.5 词组录入

（1）两字词：每字取其全码的前两码，共4码。例如，

安慰——宀、女、尸、二　　　　PVNF

分化——八、刀、亻、匕　　　　WVWX

（2）三字词：前两字各取第1码，后一字取前2码，共4码。例如，

葡萄酒——艹、艹、氵、西　　　　AAIS

松花江——木、艹、氵、工　　　　SAIA

（3）四字词：每字各取其全码的第1码，共4码。例如，

作茧自缚——亻、艹、丿、纟　　　　WATX

锦上添花——钅、上、氵、艹　　　　QHIA

（4）多字词：取第1、2、3及末一个汉字的第1码，共4码。例如，

中国人民银行——口、囗、人、彳　　KLWT

坚持改革开放——‖、扌、己、方　　JRNY竖

全国人民代表大会——人、囗、人、人　WLWW

老钱说事

一目多字

在词组部分中已经强调了使用五笔字型输入法进行文章汉字录入时，是按词组录入的。可以将文章看成是由词组组成的，所以录入文章时，用眼睛看文稿，不要一个字一个字地看，锻炼自己要“一目多字”。按录入文章中文字优先顺序进行录入。先判断是否为词组，如果是就按词组录入；如果不是再判断是否为一级简码字，后判断是否为二级简码字，最后才将字拆为四码录入。

看打

看打是建立在盲打基础上的输入，所以第一个要领就是盲打，要求打字员不看键盘而能正确、迅速地击键。第二个要领是看稿，眼睛始终要快看、多看文稿的文字，不看屏幕。看稿另一个重要内容是“一目多字”，看得快打得才快，训练时练习熟练的文稿，有意识地让打字跟上看稿的速度。第三个要领是动脑，分析和处理看到的文字，判断词组、高频字及它们的编码，训练时动脑是为了今后的不动脑，变成快速地看字反射击键。看打训练的方法就是不断地反复练习熟稿，达到快速、连续输入。

单元检测

1. 用一级简码输入下面的字和短语

为 经 发 同 这 主 和 了 以 要 产 上 一 在 工 地

工人 人民 有的 不要 中国

我是中国人 要以和为主

2. 写出下列这些二级简码字的编码

赤 红 绿 东 南 北 啊 爱 安 百 办 报 北 笔 边 表 冰 伯 不 部

李 刘 肖 陈 钱 耿 红 后 胆 当 到 邓 承 第 盯 妇 计 恨 居 迷

虎 马 龙 燕 凤 蝇 阳 样 右 呀 平 虽 仙 商 与 画 刘 困 昆 节
管理 机械 历史 方法 成就 平原
绵阳 昆明 安阳 长春 辽宁 吉林

3．写出下列这些三级简码字的编码

埃 般 蔼 秉 颗 骡 曼
磋 盖 辰 鲸 壳 略 箩
锋 盟 填 撮 醋 解 党

4．写出下列二字词汇的编码

建设 情报 变化 闭幕 泄露 诬陷 爱好 安慰 背叛 本国 播送 补充 柴油
金属 工人 大海 日期 心情 马车 产值 赤子 冲刷 从事 粗糙 党章 导言
奠定 调节 耳目 发疯 分化 分清 尴尬 感叹 公众 攻势 柜子 国宾 慌乱
回忆 架子 尖端 街市 结果 就绪 局部 课余 空心 立方 沥青 特大 逃避

5．写出下列三字词汇的编码

共同社 医疗费 卫生局 对立面 感兴趣 大西北 乳制品 运动场 专案组
班干部 开绿灯 活受罪 小轿车 注意力 国际歌 国务卿 内燃机 收发室
审判官 钢结构 挑战者 摄制组 松花江 歌舞团 各区县 自由化 特效药
美联社 资本论 使用权 借书证 分辨率 游击队 没关系 难道说 中青年

6．金融专业的学生要能够熟练盲打百家姓

7．借助单据录入传票进行录入训练

模块 6

珠算技术

内容概要

本模块主要介绍珠算的基础知识、基本的运算方法，包括指法的正确使用、传统加减法和无诀加减法、空盘前乘法、商除法、账表算及传票算。

技能要求

1. 会正确使用珠算的三指拨珠法
2. 会正确计算珠算的加、减、乘、除算题
3. 能熟练进行珠算的账表算
4. 能熟练进行珠算的传票算

单元 1　概　　述

通过本单元的学习，要达到以下目标要求。

【知识目标】熟悉并掌握珠算的指法要求。

【能力目标】1. 了解算盘的结构与记数；

2. 熟练运用珠算指法。

【德育目标】培养学生善于思考、勇于创新的能力。

【课前准备】

1. 学生：普通型算盘。
2. 教师：教学用大算盘、各种样式的算盘、普通型计算器、珠算渊源的相关课件。

6.1.1　珠算的起源与发展

珠算是以数学原理为基础，以算盘为计算工具的计算方法，是我国传统文化的宝贵遗产。算盘同古代的四大发明一样是由我国劳动人民在生产实践中发明和创造的，它是从筹算演变而成的，因此素有“中国古老的计算机”之称。

我国古书中最早出现“珠算”一词的是东汉末年徐岳的《数术记遗》，距今已有一千多年

历史。到了明末，算盘被普遍采用，并传到了日本、朝鲜及东南亚等地，当今，在日本、美国等经济发达国家，电子计算机已相当普遍，但还在大力普及、提高珠算技术。珠算是依靠手指拨动算珠来进行运算的，手动珠动，珠动数出，十分直观，使人们清楚地看到了数与数之间的关系及运算的全过程。而电子计算器则是依靠手指按动数码键和符号键进行计算的，不能少按任何一个键，否则，答数就不会出现。

比比看 “2,008+9,606=？”利用计算器进行计算需要按键几次？算盘呢？

学习珠算的基本要求是勤学苦练、精益求精、准字当头、准中求快。准与快是一对辩证统一的矛盾，准中有快，快中求准，准不快低水平，快不准要返工。所谓“准”就是要求看数要准、拨珠要准、脑算要准、写数要准和定位要准等。所谓“快”就是看数要快、拨珠要快、脑算要快、写数要快、定位要快等。

6.1.2 算盘的种类和结构

1. 算盘的种类

我国常用的算盘大致有两种：一种是传统的“圆珠大算盘”，也称“七珠大算盘”，如图6-1-1所示。另一种是现行财经工作中广泛采用的多档式菱珠小算盘，有17档、21档等规格，如图6-1-2所示。

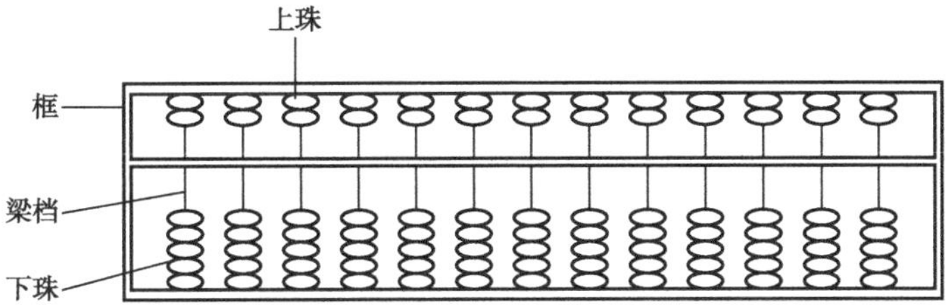

图6-1-1 七珠大算盘

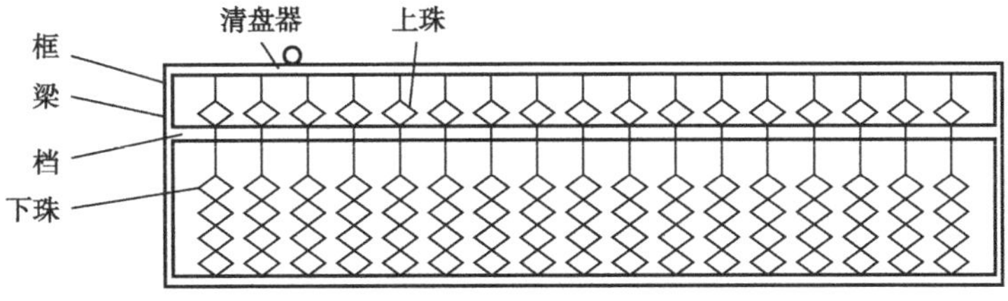

图6-1-2 多档式菱珠小算盘

2. 算盘的结构

算盘是长方形状，由“框、梁、档、珠”4个基本部分组成，此外，还有记位点、清盘器等，如图6-1-1和图6-1-2所示。

（1）框：指算盘的周边框架，用以固定算盘的各部分，决定了算盘的大小及形状，有上、下、左、右框之分。

（2）梁：指框间的横木，将算珠分为上、下两部分。

（3）档：是连接上下边框并穿过横梁的细杆，用以穿连算珠并表示数位。

（4）珠：也称算珠，有上、下珠之分，上珠每个当5，下珠每个当1。

（5）内珠：又称梁珠，是指靠梁成数的算珠，用来表示正数。

（6）外珠：又称框珠，是指离梁靠边（靠框）的珠，通常用来表示补数或负数。

（7）点：横梁上每隔3位有1个点，称记位点，又称定位点，加减法可作记位之用，乘除法可作定位用，也起分节作用。

3．算盘的记数方法

在算盘上进行运算时，把算珠拨到靠梁的位置上，叫置数或布数。数值表示如下。

（1）算盘的记数是以档表示数位，以靠梁的算珠表示数，一颗下珠靠梁表示1，其余类推；下珠满5就升到梁上，用一颗上珠靠梁代替，表示5。

（2）某档算珠全部离梁靠框，表示该档数字是0，称“空档”。

（3）算盘上所有的档都成为空档时，称空盘，表示盘上没有数。算盘在运算前需先清盘、定位和置数。

（4）算盘的数位与一般的数字记数顺序相同，高位在左，低位在右，即从右往左逐位扩大10倍，从左往右逐位缩小10倍。

6.1.3　打好算盘的基本要领与指法

1．运算的姿势

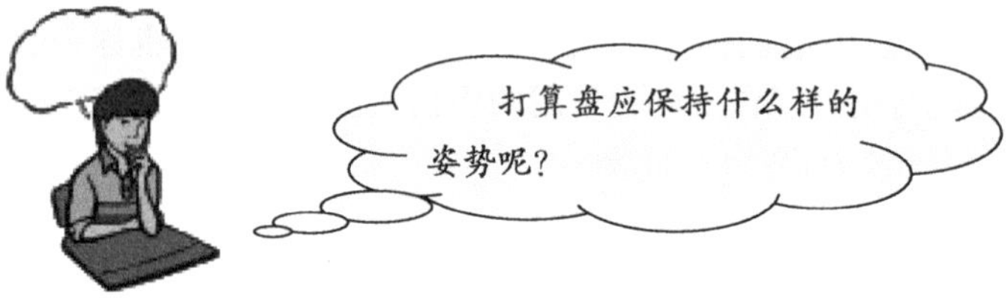

1）坐姿

打算盘时，面对桌而坐，身体要正，腰要直，上体略为前倾，头稍低下，眼睛和算盘的距离与看书距离一样。打算盘时，两肩要端平，腕和肘微离桌面，肘关节的弯度一般应保持在90°左右，便于手指运动时左右平行。手指与盘面距离以5mm左右为宜，过低容易带珠；过高时，手指上下跳动，影响效率，如图6-1-3所示。

图6-1-3　打算盘的姿势

2）握笔

为了提高计算速度，要养成持笔拨珠的习惯，以便于运算后立即书写计算结果，采用全握式，笔尖露出距离不得超出3cm，笔端应紧靠食指根部，如图6-1-4和图6-1-5所示。

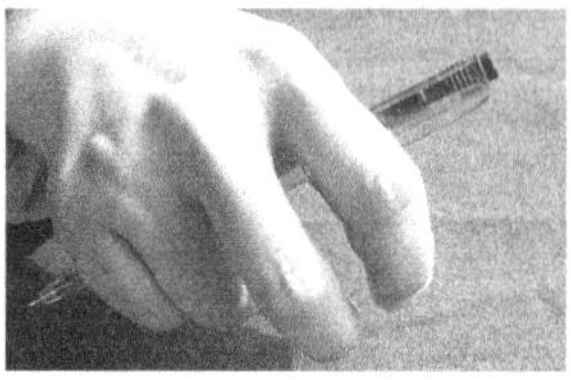

图6-1-4　握笔法（1）

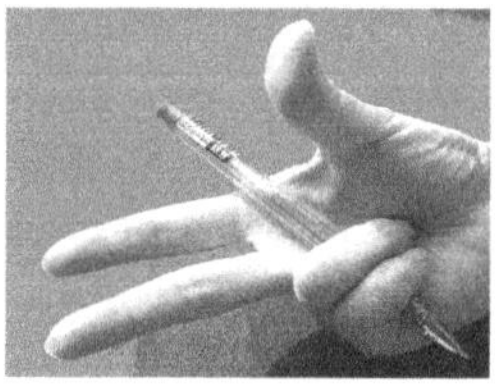

图6-1-5　握笔法（2）

3）看数和置数

看数采用“3位1节”的方法，如“123,456,789”。置数时，由高位到低位，从左到右，把要计算的数按相应的数位逐位拨珠靠梁。

置数时要认清位数上盘，眼睛看着资料，手不停地连续拨珠，要求分节看数、分节拨珠，看数的同时，右手要立即拨珠，将要拨到末尾时，紧接着看另一节数。

> **温馨提示：** 看数时应从第1个小节开始，3位看1次，逐渐练成能看几个小节的数字。

4）书写答案

运算完毕，左手放置清盘器处，按盘面数（若是小数位数则采用四舍五入法保留两位小数）进行盯盘写数后再清盘。

2. 指法

拨珠指法就是用手指拨动算珠的方法，它指出拨珠时手指的分工和动作的要求。指法是珠算的基本动作，指法的正确与否、动作的灵巧与协调都直接影响运算的速度和结果的准确性。

根据算盘大小，拨珠指法分为两指拨珠和三指拨珠。本书以中型算盘的三指拨珠为例说明拨珠指法。

1）单指独拨

它指只用一个手指拨珠的动作。三指分工如下。

（1）拇指：专拨下珠靠梁，也叫“推”或“上”，如图6-1-6所示。

（2）食指：专拨下珠离梁，也叫“捺”，如图6-1-7所示。

（单指独拨指法演示）

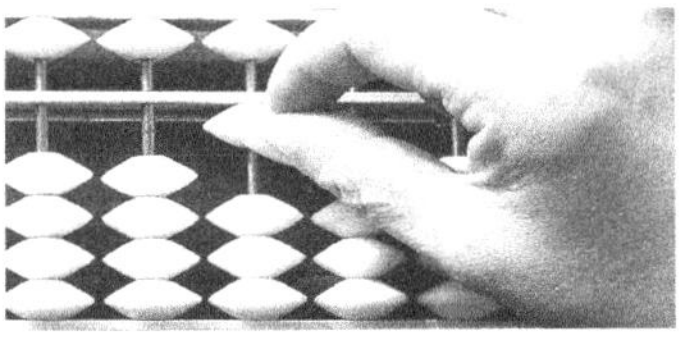

图6-1-6　单指独拨（1）

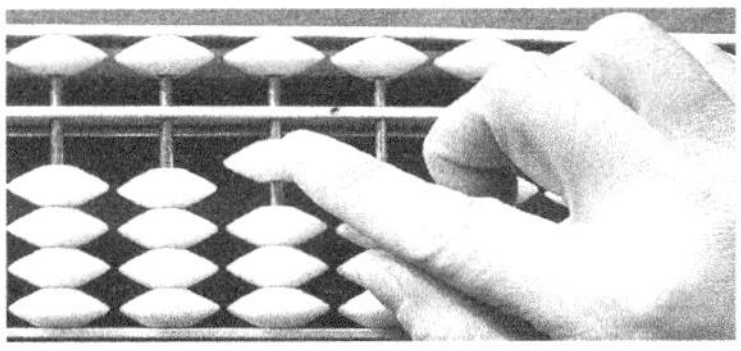

图6-1-7　单指独拨（2）

（3）中指：拨上珠靠梁（也叫勾），拨上珠离梁（也叫剔），如图6-1-8和图6-1-9所示。

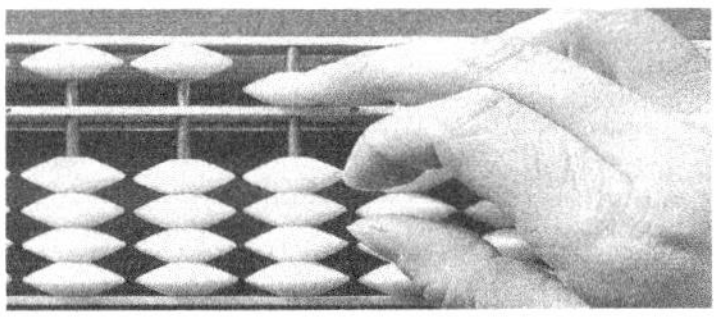

图6-1-8　单指独拨（3）

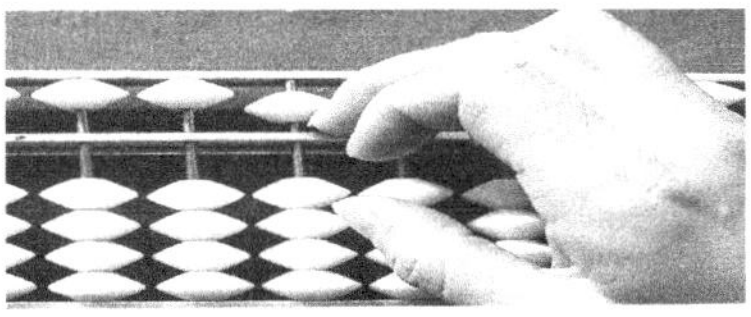

图6-1-9　单指独拨（4）

例如：从左往右（高位到低位）进行上盘练习，形成推、勾、捺、剔口诀。

推：
+1、1、1……
+2、2、2……
+1、1、1……

或：
+1、1、1……
+3、3、3……

勾：+5、5、5……

捺：
−1、1、1……
−2、2、2……
−1、1、1……

或：
−1、1、1……
−3、3、3……

剔：−5、−5、−5……

2）拇指与食指的联拨

（1）扭进：用食指拨右档下珠离梁的同时，用拇指推左档下珠靠梁，用于进位的加，如图 6-1-10 所示。例如，1+9、2+8、3+7、4+6、3+8、4+7、4+8 和 4+9 等。

（2）扭退：用食指拨左档下珠离梁的同时，用拇指推右档下珠靠梁，用于退位的减，如图 6-1-11 所示。例如，10−9、10−8、10−7 和 10−6 等。

图 6-1-10　双指联拨（1）

图 6-1-11　双指联拨（2）

3）拇指与中指的联拨

（1）双合：拇指与中指同时拨上下珠靠梁，用于不进位的加，如图 6-1-12 所示。例如，1+8、1+7、1+6、2+6、2+7、3+6 和 10+9 等。

（2）双上：拇指拨下珠靠梁，同时中指拨上珠离梁，用于破五的减，如图 6-1-13 所示。例如，5−1、5−2、5−3、5−4、6−2、6−3、6−4、7−3、7−4 和 8−4。

图 6-1-12　双指联拨（3）

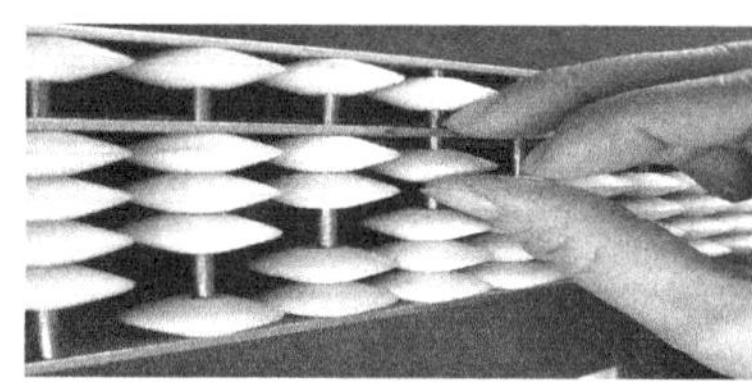
图 6-1-13　双指联拨（4）

4）食指与中指联拨

（1）双分：食指与中指同时拨上下珠离梁，用于直接的减，如图 6-1-14 所示。例如，7−6、8−7、9−8 和 9−9 等。

（2）双下：中指拨上珠靠梁，食指同时拨下珠离梁时，用于满五的加，如图 6-1-15 所示。例如，1+4、4+1、2+3、3+2、2+4、4+2、4+3 和 4+4。

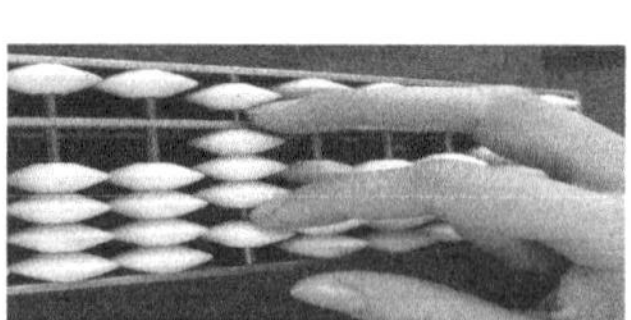
图 6-1-14　双指联拨（5）

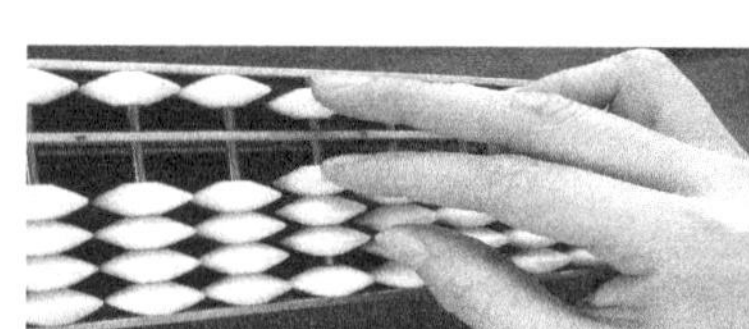
图 6-1-15　双指联拨（6）

5）三指联拨

（1）左进右分：中指和食指按双分动作拨本档上下珠离梁的同时，拇指拨左一档下珠靠梁，用于进位的加，如图 6-1-16 所示。例如，6+4、7+3、8+2、9+1、7+4、8+3、8+4、9+2、9+3 和 9+4。

（2）左退右合：食指拨左档下珠离梁的同时，中指和拇指按双合动作拨右档上下珠同时靠梁，用于退位的减，如图 6-1-17 所示。例如，10−1、10−2、10−3 和 10−4。

图 6-1-16　三指联拨（1）

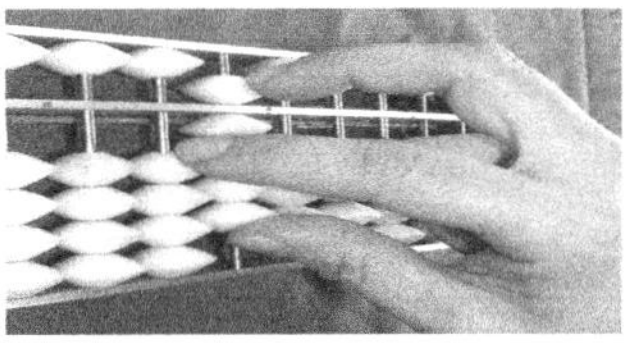

图 6-1-17　三指联拨（2）

指法是珠算的基本功之一，应多加练习，以达到熟练。

（加百子）

老钱说事

（1）拨珠用力要均匀适当，轻巧灵活，具有轻快感，否则易造成漂珠。

（2）拨珠必干脆利索，落子要稳、准、快，具有节奏感，拨珠时手指与盘面的角度略呈垂直，用指尖准确地拨到算珠的刃边，部位要准，要一拨到位。注意避免多拨（带珠）和少拨，防止再拨第 2 遍。

（3）上、下、去、进、退、还，要按顺序拨珠，运算时，有如行云流水，十分流畅。

单元检测

1. 指法练习

盘上以行为基准，进行连续拨珠，中间不需要清盘。

（1）+1、1、1……　（2）+3、3、3……　（3）+5、5、5……

（4）2、2、2……　（5）1、1、1……　（6）6、6、6……

（7）+4、4、4……　（8）4、4、4……　（9）+8、8、8……

（指法练习）

学习建议：做加法时从左往右，做减法时从右往左。

2. 实操题

（1）在盘上找到个位档，进行推、勾、捺、剔的训练（按照推下珠 1～4 循环、反复练习，直到熟练，注意做到手不离珠）。

（2）盘上从左至右每 1 行分别推 1～9，注意保持手腕的平衡，手指在盘上平行移动，不跳跃，不带珠，不悬珠。

（3）单项四级卷逐行拨珠练习，例如，加 69，542，减 69，542 等。

单元 2　珠算加减法

通过本单元的学习，要达到以下目标要求。

【知识目标】熟练运用无诀加减法进行运算。

【能力目标】1. 熟悉加减法的运算步骤；

2. 了解凑数和补数的概念。

【德育目标】培养学生吃苦耐劳的精神。

【课前准备】

1. 学生：普通算盘、熟悉加减法口诀。
2. 教师：教学算盘、珠算加减法的相关课件、不同难度的加减法算题。

珠算加减法在财经工作中已广泛应用。在珠算等级鉴定中，加减法的比重占卷面的50%，同时，加减法又是学习乘、除法的基础，因此，熟练掌握加减法对于全面提高计算工作效率具有重要的意义。

珠算加减法有传统口诀加减法和无诀加减法两种。在运算时，首先确定个位档（一般习惯于将个位档确定为右边第2个记位点），然后对齐位数，同位才能相加减。

6.2.1 口诀加减法

传统的口诀加减法（见表6-2-1和表6-2-2）按照运算规律编成4种类型，由52句（加法26句，减法26句）口诀组成，只要熟记口诀，就能迅速而准确地计算出得数。

表6-2-1　加法口诀表

类型 / 口诀 / 加数	不进位的加法		进位的加法	
	直接的加	补5的加	进位的加	去5进位的加
1	1上1	1下5去4	1去9进1	
2	2上2	2下5去3	2去8进1	
3	3上3	3下5去2	3去7进1	
4	4上4	4下5去1	4去6进1	
5	5上5		5去5进1	
6	6上6		6去4进1	6上1去5进1
7	7上7		7去3进1	7上2去5进1
8	8上8		8去2进1	8上3去5进1
9	9上9		9去1进1	9上4去5进1

注：① 每句口诀的第1个数字表示要加的数，后面的数字表示拨珠的运算过程。

② “上几”表示拨珠靠梁。

③ “下几”表示拨珠离梁。

④ “进1”表示本档相加满10，须向前档（左档）进1。

表6-2-2　减法口诀表

类型 / 口诀 / 减数	不退位的减法		退位的减法	
	直接的减	破5的减	退位的减	退位补5的减
1	1去1	1上4去5	1退1还9	
2	2去2	2上3去5	2退1还8	
3	3去3	3上2去5	3退1还7	

续表

类型 / 口诀 / 减数	不退位的减法		退位的减法	
	直接的减	破 5 的减	退位的减	退位补 5 的减
4	4 去 4	4 上 1 去 5	4 退 1 还 6	
5	5 去 5		5 退 1 还 5	
6	6 去 6		6 退 1 还 4	6 退 1 还 5 去 1
7	7 去 7		7 退 1 还 3	7 退 1 还 5 去 2
8	8 去 8		8 退 1 还 2	8 退 1 还 5 去 3
9	9 去 9		9 退 1 还 1	9 退 1 还 5 去 4

注：① 每句口诀的第 1 个数字表示要减的数，后面的数字表示拨珠的运算过程。

② “上几”表示拨珠靠梁。

③ “去几”表示拨珠离梁。

④ “退 1”表示本档不够减，须向前档（左档）借 1。

例 1：5,416+3,052=8,468

运算时，首先确定个位档，先拨上被加数 5,416，然后对准位数，从高位到低位依次按口诀“3 上 3，0 跳过不拨珠，5 上 5，2 上 2”拨加，盘面得数为 8,468。运算过程如图 6-2-1 和图 6-2-2 所示。

（加法例题演示）

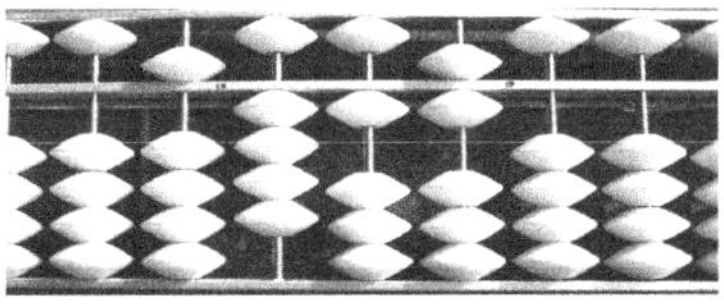

图 6-2-1　例 1 运算过程（1）

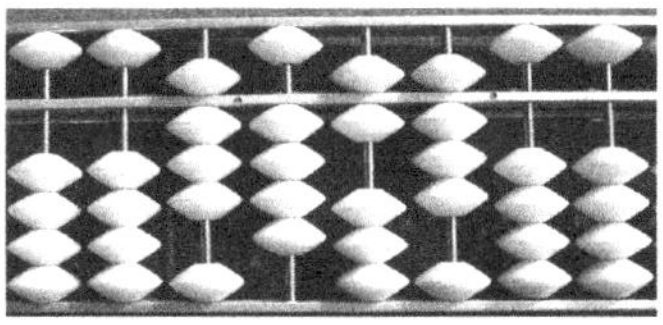

图 6-2-2　例 1 运算过程（2）

例 2：8,468−5,416=3,052

承前例，盘面数 8,468 即为被减数，要减 5,416 时按口诀“5 去 5，4 去 4，1 去 1，6 去 6”逐位相减，得数为 3,052。与上题核对相符。运算过程如图 6-2-3 和图 6-2-4 所示。

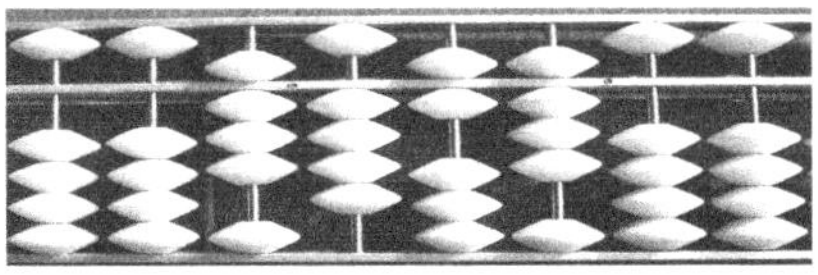

图 6-2-3　例 2 运算过程（1）

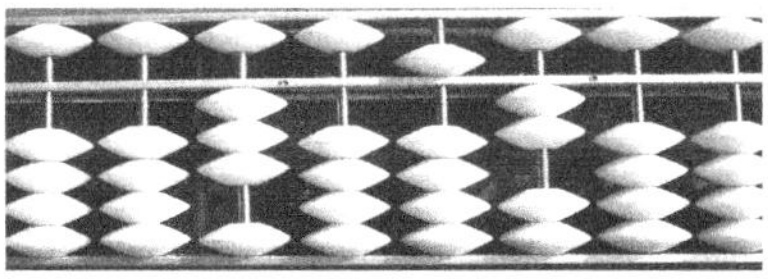

图 6-2-4　例 2 运算过程（2）

例 3：2,314+342=2,656

先在盘上 4 位档起拨入被加数 2,314，拨加 342 时从 3 位档（百位）开始用口诀“3 下 5 去 2，4 下 5 去 1，2 下 5 去 3”依次拨珠相加，盘面数即为 2,656。运算过程如图 6-2-5 和图 6-2-6 所示。

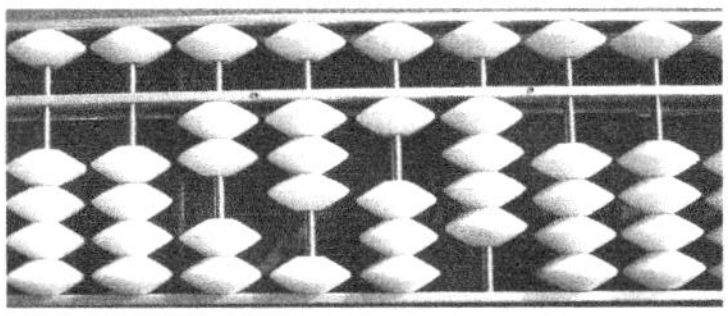

图 6-2-5　例 3 运算过程（1）

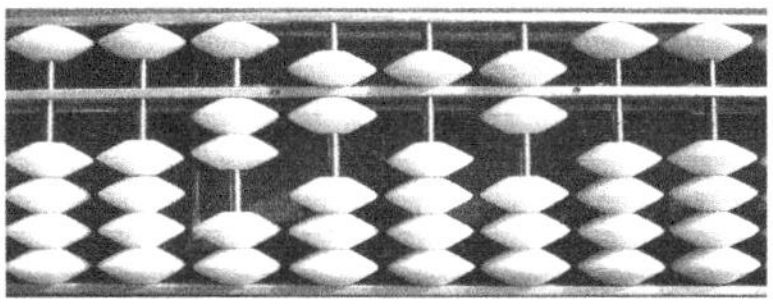

图 6-2-6　例 3 运算过程（2）

例 4：2,656–2,314=342

承前例，盘面数 2,656 即为被减数，要减 2,314 时按口诀“2 去 2，3 上 2 去 5，1 上 4 去 5，4 上 1 去 5”逐位相减，得数为 342，与上题核对相符。运算过程如图 6-2-7 和图 6-2-8 所示。

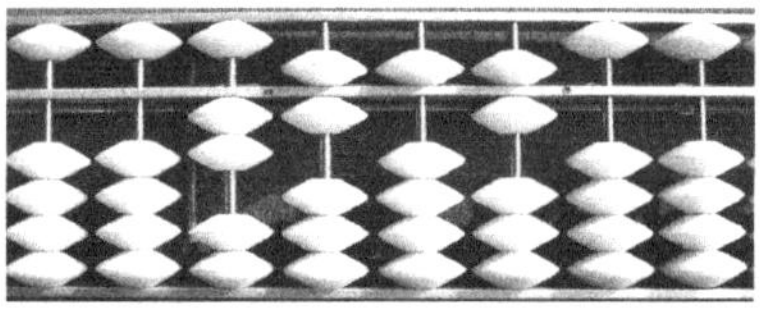

图 6-2-7　例 4 运算过程（1）

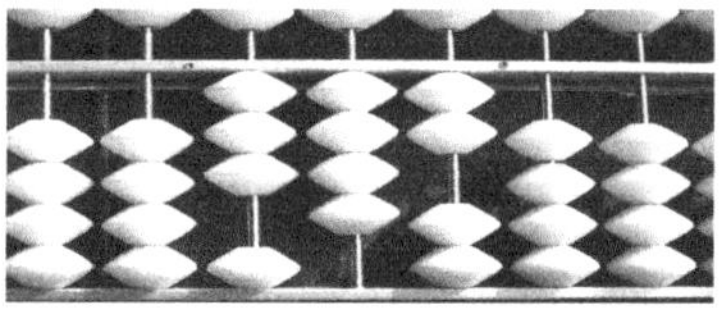

图 6-2-8　例 4 运算过程（2）

例 5：3,574+9,086=12,660

先在盘上 4 位档拨入被加数 3,574，拨加 9,086 时按口诀“9 去 1 进 1，0 跳过不拨珠，8 去 2 进 1，6 去 4 进 1”，盘面数即为 12,660。要注意拨珠顺序，先在个位档去“几”，然后再进 1。运算过程如图 6-2-9 和图 6-2-10 所示。

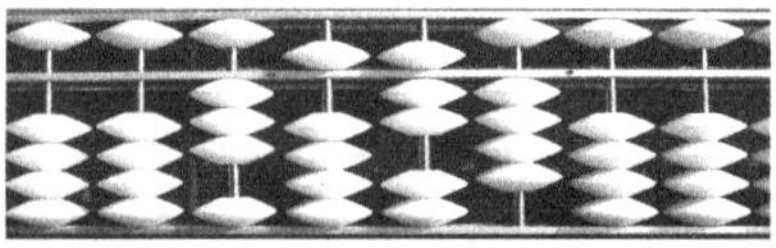

图 6-2-9　例 5 运算过程（1）

图 6-2-10　例 5 运算过程（2）

例 6：12,660–3,574=9,086

承前例，盘面数 12,660 即为被减数，要减 3,574 时按口诀“3 退 1 还 7，5 去 5，7 退 1 还 3，4 退 1 还 6”逐位相减，得数为 9,086，与上题核对相符。要注意拨珠顺序，先在十位档退 1，然后再还“几”。运算过程如图 6-2-11 和图 6-2-12 所示。

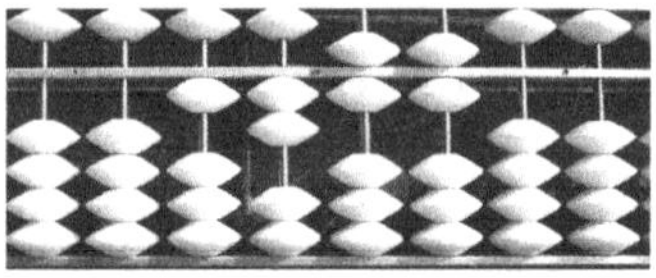

图 6-2-11　例 6 运算过程（1）

图 6-2-12　例 6 运算过程（2）

例 7：5,555+6,789=12,344

先在盘上拨入被加数 5,555，拨加 6,789 时按口诀“6 上 1 去 5 进 1，7 上 2 去 5 进 1，8 上 3 去 5 进 1，9 上 4 去 5 进 1”，盘面数即为 12,344。运算过程如图 6-2-13 和图 6-2-14 所示。

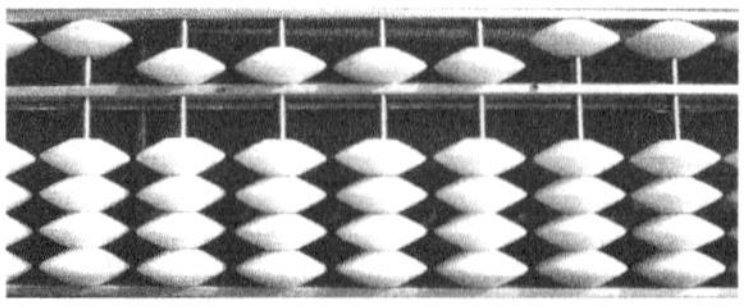

图 6-2-13　例 7 运算过程（1）

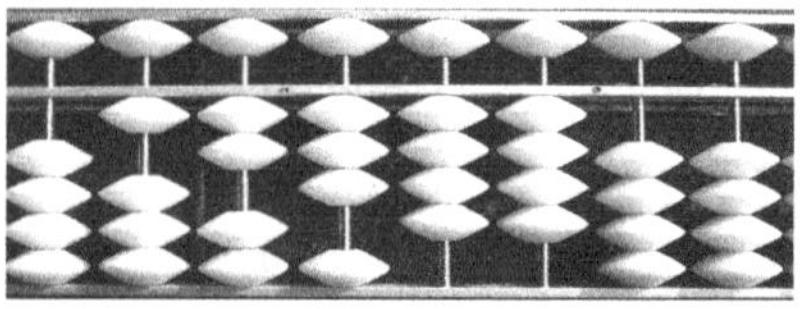

图 6-2-14　例 7 运算过程（2）

例 8：12,344–6,789=5,555

承前例，盘面数 12,344 即为被减数，要减 6,789 时按口诀“6 退 1 还 5 去 1，7 退 1 还 5 去 2，8 退 1 还 5 去 3，9 退 1 还 5 去 4”逐位相减，得数为 5,555，与上题核对相符。运算过程如图 6-2-15 和图 6-2-16 所示。

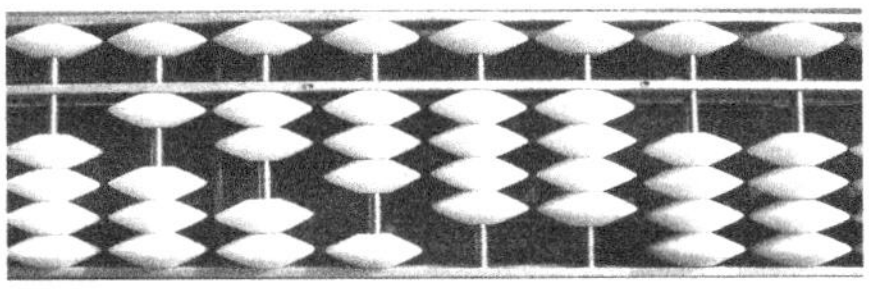

图 6-2-15　例 8 运算过程（1）

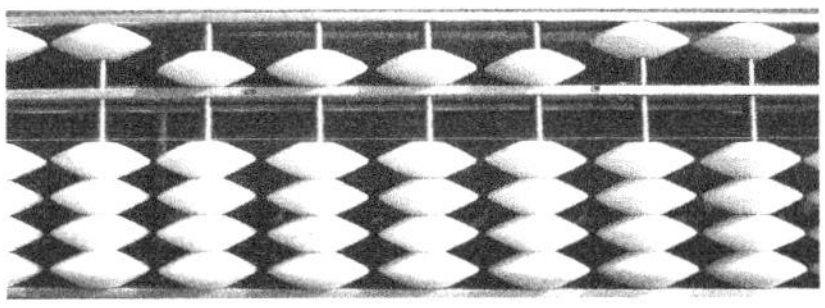

图 6-2-16　例 8 运算过程（2）

6.2.2　无诀加减法

无诀加减法的算理与传统的口诀加减法完全一致，是口诀加减法的发展和提高。它依据凑数和补数的概念，利用脑算指导拨珠，省略了口诀，提高了运算速度。

凑数：两数之和满 5，则这两个数互为凑数。
补数：两数之和满 10，则这两个数互为补数。

例如：1 和 4、2 和 3 都互为凑数，1 和 9、2 和 8、3 和 7、4 和 6、5 和 5 都互为补数。运算时利用凑数和补数的合成与分解，下珠不足动上珠，本位不足动前位。无诀加减法分为直接加减、凑 5 破 5 的加减、进位退位的加减。

1．直加直减类

拨珠规律
加法：加看外珠，够加直加。
减法：减看内珠，够减直减。

内珠：靠梁表示数的珠。

外珠：离梁靠框不表示数的珠（特殊情况也可表示数）。

属于直加类的 35 种情况如表 6-2-3 所示；属于直减类的 35 种情况如表 6-2-4 所示。

表 6-2-3　属于直加类的 35 种情况

0+1	1+1	2+1	3+1	—	5+1	6+1	7+1	8+1
0+2	1+2	2+2	—	—	5+2	6+2	7+2	
0+3	1+3	—	—	—	5+3	6+3		
0+4	—	—	—	—	5+4			
0+5	1+5	2+5	3+5	4+5				
0+6	1+6	2+6	3+6					
0+7	1+7	2+7						
0+8	1+8							
0+9								

表 6-2-4　属于直减类的 35 种情况

9　1	9　2	9　3	9　4	9　5	9　6	9　7	9　8	9　9
8　1	8　2	8　3	—	8　5	8　6	8　7	8　8	
7　1	7　2	—	—	7　5	7　6	7　7		
6　1	—	—	—	6　5	6　6			
—	—	—	—	5　5				
4　1	4　2	4　3	4　4					
3　1	3　2	3　3						
2　1	2　2							
1　1								

例 1：21.45+73.51=94.96

先在盘上按位拨入被加数 21.45，然后从高位到低位，对准位数，“够加直加”，加上 73.51，盘面得数为 94.96。运算过程如图 6-2-17 和图 6-2-18 所示。

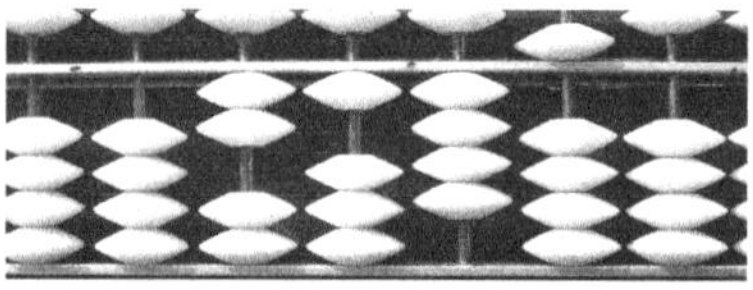

图 6-2-17　例 1 运算过程（1）

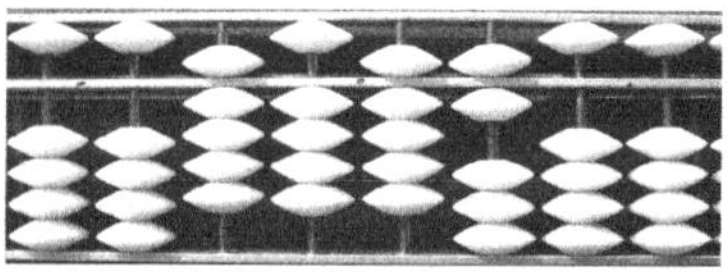

图 6-2-18　例 1 运算过程（2）

例 2：94.96−73.51=21.45

承前例，盘面数 94.96 即为被减数，要减 73.51 时，“够减直减”，减去 73.51，得数为 21.45，与上题核对相符。运算过程如图 6-2-19 和图 6-2-20 所示。

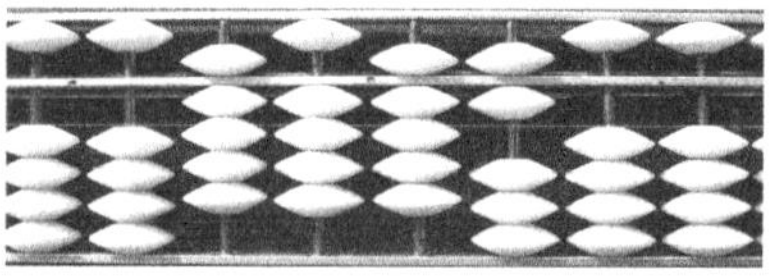

图 6-2-19　例 2 运算过程（1）

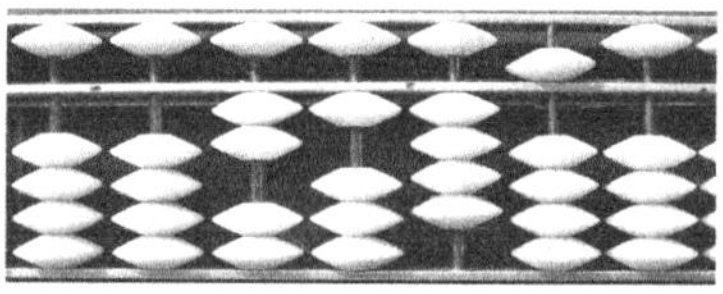

图 6-2-20　例 2 运算过程（2）

2．凑 5 加、破 5 减类

拨珠规律

加法：下珠不够，加 5 减凑。

减法：下珠不够，加凑减 5。

无诀凑 5 加的情况如表 6-2-5 所示；无诀破 5 减的情况如表 6-2-6 所示。

表 6-2-5　无诀凑 5 加的情况

—	—	—	4+1
—	—	3+2	4+2
—	2+3	3+3	4+3
1+4	2+4	3+4	4+4

表 6-2-6　无诀破 5 减的情况

5−1	—	—	—
5−2	6−2	—	—
5−3	6−3	7−3	—
5−4	6−4	7−4	8−4

例 3：3,421+2,134=5,555

先在盘上按位拨入被加数 3,421，然后从在 4 位档起每一档加上 5 减去加数的凑数，盘面得数为 5,555。运算过程如图 6-2-21 和图 6-2-22 所示。

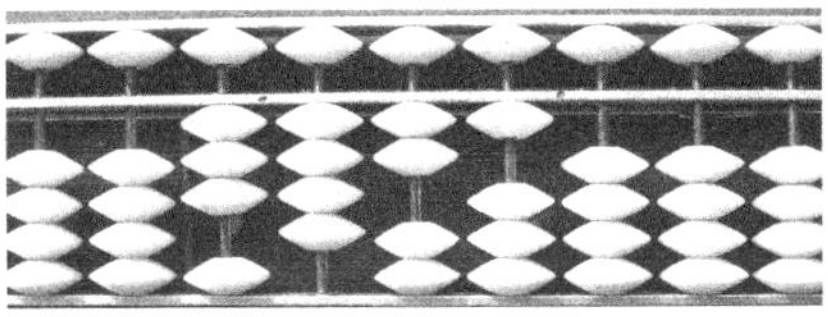
图 6-2-21　例 3 运算过程（1）

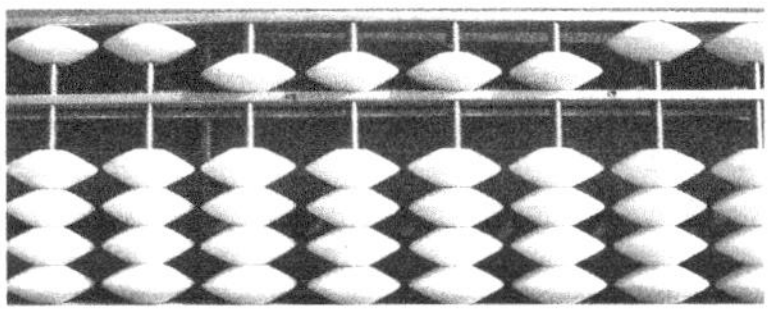
图 6-2-22　例 3 运算过程（2）

例 4：5,555−3,421=2,134

承前例，盘面数 5,555 即为被减数，要减 3,421 时，加上减数的凑数，同时每一档去 5，得数为 2,134，与上题核对相符。运算过程如图 6-2-23 和图 6-2-24 所示。

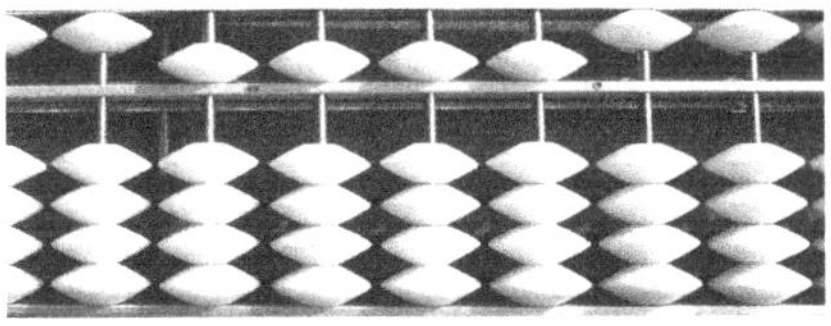
图 6-2-23　例 4 运算过程（1）

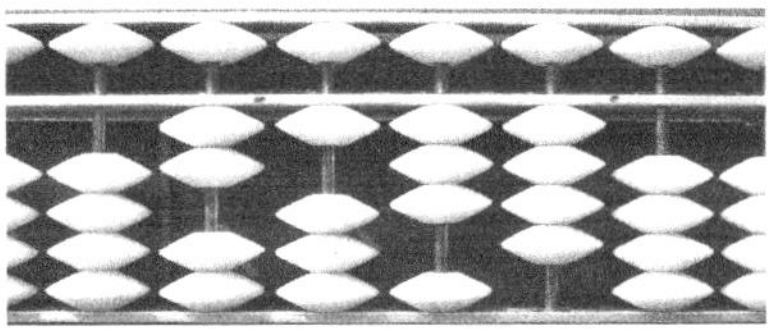
图 6-2-24　例 4 运算过程（2）

3．进位加、退位减类

拨珠规律

加法：本档满 10，减补进 1。

减法：本档不够，退 10 加补。

属于进位加类的 45 种情况如表 6-2-7 所示；属于退位减类的 45 种情况如表 6-2-8 所示。

表 6-2-7　属于进位加类的 45 种情况

								9+1
							8+2	9+2
						7+3	8+3	9+3
					6+4	7+4	8+4	9+4
				5+5	6+5	7+5	8+5	9+5
			4+6	5+6	6+6	7+6	8+6	9+6
		3+7	4+7	5+7	6+7	7+7	8+7	9+7
	2+8	3+8	4+8	5+8	6+8	7+8	8+8	9+8
1+9	2+9	3+9	4+9	5+9	6+9	7+9	8+9	9+9

表 6-2-8　属于退位减类的 45 种情况

10−1								
10−2	11−2							
10−3	11−3	12−3						
10−4	11−4	12−4	13−4					
10−5	11−5	12−5	13−5	14−5				
10−6	11−6	12−6	13−6	14−6	15−6			
10−7	11−7	12−7	13−7	14−7	15−7	16−7		
10−8	11−8	12−8	13−8	14−8	15−8	16−8	17−8	
10−9	11−9	12−9	13−9	14−9	15−9	16−9	17−9	18−9

例5：7,529+587=8,116

先在盘上按位拨入被加数7,529，由于加587时，其每档的和均大于10，必须进位，同时减去加数的补数，盘面数为8,116。运算过程如图6-2-25和图6-2-26所示。

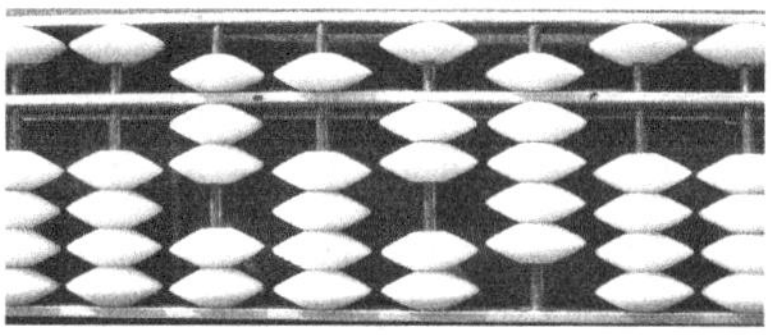

图6-2-25　例5运算过程（1）

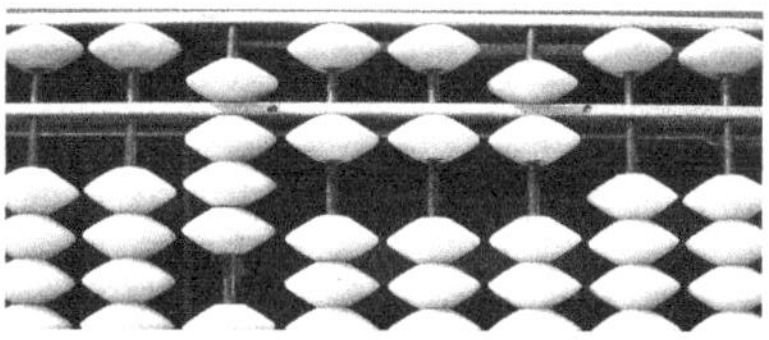

图6-2-26　例5运算过程（2）

例6：8,116−7,529=587

承前例，盘面数8,116即为被减数，要减7,529时，本档不够减，必须向前档借1，然后加上减数的补数，得数为587，与上题核对相符。运算过程如图6-2-27和图6-2-28所示。

图6-2-27　例6运算过程（1）

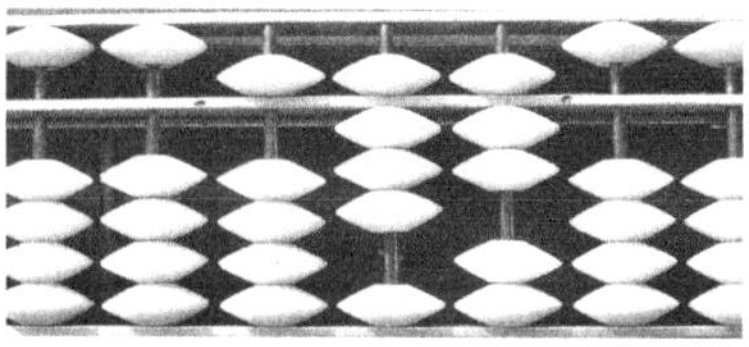

图6-2-28　例6运算过程（2）

例7：5,655+7,586=13,241

先在盘上按位拨入被加数5,655，由于加7,586时，本档均满10，且不能直接减去加数的补数，利用"减补进1，加凑减5"进行综合，盘面数为13,241。运算过程如图6-2-29和图6-2-30所示。

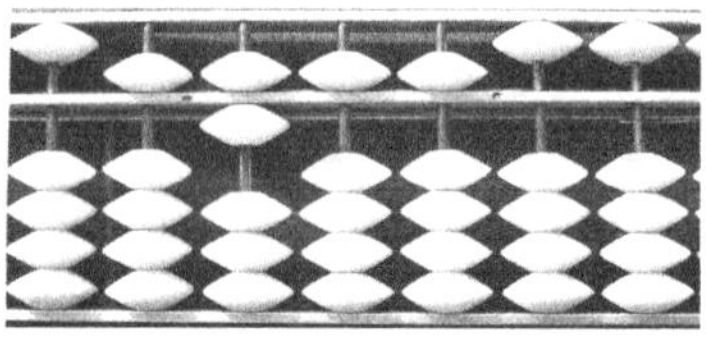

图6-2-29　例7运算过程（1）

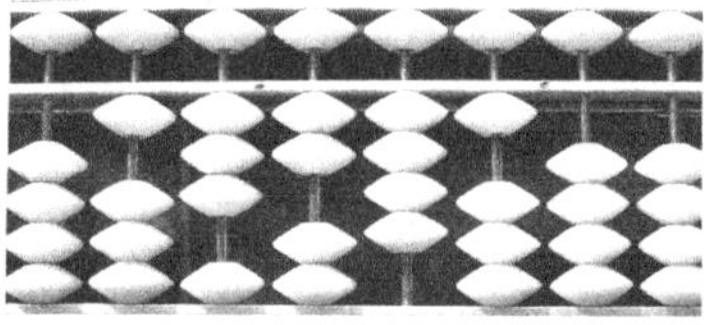

图6-2-30　例7运算过程（2）

例8：13,241−7,586=5,655

承前例，盘面数13,241即为被减数，要减7,586时，本档不够减，必须向前档借1，且不能直接加上减数的补数，利用"退1加补，加5减凑"进行综合，得数为5,655，与上题核对相符。运算过程如图6-2-31和图6-2-32所示。

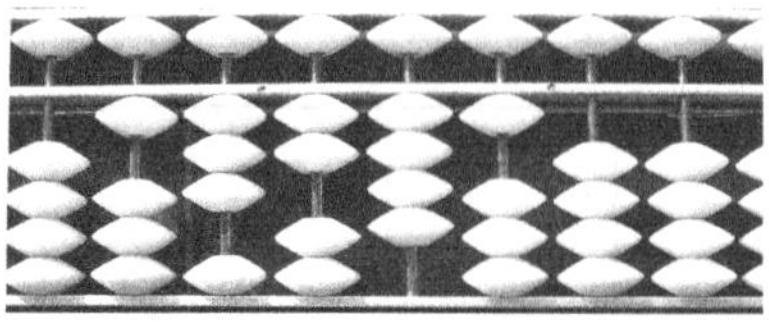

图6-2-31　例8运算过程（1）

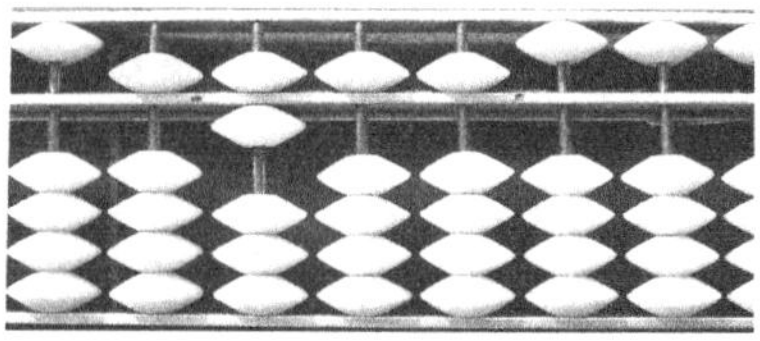

图6-2-32　例8运算过程（2）

6.2.3 简捷加减法

在进行加减运算时，为了减少拨珠次数与动作，提高运算速度，可采用一目一行加减法与一目多行加减法，常见的有一目两行、一目三行、一目五行等，它是珠算与心算相结合，将同位上的数字心算求和（或差）一次拨珠入盘的方法。

例1：一目三行心算法

9,4 1 3
2,5 0 8
+ 3,7 8 4

---

1 4 ……………………………… 从万位档起拨珠入盘
1 6 ……………………………… 从千位档起拨珠入盘
0 9 ……………………………… 从百位档起拨珠入盘
1 5 ……………………………… 从十位档起拨珠入盘

---

1 5 7 0 5 ……………………… 计算结果

例2：一目两行抵消法

6,8 7 5
- 3,2 7 4

---

0 3 ……………………………… 从万位档起拨珠入盘
0 6 ……………………………… 从千位档起拨珠入盘
0 0 ……………………………… 从百位档起拨珠入盘
0 1 ……………………………… 从十位档起拨珠入盘

---

3 6 0 1 ……………………… 计算结果

一目三行抵消法与一目两行抵消法类似，这里不再赘述。

单元检测

1．直加、直减类

（1）123,433+221,011=　　（2）332,102+112,342=

（3）76,984–15,473=　　（4）729.58–218.03=

2．凑5加、破5减类

（1）34,321+21,234=　　（2）341.24+424.31=

（3）5,678–2,334=　　（4）8,765–4,321=

3．进位加、退位减类

（1）44,444+68,796=　　（2）834.29+387.81=

（3）75,431–69,876=　　（4）951.43–664.39=

4．实操题

（1）打百子：从1加到100，得数为5,050，在此基础上减1到100，盘上即为0。

（2）加16,875：连续加16,875十次，使盘面数为168,750，然后连续减16,875，盘上即为0。

（3）7盘清：将123,456,789拨入算盘，连续加123,456,789，使盘上得数为987,654,312，然后在此基础上连续减123,456,789，使盘面数为0。

单元3 珠算乘法

通过本单元的学习，要达到以下目标要求。

【知识目标】熟悉乘法的运算步骤。

【能力目标】1. 了解乘法的盘前定位；

2. 熟练运用空盘前乘法进行计算。

【德育目标】培养学生正确的创新意识。

【课前准备】

1. 学生：普通型算盘。。
2. 教师：教学用大算盘、珠算乘法的相关课件、不同难度的乘法算题。

求一个数的若干倍是多少的计算方法称为乘法，用公式表示为：被乘数×乘数=积数。为了在乘法运算后能够在算盘上迅速确定、书写出答数，应在算盘上确定好个位档，即乘积的定位。

6.3.1 乘积的定位

1. 数的位数

乘法积数的定位，通常是以被乘数和乘数的位数为依据，因此，为了学好乘法的定位，必须掌握数的位数。

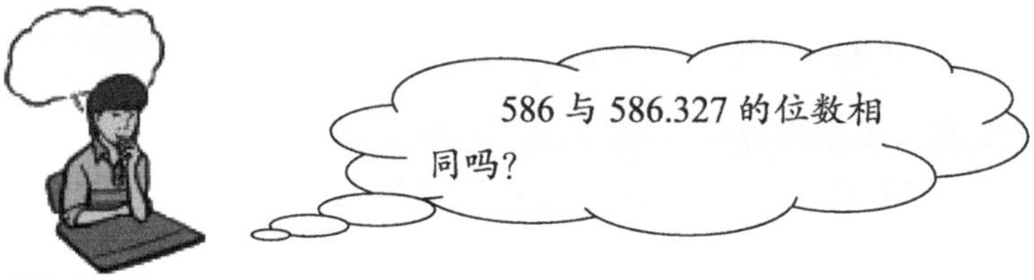

数的位数共分为以下3类。

（1）正位数：凡整数和带小数的数字，有几位整数就称为正几位，不论其带有几位小数。

例如：586——正三位（+3位） 260.457——正三位（+3位）

（2）零位数：一个纯小数，小数点后到第1个有效数字（非零数）之间没有夹0，就称为零位。

例如：0.253——零位（0位） 0.100 47——零位（0位）

（3）负位数：一个纯小数，小数点后到第1个有效数字之间夹几个0，就称为负几位。

例如：0.085 1——负一位（–1位） 0.002 07——负二位（–2位）

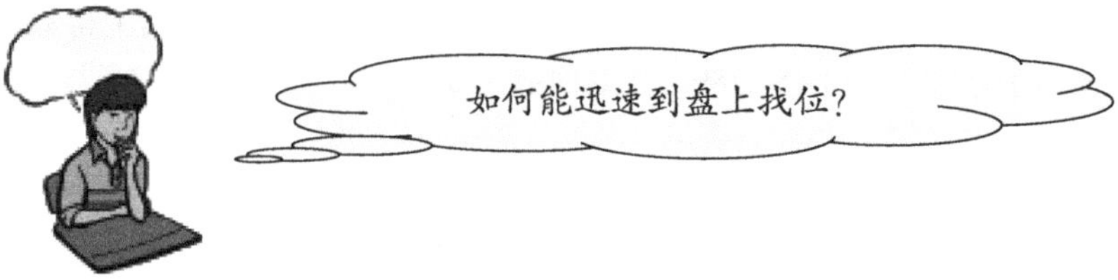

2. 盘上定位法

珠算乘法的定位方法很多，本单元重点介绍盘上定位法，即固定个位档定位法。

（1）定义：指运算前就先在算盘上确定出积的个位档，运算后，使积数的个位落在这一档上，称为固定个位档法。

（2）具体做法如下。

① 在算盘上选一合适的档作为乘积的个位档，由此档向左依次为+1，+2，…，向右为 0，–1，–2…。

② 按公式 $m+n$ 确定乘积最高档（又称起乘档）。

m 代表被乘数的位数，n 代表乘数的位数。

例：529×61=

定位：$m+n=3+2=5$（起乘档）

6.3.2 乘法口诀

1. 内容

九九口诀是把乘数 1～9 和被乘数 1～9 及 81 个积对应列成一个方阵表，全表称为“九九口诀表”（见表 6-3-1）。其中包括：小九九口诀 45 句（即小数目在前，大数目在后，读起来比较顺，又叫顺九九），逆九九口诀 36 句（即大数在前，小数在后的大九九口诀），共计 81 句。

表 6-3-1 九九口诀表

被乘数 乘数	一	二	三	四	五	六	七	八	九
一	一一 01	一二 02	一三 03	一四 04	一五 05	一六 06	一七 07	一八 08	一九 09
二	二一 02	二二 04	二三 06	二四 08	二五 10	二六 12	二七 14	二八 16	二九 18
三	三一 03	三二 06	三三 09	三四 12	三五 15	三六 18	三七 21	三八 24	三九 27
四	四一 04	四二 08	四三 12	四四 16	四五 20	四六 24	四七 28	四八 32	四九 36
五	五一 05	五二 10	五三 15	五四 20	五五 25	五六 30	五七 35	五八 40	五九 45
六	六一 06	六二 12	六三 18	六四 24	六五 30	六六 36	六七 42	六八 48	六九 54
七	七一 07	七二 14	七三 21	七四 28	七五 35	七六 42	七七 49	七八 56	七九 63
八	八一 08	八二 16	八三 24	八四 32	八五 40	八六 48	八七 56	八八 64	八九 72
九	九一 09	九二 18	九三 27	九四 36	九五 45	九六 54	九七 63	九八 72	九九 81

温馨提示： 为了防止在加积时发生错位，乘积均需看成两位，即十位和个位，每句口诀的第一个字表示乘数，第二个字表示被乘数，最后两个字表示积数。所有乘积都用两位数字表示，没有进位时，要以 0 补位，避免错档。

例如：3 乘以 2 得 06，在运算时，“0”要占位。

2. 口诀的读法

为了防止在运算中加错档次，乘积的位数一律用两位表示，读数也做相应改动。例如，“一六 06”读作“一六零六”，“四八 32”读作“四八叁贰”，而不读作“一六得六”，“四八三十二”等，以此类推。

6.3.3 空盘前乘法

空盘前乘法是指做乘法运算时，被乘数和乘数均不入盘，在盘上直接依次拨入乘积；运算中以被乘数和乘数的首位数开始，自左至右算到末位的运算方法。它的优点是：速度快，档次清楚，准确率高。

其运算步骤如下。

1．算前定位

按盘上定位法定位，首先定出个位档。用公式 $m+n$ 确定首位乘积最高档（也称起乘档），即称为第 1 档，向右依次为第 2 档、第 3 档……

2．运算顺序

用乘数首位依次与被乘数首位、第 2 位、第 3 位……直到末位，逐位相乘，然后用乘数的第 2 位、第 3 位……直到末位，依次与被乘数逐位相乘，如图 6-3-1 所示。

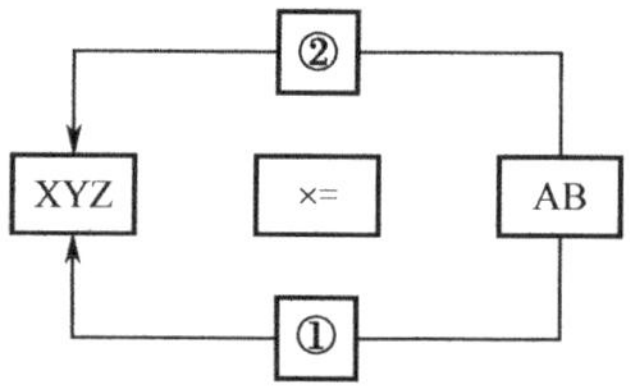

图 6-3-1 乘法运算顺序图

3．加积档位

乘数首位与被乘数首位相乘时，乘积十位数就加在 $m+n$ 档上，即第 1 档，乘积个位数加在右一档上，即第 2 档。与被乘数第 2 位后各位相乘，直至末位，依次右移。

乘数第 2 位与被乘数首位相乘时，乘积十位数就加在 $m+n$ 右一档上，即第 2 档，乘积个位数加在右一档，即第 3 档。与被乘数第 3 位后各位相乘，直至末位，依次右移。

乘数第 3 位……直至末位，依次与被乘数相乘，将每次乘积递位叠加。

老钱说事

“前积的个位是后积的十位”，加积档次示例如下。

十位　个位

　　十位　个位

　　　　十位　个位

运算终止，盘面数即为乘积。

例 1：829×6=4,974

先在盘上找准个位档，用公式 $m+n$ 确定起乘档，即从正 4 位档开始将乘积 48、12、54 叠位相加，盘面得数为 4,974。运算过程如图 6-3-2～图 6-3-4 所示。（乘法例题演示）

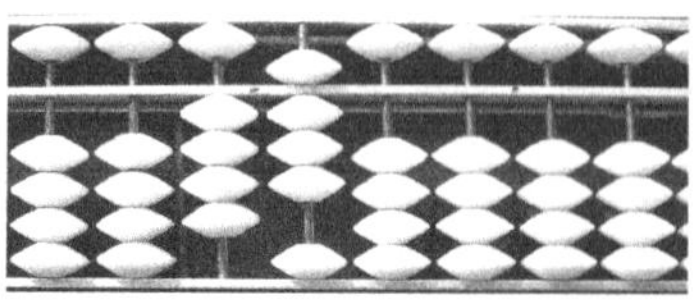
图 6-3-2 例 1 运算过程（1）

图 6-3-3 例 1 运算过程（2）

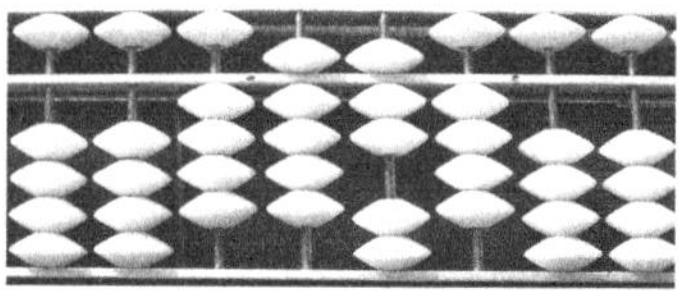
图 6-3-4 例 1 运算过程（3）

例 2：50.74×37.68≈1,911.88

用公式 $m+n$ 确定起乘档为 4 位，选择 50.74 作为乘数去乘 37.68，在 4 位档将 5 乘以 37.68 的积拨入盘，这时盘面数为 1,884.00，由于 0 跳过不拨珠，故在十位档将 7 乘以 37.68 的积叠位相加入盘，这时盘面数为 1,910.376，最后在个位档将 4 乘以 37.68 的积叠位相加入盘，这时盘面数为 1,911.8832，盘终，书写结果为 1,911.88。运算过程如图 6-3-5～图 6-3-7 所示。

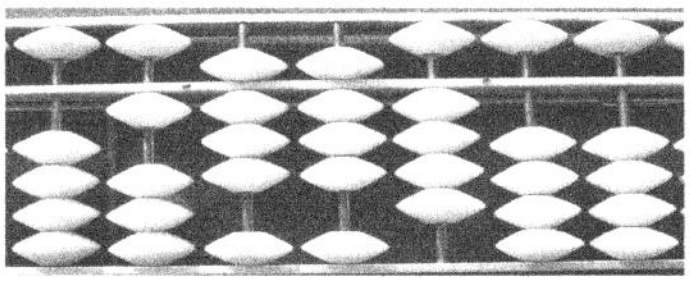

图 6-3-5　例 2 运算过程（1）

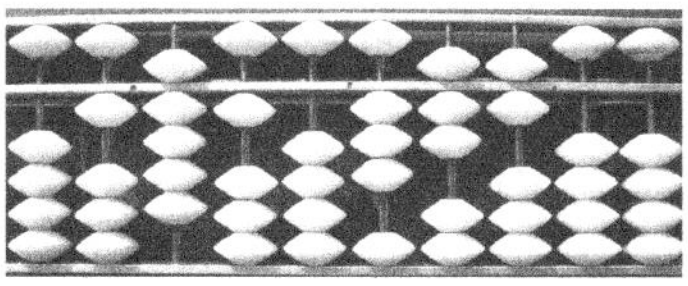

图 6-3-6　例 2 运算过程（2）

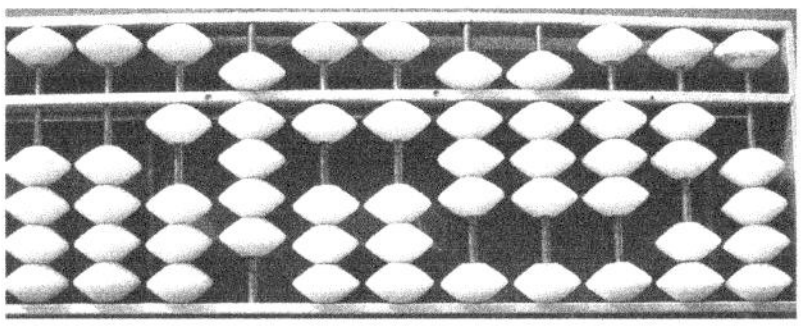

图 6-3-7　例 2 运算过程（3）

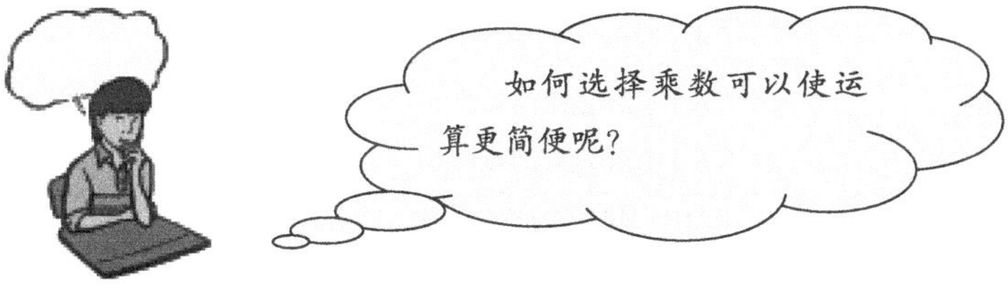

4．乘数的选择

因乘法具有交换规律，在运算中可根据数字的具体情况来选择乘数。为了使计算准确、迅速，应选择位数少的、数字小的、含有 0 和 1 比较多的数作为乘数。

（1）算题中两因数有效数字有多有少的，选择较少的作为乘数，可以减少左右移动的次数。例如，4,687×29=

（2）选择两因数中数字较小的作为乘数，可以减少拨珠次数。例如，897×257=

（3）选择有 1 的因数作为被乘数，因为 1 乘任何数都会得到原数，不必实乘，拨加一次乘数即可。例如，114×396=

（4）两因数中都有 1 时，选择 1 多的作为被乘数，理由同上。

（5）选择有 0 的因数作为乘数，因为 0 乘任何数都为 0，不必实乘，可跳过这一位。例如，463×7,008=

（6）两因数中都有 0 时，选择 0 多的作为乘数，理由同上。

温馨提示：　为防止加积档次出错，可用左手食指按在起乘档上。

值得注意的是，如果乘数首位与被乘数首位相乘，没有进位，即起档为 0 时，可用左手食指按在起乘档上，以防第 2 次加积时错位。

老钱说事

（1）运算技巧：由于空盘前乘法在运算时，不必将被乘数和乘数拨入算盘，要默记被乘数，眼看乘数，将乘积叠位相加入盘，所以对位积的反应要形成条件反射。例如：692×4 不需用乘法口诀一位一位去乘，而是直接看数为 24、36、08，入盘时则叠位相加。

（2）乘法的检误方法如下。

① 首数检查法：这种方法是以两因数的首位数相乘，小于所得乘积的首位数，则答案肯定是错误的。

例如：8,173×6=39,038

② 尾数检查法：这种方法是以两因数的末位数相乘，与所得乘积的末位数不一致，则答案肯定是错误的。

例如：916×38=34,806

③ 乘积位数检查法：这种方法是根据两因数首位相乘是否有进位来确定的，一般乘积的位数只可能出现两种情况：$m+n$ 位和 $m+n-1$ 位。

例如：579×621=359,559（$m+n$ 位），145×28=4,060（$m+n-1$ 位）

单元检测

1. 计算题

（1）197×5=　　　　（2）24.89×6.4=

（3）9,01×56=　　　　（4）81×7,512=

（5）1,073×9.52=　　　　（6）92×2,039=

（7）7,156×1,064=　　　　（8）6,807×2,105=

（9）806.45×87.31=　　　　（10）0.012 1×9,476=

2. 形象数练习

（1）“张三娘担水”：用 1,949,445.625 乘以 1.6，结果为 311,911,3。

（2）“万众一心”：用 7.812 5 乘以 0.128，结果为 1。

（3）“凤凰展翅”：用 16,225,679 乘以 35，结果为 567,898,765。

单元4　珠算除法

通过本单元的学习，要达到以下目标要求。

【知识目标】熟悉商除法的运算步骤。

【能力目标】1. 了解商除法的定位法则；

2. 熟悉商除法的试商规律；

3. 掌握商除法的运算方法。

【德育目标】培养学生严谨的工作作风。

【课前准备】

1. 学生：普通算盘。
2. 教师：教学算盘、珠算除法的相关课件、不同难度的除法算题。

除法是同一个数从被除数连减的简便算法，也是把一个数分成若干等份的方法。除法和乘法互为逆运算。

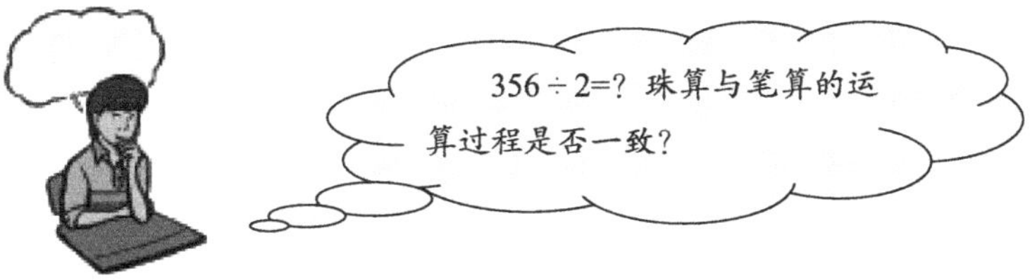

6.4.1 商除法

珠算商除法与笔算除法基本相同，都是经过估计商数、减积等环节。两数相除，用除数逐位除被除数，先从被除数的首位起，依次到末位，心算估商，然后用九九口诀将试商与除数的乘积在被除数中减去，依次运算，直至计算出商数。

6.4.2 定位置数

按盘上定位法定位，首先定出个位档，然后用公式“$m-n-1=m-(n+1)$”确定被除数的置入档，再将被除数按定位方法确定的位数拨入算盘，同时默记除数。

例：8,365÷5=

先确定个位档，然后按公式定位：$m-n-1=4-1-1=2$，即在十位档将被除数 8,365 拨入盘。

例：54,326÷81=

先确定个位档，然后按公式定位：$m-n-1=5-2-1=2$，即在十位档将被除数 54,326 拨入盘。

老钱说事

快速定位置数技巧如下。

（1）凡是除数为 0 位的，按被除数位数减 1 位上盘。

例：517.84÷0.64=，按被除数位数减 1 位，即 3–1=2 位上盘。

（2）凡是除数为负 1 位的，按被除数位数上盘。

例：517.84÷0.064=，按被除数位数 3 位上盘。

（3）凡是除数与被除数位数相同的，按负 1 位上盘。

例：517.84÷649.08=，可直接按负 1 位上盘。

6.4.3 估商置商

（1）估商：根据被除数和除数等位数的大小来确定商数。

（2）置商：把估出的商数按置商原则拨在算盘相应的档次上。

温馨提示： 置商原则：“数大隔位商，数小挨位商。”

当被除数的首位大于除数的首位时，叫“数大”，商数置在被除数（或余数）的左二档上（隔位）；当被除数的首位小于除数的首位时，叫“数小”，商数置在被除数（或余数）的左一档上（挨位）；当被除数首位与除数首位相同时，则比较第 2 位、第 3 位，按上述方法确定商的位置。

多位数除法是用除数（或余数）的首位去除被除数的首位或头两位，以心算求得各位试商。估商时遵循“宁小勿大”的原则，否则中途需退商，影响计算速度。估商时，当除数的第 2 位数字小于 5 时，用除数的首位数字估商；当除数的第 2 位数字大于或等于 5 时，则采用“首位加 1”的方法估商。用口诀试商有时需瞬间调商，将试商调大 1 或调小 1。

老钱说事

常用的口诀估商方法如下。

（1）2 除 1 商 5 或 6。例如：137÷2x=，估计首位商为 5 或 6。

（2）3 除 1 商 3 或 4，3 除 2 商 6 或 7。例如：126÷3x=，估计首位商为 3 或 4。

（3）4 除倍加 1。例如：223÷4x=，估计首位商为 5。

（4）5 除商加倍。例如：434÷5x=，估计首位商为 8。

（5）6 除商大 2。例如：357÷6x=，估计首位商为 5。

（6）7、8 商大 1。例如：508÷7x=，估计首位商为 6。

619÷8x=，估计首位商为 7。

（7）九除商相同。例如：715÷9x=，估计首位商为 7。

（8）数近挨商 9。例如：259÷26x=，估计首位商为 9。

6.4.4 减积

估出商数后，从被除数的高位往低位依次错位减去商与除数的乘积，商与除数第 1 位的积的十位数从商的右一档减去，个位从商的右二档减去，上一次减积的个位档就是下一次减积的十位档。减积时，只要右手指不离档，就不会减错档次。运算过程如图 6-4-1 所示。

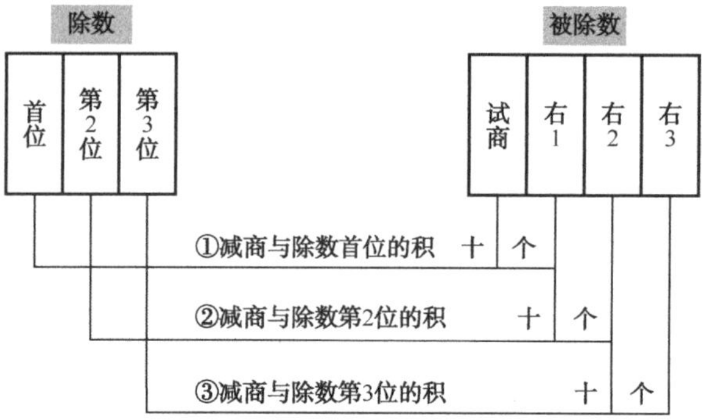

图 6-4-1 商除法减积档次图

除数位次每右移一位，其减积档次也相应地右移一档，除数是第几位，它与商的乘积的十位数就从商的右边第几档减去。如果积的十位是 0，则退一档减积的个位。隔位置商，隔档减积，就是因为积的十位是 0 的缘故。置商后，将商数与除数的乘积在被除数中依次减去。减积规律是：上次减积的个位档，就是下次减积的十位档，即递位相减。

6.4.5 运算结果

运算完毕，盘面数即为商数。除不尽的应精确到两位小数，小数点后第 3 位采用余数看半法，用四舍五入处理，不必实拨入盘。

商与除数的积数从被除数中减完以后，商右边的数就是余数。

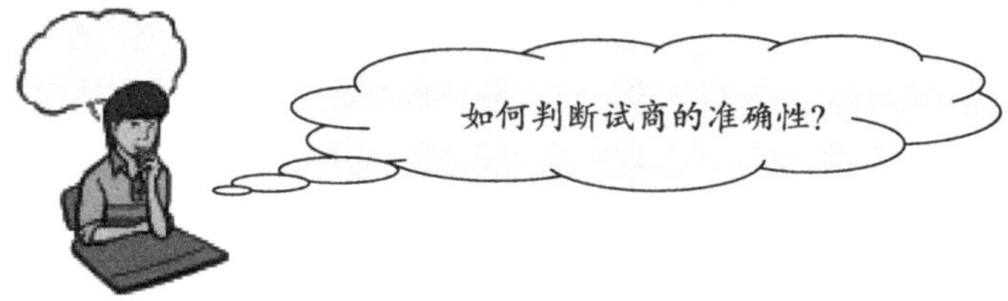

试商是否正确，必须符合以下两个条件。

（1）余数小于同位除数。

（2）商的右一档是空档。

如果不符合这两个条件，则商数还要增补。

6.4.6 继续求商

只要还有余数，就要继续用除数去试除余数，得出次商，三商……，减积的方法与 6.4.4 节相同。

当余数减尽或求到商的位数后，照盘上所示的数、小数点、分节号抄写商数。

例 1：874÷2=437

先在盘上确定个位档，然后按 $m-n-1=3-1-1=1$ 定位，在个位档上将被除数 874 拨入盘，默记除数 2。利用被除数的首位（或首两位）依次与除数首位估商，因为 $8>2$，隔位估商 4，4× 2=08 在被除数中减去，这时盘面数为 74，继续估商，因为 $7>2$，隔位估商 3，3×2=06 在被除数中减去，这时盘面数为 14，继续估商，因为 $1<2$，看后位 4，挨位估商 7，7×2=14 在被除数中减去，余数为 0，运算终止，得数为 437。运算过程如图 6-4-2～图 6-4-5 所示。

（除法例题演示）

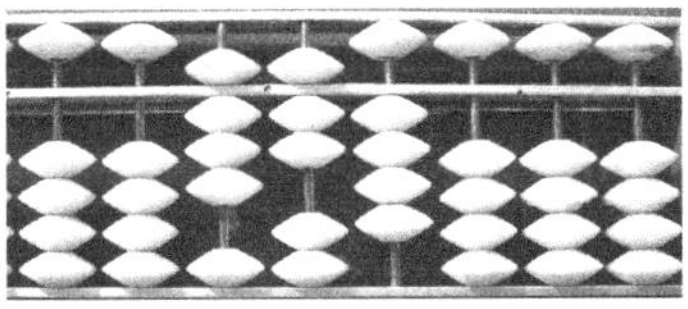

图 6-4-2 例 1 运算过程（1）

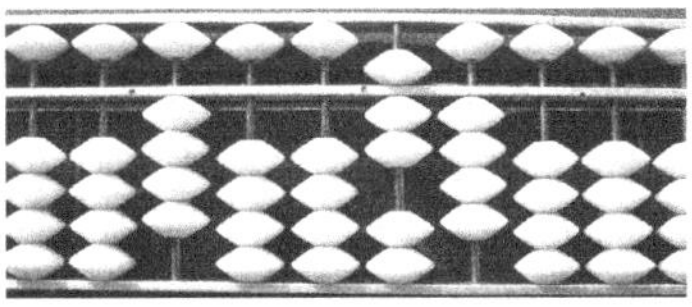

图 6-4-3 例 1 运算过程（2）

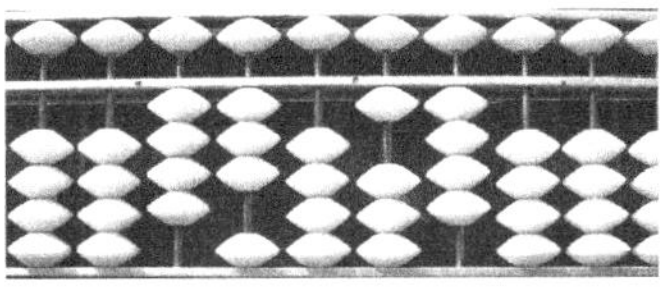

图 6-4-4 例 1 运算过程（3）

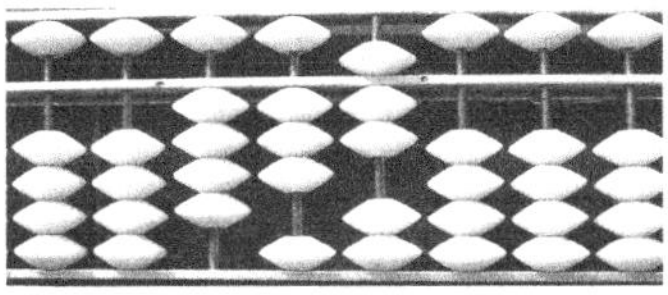

图 6-4-5 例 1 运算过程（4）

例 2：19,968÷64=312

先在盘上确定个位档，然后按 $m-n-1=5-2-1=2$ 定位，在正二位档将被除数 19,968 拨入盘，默记除数 64。利用被除数的首位（或首两位）依次与除数首位估商，因为 $1<6$，看后位 9，挨位估商 3，3×64=192 在被除数中减去，这时盘面数为 768，继续估商，因为 $7>6$，隔位估商 1，1×64=064 在被除数中减去，这时盘面数为 128，继续估商，因为 $1<6$，看后位 2，挨位估商 2，2×64=128 在被除数中减去，余数为 0，运算终止，得数为 312。运算过程如图 6-4-6～图 6-4-9 所示。

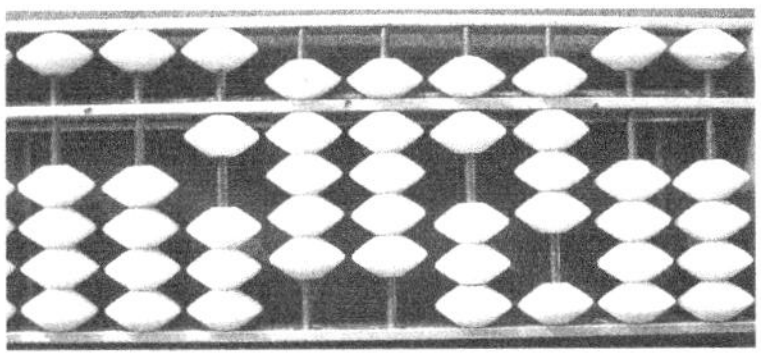

图 6-4-6 例 2 运算过程（1）

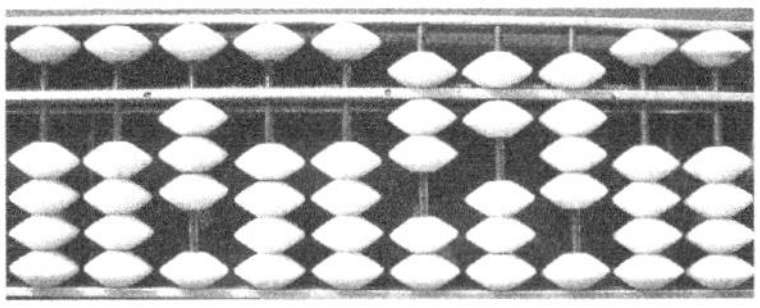

图 6-4-7 例 2 运算过程（2）

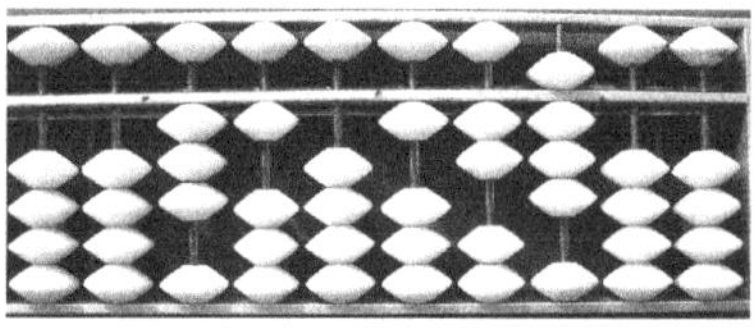

图 6-4-8　例 2 运算过程（3）

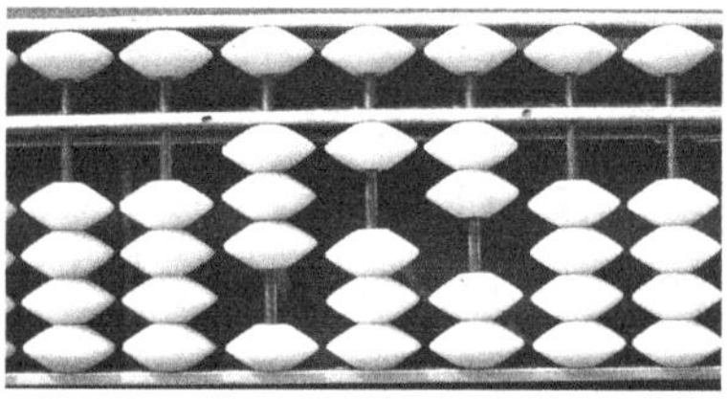

图 6-4-9　例 2 运算过程（4）

单元检测

1．计算下列各题

（1）368÷4=　　（2）9,280÷29=

（3）0.125 9÷0.796=　　（4）362,986÷598=

（5）57.542 1÷8.05=　　（6）203,708÷401=

（7）0.123 002÷0.018 9=　　（8）339,768÷3,267=

（9）7,194,880÷9,856=　　（10）12,058,100÷13,940=

2．形象数练习

（1）“九五之尊”：用 4,797,975 除以 5，结果为 959,595。

（2）“蝴蝶飞飞”：用 9,914,568 除以 8，结果为 1,239,32 1。

（3）“霸王一条鞭”：用 1,111,111,101 除以 9，结果为 123,456,789。

单元 5　珠算账表算

通过本单元的学习，要达到以下目标要求。

【知识目标】熟悉各种账表算的题型与计算方法。

【能力目标】掌握运用珠算进行账表算。

【德育目标】培养学生严谨、细心、真实的工作作风。

【课前准备】

1. 学生：普通算盘。
2. 教师：教学算盘、珠算账表的相关课件、不同类型的账表算题。

日常会计、统计报表中利用珠算对表格数据进行横向、纵向轧平的计算称为账表算，是从事经济工作人员的一项必备技能。账表算又称为表格算，是日常经济工作中最常见的加减运算形式。会计报表的合计、累计、分组算等均属于此类运算。

6.5.1　账表算的题型

全国标准账表算，每张账表由纵栏 5 题、横栏 20 题组成，账表中每横向 5 列数字均由 4～8 位数构成，每张表纵向第 4 题、第 5 题中各有两笔负数，但不出现倒减题。账表算的计分方法与计算器算法相同，即算平一张表共计 200 分。

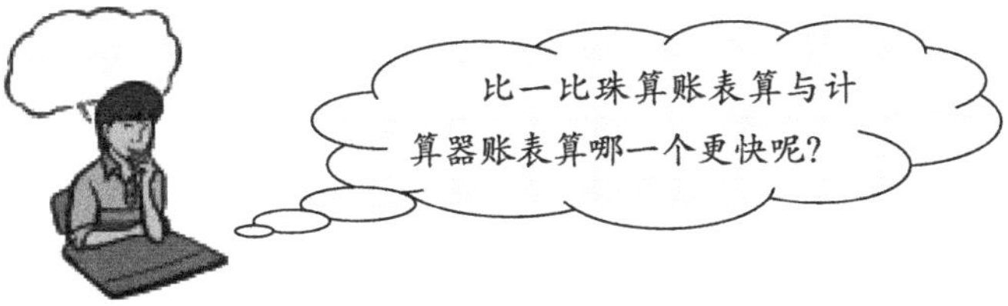

6.5.2 珠算账表算的运算方法

由于珠算运算的特殊性，常用的账表算的打法有一目一行和一目多行，通常先算纵题。

1. 纵题运算

可采用一目一行计算，也可采用一目两行或一目三行计算，在书写纵向第 5 题答案后，不清盘，继续将前 4 个纵题答案同位相加，计算出的和数写入右下角最后一栏（轧平栏）。

2. 横题运算

横题打法分 221 法和 32 法。

1）221 法

它是把横题 5 笔数字分 3 次累加完成，第 1 次将第 1、2 两行数心算求出和数，第 2 次将第 3、4 两行数心算与盘上数相加，最后将第 5 行数直接与盘上数相加，运算完毕，书写答案，如图 6-5-1 所示。

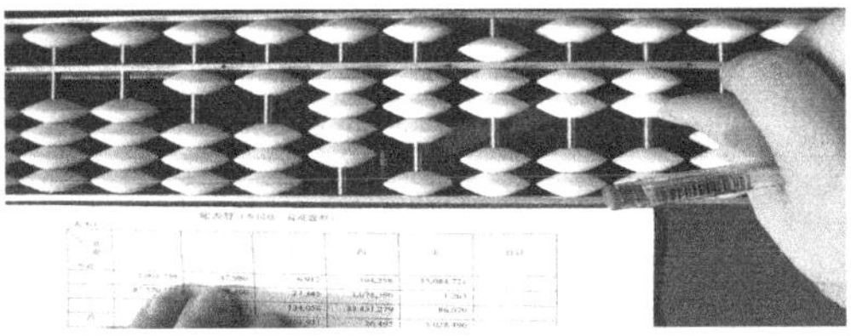

图 6-5-1 账表算横题运算

2）32 法

它是将横题 5 笔数字分两次累加完成，第 1 次将第 1、2、3 行数心算求出和数，第 2 次将第 4、5 行数心算与盘上数相加，计算出结果。由于数字繁多，要求看数、心算、拨珠、书写协调配合，动作连贯，练习时由易到难，逐步提高运算水平。

单元检测

珠算账表算题如表 6-5-1 所示。

表 6-5-1 珠算账表算题

横题 / 纵题	一	二	三	四	五	合计
一	35,170,984	3,017,452	67,952	640,813	2,698	
二	68,512	6,947	2,130,498	38,591,076	347,025	
三	934,207	85,306	40,675,813	2,519	7,928,641	
四	4,793,065	251,698	1,420	34,872	50,613,798	
五	2,186	73,984,201	368,957	7,209,546	45,031	

续表

横题 纵题	一	二	三	四	五	合计
六	1,256,794	2,630	76,583	45,013,879	128,904	
七	46,532,187	53,974	869,027	8,013	6,015,429	
八	5,039	719,583	2,146,790	62,840	12,536,784	
九	876,420	92,640,158	5,431	7,315,926	80,973	
十	90,183	6,012,487	40,931,582	524,679	7,536	
十一	7,409	546,820	53,821	9,160,753	24,913,867	
十二	24,397	8,051,967	632,085	13,472,680	9,451	
十三	318,526	36,892,514	9,067,421	4,079	53,807	
十四	1,526,830	4,713	10,548,679	92,458	970,236	
十五	50,984,761	20,379	7,934	835,126	4,286,105	
十六	3,450	4,693,851	935,721	68,270	89,107,624	
十七	7,542,869	18,527	3,640	13,457,809	613,290	
十八	95,631	42,683,079	7,912,805	246,031	4,875	
十九	62,083,719	160,724	83,546	9,572	8,149,053	
二十	804,127	9,035	62,904,871	5,493,186	35,672	
合计						

单元6 珠算传票算

通过本单元的学习，要达到以下目标要求。

【知识目标】熟悉传票算的打法。

【能力目标】1. 了解传票算的题型；

2. 熟练掌握传票的翻打技巧。

【德育目标】培养学生踏实的工作作风。

【课前准备】

1. 学生：算盘、传票算题。
2. 教师：教学算盘、各种传票算题。

在实际工作中，把记录经济业务的原始票据和记账凭证称为传票。利用珠算对会计记录中原始发票、出库单等凭证进行计算的方法称为传票算，也称为手工翻打传票。由于经济业务中涉及的凭证繁多，故传票算在日常业务中所占的比重较大。

6.6.1 传票算的题型与命题方法

珠算比赛使用的传票，每本100页，每页上有5笔数，全为金额单位，每笔数下均画线，其中，第（二）、第（四）行下用粗线画出，以示区别，不易串行，如图6-6-1所示。传票算题由连续20页组成一题，如起止页数3～22，行数（二），表示将第3页到22页的第（二）行数同位相加，求出得数。

	1
(一)	769.13
(二)	74,592.31
(三)	6,074.82
(四)	9,307.68
(五)	4,096.72

图 6-6-1　传票样式

6.6.2　珠算传票算的运算方法

在进行传票算前应做好相应的准备工作，先对传票进行检查，查看有无重页、缺页等，检查无误后，将传票捻成扇面形状，同时用票夹将传票的左上角固定住，如图 6-6-2 所示。

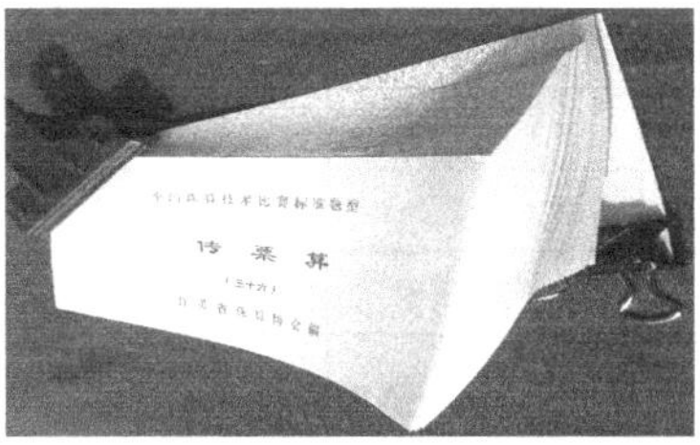

图 6-6-2　传票捻成扇面形状

计算时，左手小指、无名指、中指压在传票的左下角，用拇指指面掀页（适宜的高度），食指夹页，左手翻页（可以一目一页，也可以一目两页、三页），右手同时拨珠。为了提高运算速度，宜采用来回穿梭打法，如图 6-6-3 所示。

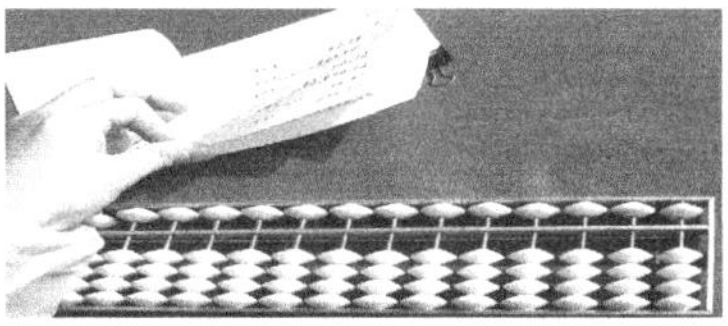

图 6-6-3　珠算传票算的运算

温馨提示：	打传票时要注意眼和手的协调配合！

值得注意的是，每计算完一题，右手在书写答案时，左手要凭手的感觉，借助眼睛的余光，迅速找到下题的开始页，找页的快慢直接影响打传票的速度，平时要多加练习。

（1）熟悉传票 100 页的厚度，然后凭手的感觉找到 50 页，在此基础上练习摸 10、20、30、40 页……的手感。

（2）找出任意页码。可以对照传票算题中的起止页数，准确地找到相应页码。

（3）传票算题中经常会出现进页和退页情况，如上一题的止页为 22，下一题的起页为 59，这叫进页，又如上一题的止页为 95，下一题的起页为 64，这叫退页，要求反复练习，才能运用自如。

总之，传票算的找页、翻页、看数、拨珠和写数等动作环环相扣，形成一个有机的整体，运算时尽量做到中间不停顿，边翻、边看和边拨珠。

单元检测

无规则传票算测试题如表 6-6-1 所示。

表 6-6-1　无规则传票算测试题

题　序	起 讫 页 数	行　数	答　案
1	6～25	（一）	
2	44～63	（三）	
3	37～56	（二）	
4	21～40	（四）	
5	66～85	（一）	
6	18～37	（三）	
7	58～77	（五）	
8	42～61	（四）	
9	30～49	（三）	
10	61～80	（一）	

模块 7

电子收银机的操作技术

内容概要

通过本模块的学习，使学生了解收银工作系统的构成、收银机操作及维护常识、收银机操作流程等相关知识，掌握收银机的分类及结构、条码扫描、商品消磁操作及运用百威软件进行前台收银操作。

单元 1　收银工作系统

通过本单元的学习，要达到以下目标要求。

【知识目标】收银工作系统的构成。

【能力目标】1. 了解什么是 POS 系统；

2. 熟悉电子收银机的分类及结构；

3. 了解商品条码与商品编码。

【德育目标】 加强学生对相关专业学习的热情。

【课前准备】

1. 学生：去商场或超市观察收银机的结构。
2. 教师：各类型收银机的图片和相关课件。

7.1.1　收银工作系统概述

收银工作系统是以前台电子收银机、商品条码扫描器和后台计算机等设备为主要硬件，从事收银及商业营销管理的一种电子信息工作系统。

目前，各主要零售业的收银工作系统均采用先进的 POS（Point Of Sales）系统。POS 系统也称销售点情报管理系统，它是以后台计算机、商品编码和条码为基础，以电子收银机和条码扫描器为前台工具，配合其他电子设备（如磁卡阅读器、IC 卡阅读器）所构成的一个系统。

其基本结构如图 7-1-1 所示，是先将商品资料创建在计算机文件内，通过电子收银机的光学读取设备读入（或由键盘直接输入代号）后，即可以马上显示商品的信息（如单价、部门、折扣等）。每笔商品销售明细资料（售价、部门、时段等）自动记录在计算机内，通过计算机计算处理，可以生成各种销售统计分析信息。

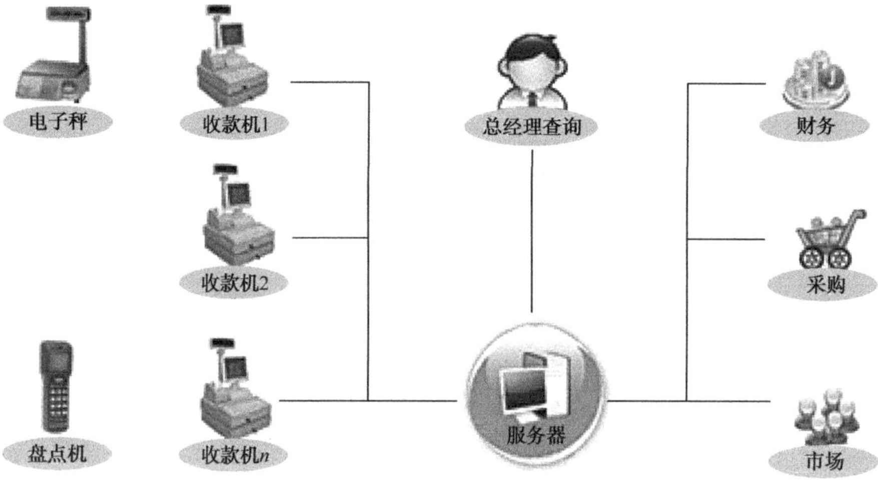

图 7-1-1　POS 系统基本结构

POS 系统除能提供精确的销售情报外，通过销售记录还可以掌握卖场上所有商品的全部数据，这些数据可以作为经营管理者经营决策的重要依据。

温馨提示：　POS 系统的主要构件包括电子收银机、收银软件、后台计算机三部分。

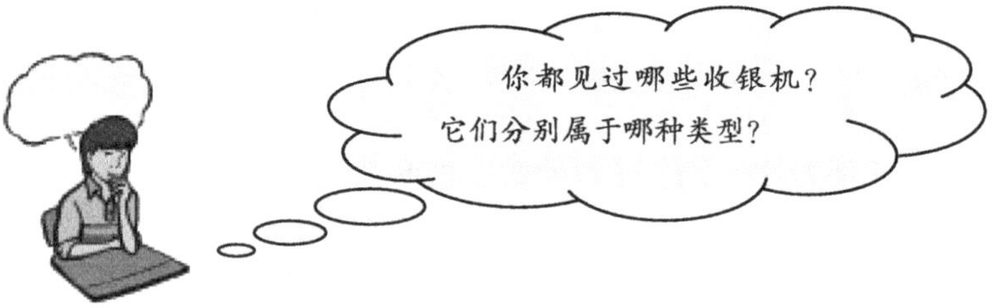

7.1.2　电子收银机

商业电子收银是微电子技术发展及现代化商品流通管理理念和技术发展结合的产物。商业电子收银机又称“POS 收银机”，它是现代零售业前台收银的主要工具，是现代化、自动化商业管理必不可少的基本电子设备之一。

1. 电子收银机的分类

按照收银机的硬件配置和联网功能，将电子收银机分为以下三类（见表 7-1-1）。

表 7-1-1　电子收银机的分类

电子收银机的类型	功　能	特　点
一类机（见图 7-1-2）	收银、结账	管理能力较低，不具备通信能力
二类机（见图 7-1-3）	单品管理、联网通信	功能强大，多台联网功能
三类机（见图 7-1-4）	商品交易、信息处理、内部管理	软件更丰富、更完美，可以为后台管理软件提供一套很完整的销售管理基础数据

图 7-1-2　一类机

图 7-1-3　二类机

图 7-1-4　三类机

老钱说事

世界上最早的收银机是 1879 年由美国的詹姆斯·利迪和约翰·利迪兄弟制造的，其功能只实现营业记录备忘和监督雇员的不轨行为。20 世纪 60 年代后期，日本率先研制了电子收银机（ECR），具有智能化、网络化、多功能的特点。20 世纪 80 年代中期，功能强劲的商业专用终端系统（POS）产生，它将计算机硬件和软件集成，形成一个智能型的，既可以独立工作，也可以在网络环境下工作的商业工作站。

2. 电子收银机的构成

现在，市场上使用的电子收银机种类较多，大体上分为简单实用的电子收银机和功能较强的 POS 收银机两类。这里以百威 3000POS 收银机为例，介绍其基本构成。

（1）主机：电子收银机的核心部分，主要由中央数据处理器和存储器组成。

（2）显示器：电子收银机的信息输出设备，由主显示器与顾客显示器（见图 7-1-5）两个部分组成。

（3）键盘：电子收银机的信息输入和有关收银功能操作设备。一般来说，其组成与计算机键盘相同，只是对某些功能键重新编程，以便完成收银的相关操作。有的收银机键盘内容在出厂时为空白，使用者根据需要编程确定各键的功能。

（4）电子钱箱：收银员存放营业现金的箱子。它与收银机相连，并配有电子锁控制开启（见图 7-1-6）。

（5）微型票据打印机：电子收银机的信息输出设备。它可以打印销售票据，分热敏式和针式打印机两种（见图 7-1-7）。

图 7-1-5　顾客显示器

图 7-1-6　电子钱箱

图 7-1-7　微型票据打印机

（6）条码扫描器：商品条码的录入装置。它以条码技术为基础，确保了收银工作的快速、准确、批量、简单和实用的要求（见图 7-1-8）。

此外，还有外部设备接口，如电子收银机与网卡、电子钱箱、条码扫描器等外部设备接口，以及磁卡读写器（见图 7-1-9）、电子秤（见图 7-1-10）等。

（a）手持式扫描器

（b）固定式扫描器

（c）平台式激光扫描器

图 7-1-8 条码扫描器

图 7-1-9 磁卡读写器

图 7-1-10 电子秤

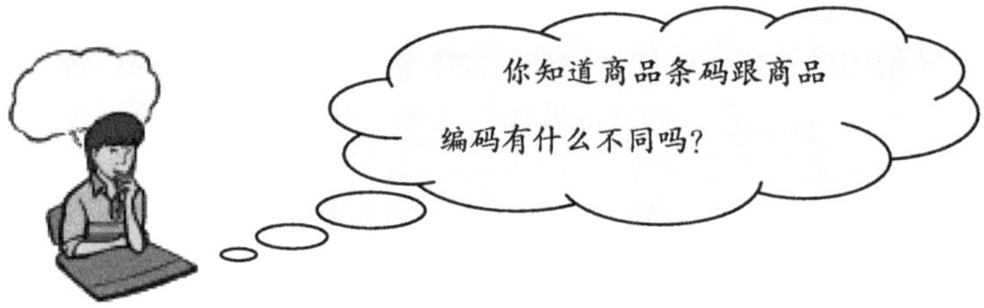

7.1.3 商品条码与商品编码

商品条码与商品编码是当今商品流通领域中两个重要的符号，它们在意义上相似，但作用不同，分别代表了各零售业前台收银的两种不同销售方式。

1. 商品条码

商品条码是商品条形码的简称，它是由一组粗细不同、平行相邻、黑白相间的条纹组成的，按照一定规则排列的特殊符号。商品条码的条、空组合部分称为条码符号，对应符号部分，由一组阿拉伯数字组成，称为条码的代码。

条码符号和代码相对应，表示的信息一致。条码符号用于条码识读设备扫描识读，条码代码供人识读。商品条码包含了商品的产地、生产厂商、商品名称、销售价格、生产日期等一系列信息，通过光电识读设备可以快速将信息读入收银机，是商品得以在市场上流通的“身份证”。利用商品条码扫描销售是零售的一种主要销售方式，它适用于实行开放式购物的超级市场、连锁超市等企业。

当前，国际上通用的 EAN 条码有标准版（EAN-13 码）和缩短版（EAN-8 码）两种（见图 7-1-11）。它们由国际物品编码委员会统一管理和分配。

老钱说事

EAN 码由前缀码、厂商识别码、商品项目码和校验码组成。

（1）前缀码是国际 EAN 编码组织标识各会员组织的代码。

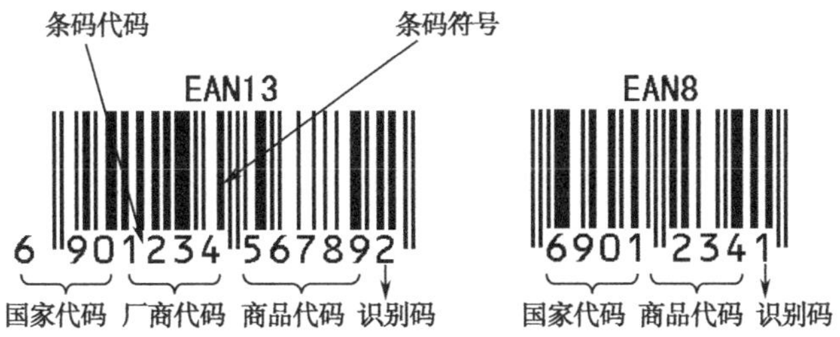

图 7-1-11　EAN 条码示意图

（2）厂商代码是国际 EAN 编码组织在 EAN 分配的前缀码的基础上分配给厂商的代码，代表商品的生产厂家。

（3）商品项目代码由厂商自行编码，代表具体的某种商品；校验码用于校验代码的正确性，是扫描成功的依据。

在编制商品项目代码时，厂商必须遵守商品编码的基本原则：

（1）对同一商品项目的商品必须编制相同的商品项目代码。

（2）对不同的商品项目必须编制不同的商品项目代码。

（3）保证商品项目与其标识代码一一对应，即一个商品项目只有一个代码，一个代码只标识一个商品项目。

2. 商品编码

商品编码俗称“店内码”，是指标识商品信息的一组阿拉伯数字。

与商品条码不同的是，它由零售商自己编制，只能用于本商店内部商品的自动化管理。商品编码是代表商品的数字信息，而商品条码是表示这一信息的符号。同一商品在不同的经营店内会有不同的编码；而在同一经营店内，一种商品则只有一个编码。商品编码的主要目的是方便商家通过计算机对其所经营的商品进行分类管理，输入店内唯一的商品编码，电子收银机就可以查询该商品的价格、品名、产地、归属类别、库存数量、供应商等商品信息。

商品编码在 POS 收银系统中又称为 PLU（Price Look Up），本身含义是价格查找。在 POS 收银系统中的含义就是编码商品价目表。当收银员输入所售商品的编码时，电子收银机即可显示和打印出该商品的价格、品名、类别等价目信息。因此，利用商品编码进行销售的方式就称为 PLU 销售方式。它适用于实行封闭式购物的百货商场、购物中心、专卖店等企业。

单元检测

1. 填空题

（1）POS 系统的主要构件包括________、________、________三部分。

（2）电子收银机由________、________、________、________及微型票据打印机和外部设备接口构成。

（3）商品条码的条、空组合部分称为________。

（4）标准版 EAN 码由________位数字构成。

（5）条码扫描器的类型有________、________、________三种。

2. 简答题

（1）简述 EAN 码的构成。

（2）什么是 POS 系统？

3．思考题

商品条码最早出现于什么时期？

4．课外活动及学习建议

（1）选择一家超级市场或实训基地详细了解其使用的是哪个品牌的电子收银机，以及该收银机由哪些部件构成，配有哪些外部设备。

（2）选择一家超级市场，记录你所看到的各类商品条码和编码，并作简单解读。

单元2　收银机操作及维护常识

通过本单元的学习，要达到以下目标要求。

【知识目标】了解条码扫描器和防盗标签的相关知识。

【能力目标】1. 掌握条码扫描和商品消磁的操作方法；

2. 掌握常见收银机故障及排除方法。

【德育目标】加强学生在收银操作中的防损意识。

【课前准备】

1. 学生：去商场或超市观察条码扫描器和防盗标签的种类。
2. 教师：各类型条码扫描器和防盗标签的图片、相关课件。

7.2.1　条码扫描

（条码扫描）

条码扫描工作是收银员利用条码扫描器完成的。

条码扫描器又叫商品条码阅读机，其原理是利用光线反射回的光源转译成可辨识的数字，以确认是否为已建档商品代号，实现无键盘销售。

1．扫描器的种类及各类型的优、缺点（见表7-2-1）

表7-2-1　扫描器的种类及各类型的优、缺点

扫描器的类型	优　点	缺　点
手持式扫描器	1. 价格便宜 2. 移动性强 3. 适用于较重或标签位置不易看到的商品扫描	扫描感较差，扫描动作常重复多次才有感应
固定式扫描器	1. 价格适中 2. 扫描感较强，识别速度较快	不适用于较重或标签位置不易看到的商品扫描
平台激光扫描器	扫描灵敏度高，识别速度较快	1. 价格偏高 2. 不适用于较重或标签位置不易看到的商品扫描

2．条码扫描的方式

收银员在收银过程中要对顾客所购买的商品上的条码进行扫描，以录入商品销售信息。条码扫描的方式主要有两种：机器扫描和人工扫描。

（1）机器扫描：利用图7-1-8中三种条码扫描器之一，对商品的条码进行扫描。

（2）人工扫描：当采用机器扫描无效时，改用收银员手工输入商品条码上的数字。

3．条码扫描的原则

（1）快速原则。以最快的速度对商品进行扫描，包括熟悉一般商品的条码印刷位置、保持印有条码包装面平整、条码正对着扫描器。快速扫描是提高收银速度、衡量收银员工作素质的重要指标。

（2）无多扫描原则。即保证每一件商品只有效扫描一次。多扫描会导致顾客多付款，引起顾客投诉，最终影响企业的声誉。

（3）无漏扫描原则。即保证每一件商品都被有效扫描过。在顾客已付款的商品中，无商品漏扫描或扫描不成功。漏扫描直接造成企业损失，是收银区域防止损耗的重点之一。

4．常见的条码例外及其处理（见表 7-2-2）

表 7-2-2　常见的条码例外及其处理

无条码	楼面人员应检查确定无条码商品的正确条码，第一时间通知收银主管进行此次交易；楼面人员检查余货商品，将无条码的商品补贴正确的条码
双重条码	楼面人员必须决定使用哪一个条码，第一时间通知收银主管进行此次交易；楼面人员对余货进行处理，使另一错误的商品条码完全失效
错误条码	扫描后系统的商品品名与实物不符，楼面人员必须找出正确的商品条码，第一时间通知收银主管进行此次交易；楼面人员检查余货及其他商品的条码是否正确
无效条码	条码未在系统的信息库中，楼面人员如确认属于新条码代替旧条码，应第一时间通知收银主管用新条码进行此次交易；楼面人员如无法确定条码，收银主管则用价格方式进行此次交易，楼面人员将余货退货给供应商或请求采购部处理

老钱说事

条码扫描销售是超级市场、连锁超市等零售企业的主要销售方式，所以超级市场、连锁超市等零售企业又被称作条码扫描商店。在这里，收银员的输机操作主要依靠条码扫描来进行。因此，掌握条码扫描知识是收银员做好收银工作、提高工作效率的重要保障。

7.2.2　条码消磁

1．消磁系统

消磁系统也就是电子商品防盗系统，是利用声电、声磁原理所设计的专门用于商场防盗的设备，主要利用系统的特定标签在通过检测装置时，相互作用发出报警而达到防盗的作用。

商品消磁具有重要的意义。消磁是商场和超市的一道无形的防盗大门和重要的防盗措施，所有收银员必须充分重视。正确消磁是收银员的工作内容之一。消磁工作的要求是 100%的准确性，以减少顾客投诉和出口处稽核工作的负担。

2．防盗标签类型与消磁方法

（1）软标签：一次性，不能循环使用，具有隐蔽性，主要用于保健品、酒类、化妆品、磁带、CD、电池、糖果等。付款后通过收银机消磁系统消磁，报警功能消失。

（2）硬标签：永久性，可循环使用，不具备隐蔽性。主要用于服装、内衣、皮具、皮鞋、高档酒类、高档食品等。付款后，收银员手工用特定工具将标签取下收回。

3．消磁的操作要求

（1）只有正在收款的当班收银员才能对商品进行消磁。

（2）只有在顾客付款的过程中才能消磁，保证所有付款后的商品都已经正确消磁，未付款商品不能消磁。

（3）应对商品逐件消磁，所有通过消磁程序的商品都必须确认被正确消磁处理过。应避免处理不完全或遗漏处理的工作失误。

（4）如果消磁系统出现异常，收银员有责任第一时间报告收银管理人员，请求帮助，在系统未恢复正常工作前停止收银操作。

想一想　　商家为什么要重视消磁系统的建立？

7.2.3　收银工作常用术语和名词

1．商品装袋

商场除向顾客提供收银服务外，还为每一位购买商品的顾客提供合适的购物袋装入已付款商品的服务。收银员装袋作业管理要求做到：（1）安全、便利；（2）正确、妥当；（3）高效、节约。要根据商品型号和特点选择使用大小不同的购物袋。通过收银员给顾客提供细致、周到的商品包装服务，可以为超市赢得更多的顾客。

装袋作业的操作程序：

（1）硬与重的商品垫底装袋。

（2）正方形或长方形的商品装入购物袋的两侧，作为支架。

（3）瓶装或罐装的商品放在中间，以免受外在压力破损。

（4）易碎品或轻便的商品放置在袋中的上方。

（5）冷冻品、豆制品等容易出水的商品，肉、菜等容易流出液汁的商品，先应用包装袋装好后再放入大的购物袋中，或经顾客同意不放入大购物袋中。

（6）装入袋中的商品不能高过袋口，避免顾客提拿不方便，一个袋中装不下的商品可放入另一个袋中。

（7）超市在促销活动中所发的广告页或赠品要确认已放入购物袋中。

（8）装袋时要避免不是一个顾客的商品放入同一个袋中的现象。

（9）对体积过大、购物袋装不下的商品，要用绳子捆好，方便顾客提拿。

（10）提醒顾客带走所有包装入袋的商品，防止遗忘在收银台上的情况发生。

老钱说事

对于收银员来说，熟练掌握商品装袋打包的原则和技巧尤为重要，这直接体现了收银员的服务质量和水平。

2. 零用金

为了应付找零及零钱兑换的需要，每天开始营业之前，每个收银机必须在开机前将零钱准备妥当，并铺在收银机的钱箱内，称为设零，然后填写设零营运表（见表 7-2-3）。在营业时间为收银机提供零钱兑换，称为兑零。设零和兑零由总收款室人员负责发放与提取。常用的技巧有：

（1）零用金应包括各种面值的纸币及硬币，其金额可以根据营业规律来确定，每台收银机每日的零用金应相同。

（2）收银员在营业过程中应随时检查零用金是否足够，发现不足时应及时通知收银领班兑换。

（3）进行零用金兑换作业时，应填写兑零营运表（见表 7-2-4），并由指定人员负责，以免造成差错，影响正常的收银工作。

表 7-2-3　设零营运表

设零时间	
设零地点	
设零人员	
零用金可否清点？	

表 7-2-4　兑零营运表

设零时间	
设零地点	
设零人员	
兑零的现场核实结算？	
收银员可否相互兑零？	

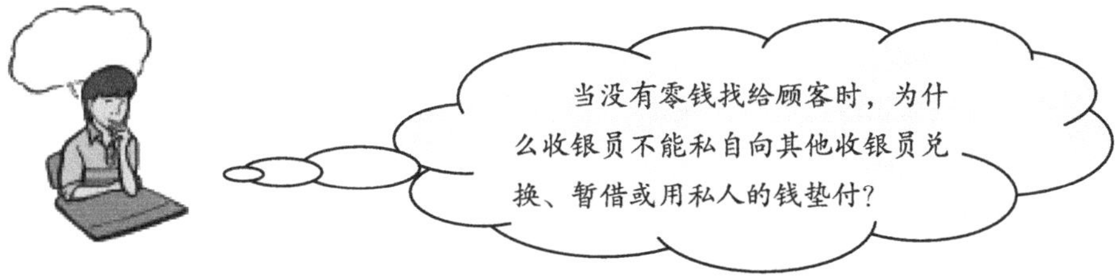

3. “暂停收银”牌

在收银员暂时下岗停止收银时，需要将“暂停收银”牌向着顾客排队结账的方向示出，必须提前出示，以免更多的顾客排队结账。

4. 清洁用具

抹布、清洁桶是给收银员做收银区域卫生时用的。

5. 特价信息或传单

特价信息或传单是含有公司促销活动和商品优惠信息的一种印刷品。收银员可按规定发放给顾客，并熟记其中的内容。

6. 商品

商品是商场销售的产品，必须经过付款程序。

7．赠品

赠品是商场自身或供应商通过商场提供给顾客的免费产品，不需要通过付款程序。一般的标识是产品本身的外包装明确有“非卖品”、“试用（吃、饮）装”、“赠品”等字样，或与商品进行捆绑包装销售的物品。

8．已付款商品

对家电、精品、酒类等专柜销售的部分商品，在其专柜收银机已经付款，付款的商品有收银小票凭证并符合特定的包装。已付款商品不再收款。

9．未付款商品

也称“退货”。它是指顾客在结账时因种种原因不要的商品。收银员必须将该商品放置于指定位置，并及时将商品归位于卖场。

10．收银小票

顾客付款后，收银机会按所有商品的扫描顺序打印出一份清单，称收银小票，包括品名、价格、付款等信息。收银员必须对每一位付款后的顾客提供与其所购商品相符合的收银小票。

11．现金收款

收银员可直接接收人民币现金付款并执行现金收款程序。

12．银行卡或信用卡收款

收银员可直接接受银行卡或信用卡付款并执行银行卡或信用卡程序。

13．支票或其他有效价券收款

收银员不能直接接收支票付款，必须在收银主管和门店财务的确认下，按指定程序进行操作。如果是公司发行的提货单、储值卡可直接接收，并执行相应的收款程序。

14．兑零

收银员在零钱不足时，要请求兑换零钞。

15．退换货的办理

收银员不能直接在收银机进行退换货。退货只能在规定的地方和规定的收银机，由授权人员办理。

16．发票中心

收银员可向顾客说明开发票的地点（服务台）。

17．饮水、如厕、工作餐

收银员在工作时间段内的任何临时下岗都必须经过当值收银管理人员的批准，包括饮水、如厕、工作餐。

18．了解公司制度

包括内部员工的购物规定、员工亲属（朋友）的购物规定、员工偷盗的规定、顾客服务的规定等。

7.2.4 收银机常见故障及处理方法

1. 收银机不显示信息

由于收银机放置在卖场中，运行环境较差，此种现象时有发生。如果收银机先前是正常的，突然出现此现象，应该首先检查电源插头是否被碰掉。如果收银机与其他设备插在同一电源插座上，应注意其他设备是否有电，并通知有关收银机维护人员进行相应处理。

2. 收银机显示乱码

收银机显示乱码一般是由于意外原因造成内部程序混乱，需要由指定的维护人员进行相应处理。

3. 收银机的打印机不打印或报警

打印机部分不打印一般是打印机某部分被卡住，如果此时按任何键收银机均无反应，也可能是由于异常而造成死机状态，需要参考其他现象判断并处理。有的类型的打印机在其机盖下装有压感开关，规定必须关闭收银机盖才允许打印，所以当打印机不打印时应首先检查机盖是否关好，再进行相应处理。

收银机报警常见的故障有两个：（1）由于打印机内尘土、纸屑过多，挡住传感器，造成报警，这时应打开机盖，用吸尘器或吹风机清理打印机内部。（2）有物品压在收银机键盘上，造成持续报警。

4. 收银机钱箱卡住

收银员在每次交易后将货币放在钱箱内，但如果放置过多，超出钱箱的容量，有可能被卡住。尽管有时放置过多货币没有被卡住，但也容易造成货币落入抽屉后面。所以，当货币量较多时，应取出一部分另行存放。

5. 条码扫描器故障

条码扫描器扫描商品后，信息会传送给收银机，但有时会因为一些意外造成扫描器无法正常工作：（1）连接扫描器和收银机的线路由于被碰掉或接口松脱，造成彼此无法通信。（2）由于意外造成扫描器端口卡住，不再进行数据传输时，一般可以将扫描器电源断掉，再重新接通，对端口进行复位。（3）由于收银机端口部分卡住，则需要对收银机端口进行复位。（4）如果条码扫描器设置意外丢失，则需要重新设定扫描器后才能继续使用。

对于不同型号的收银机，还有一些不同的常见故障，需要依据具体情况分析原因并加以解决。收银机如果无法自己排除故障，则一定要通知有关技术人员协助处理。

单元检测

1. 填空题

（1）收银员在收银过程中要对顾客所购买的商品的条码进行扫描，以录入商品销售信息，条码扫描的方式主要有____________、____________。

（2）条码扫描的原则有三条，分别是____________、____________、________。

（3）超市和商场等零售企业均采用防盗标签进行防盗，防盗标签的类型有____________、____________。

（4）为了应付找零及零钱兑换的需要，每天开始营业之前，每个收银机必须在开机前将零钱准备妥当，并铺在收银机的钱箱内，称为_________。在营业时间为收银机提供零钱兑换，称为__________。

（5）收银员装袋作业管理要求做到：__________、__________、__________。

2．简答题

（1）简述条码扫描器的类型及其优、缺点。

（2）常见的条码扫描例外有哪些？

（3）常见的收银机故障有哪些？

3．思考题

某顾客结账后，核对计算机小票时发现其中有一瓶饮料的价格异常，经查属于收银机误将一箱饮料的价格当作了一瓶的价格，请问该收银员有过失吗？店方应该如何处理？

4．实操题

【操作目标】掌握商品装袋操作规范要求。

【操作要求】

（1）教师应准备各种模拟商品，如食品、服装、蔬菜、日用品，包括固态、液态、易碎品等。

（2）每位学生按要求进行商品装袋练习。可以分组练习，指定小组长监督考核。

【操作考核】教师在小组考核的基础上进行考核评分。

5．课外活动及学习建议

选择一家大型超市，记录你所看到的各类商品的硬防盗标签的种类。

单元 3　收银机操作流程

通过本单元的学习，要达到以下目标要求。

【知识目标】 掌握收款机的基本操作流程。

【能力目标】 掌握收银员营业前、营业中、营业结束后三个时段的工作流程。

【德育目标】 加强学生收银操作中服务顾客的意识。

【课前准备】

1. 学生：去商场或超市观察收银员的工作流程。
2. 教师：收银各流程中服务标准和相关课件。

7.3.1　营业前的收银准备工作流程

营业前的收银准备是收银工作的起点。本阶段的总体要求是准备认真、充分。收银准备工作流程包括以下几方面的工作，如图 7-3-1 所示。

1．清洁、整理收银作业区

营业前，收银员必须对收银台及周边环境进行认真清洁和整理，以便为顾客提供一个良好的结账环境。该作业区包括收银台、包装台台面、收银机设备、所在收银柜台四周的地板和垃圾桶等。

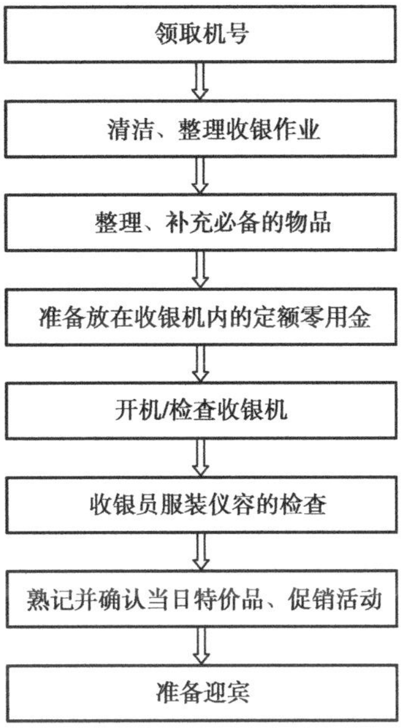

图 7-3-1　营业前的收银准备工作流程

2．整理、补充必备的物品

收银员在营业前应该整理、补充必备的物品，主要有海绵缸、干净抹布、夹票据的票夹、收银纸、银行刷卡用的刷卡单和足够一天用的购物袋，以及收银员自身必备的笔、便条纸、需要领取的现金布袋和“暂停收银”牌。

3．准备放在收银机内的定额零用金

准备好各种币值的零钞，检查零钱是否足额。

4．开机/检查收银机

开机检查系统日期、开机状态是否正常，能否进行扫描、收银工作。

5．收银员服装仪容的检查

收银台是每个商业企业的服务窗口，收银员的行为关系到企业的形象。一般的商场都要求收银员统一着装，营业前收银员应自查制服是否整洁，且合乎规定；是否佩戴好工号牌；发型、仪容是否清爽、整洁。

6．熟记并确认的事项

熟记并确认当日特价品、变更售价商品、促销活动及重要商品的所在位置。

7．晨会和礼仪训练

每天营业前，收银主管要给各个当班的收银员开晨会，总结前一天收银工作的情况，布置当天收银工作的任务，特别要强调收银工作的规范和要求，提醒收银员防止发生收银差错。

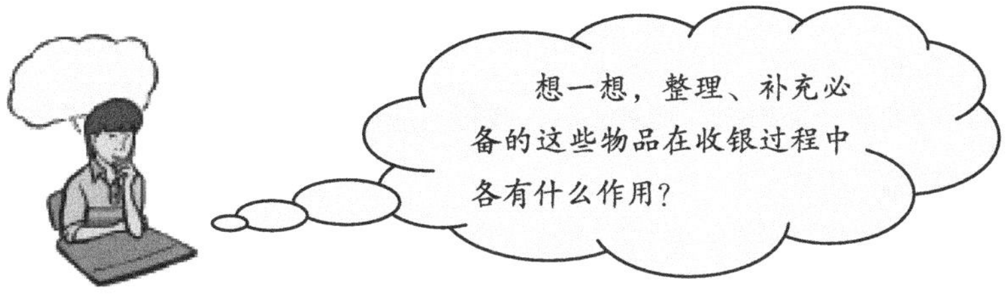

7.3.2 营业中的收银工作流程

营业中的收银工作流程是整个收银工作三个阶段中最重要、最核心的流程。本阶段的总体要求是正确、礼貌、迅速、手准、耳清、唱收唱付，声音响亮、清晰（见图 7-3-2）。

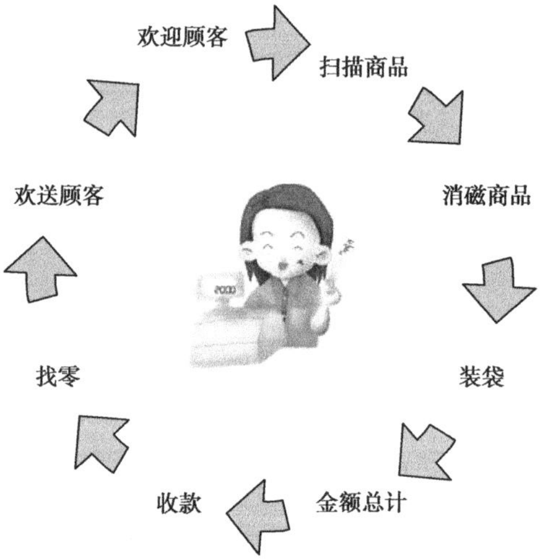

图 7-3-2 营业中的收银工作流程

1. 输入密码

每个收银员有自己的工号，在工号里输入自己的密码，即可进入系统为顾客收银。

2. 欢迎顾客

按公司的服务标准招呼、问候顾客。一般来说，对超市收银员要求在肢体语言上站立服务、在面部语言上微笑服务、在口头语言上用普通话服务。常用的问候语有："欢迎光临!""您好!""上午好!""中午好!""下午好!""晚上好!""欢迎下次光临!"等。

3. 扫描商品

当顾客结账时，收银员首先要帮助顾客将所购的商品放在收银台上，然后逐一扫描顾客的商品，将所购买的商品信息输入收银机。遵循前述扫描商品的原则，做到手准、耳清、眼清，即收银员手持扫描器扫描商品的技术和手击键盘的技术要准，耳朵要清楚地听到扫描器发出的"嘀"声和打印机打印收银小票的声音，眼睛要注视收银机的显示屏，看清所反映的信息。

4. 消磁商品

收银员对逐一扫描后的商品进行消磁，包括消磁器消磁和人工消磁。对于采用硬防盗标签的商品，消磁时注意不损坏商品，避免遗漏消磁或不消磁。

5. 装袋

协助顾客将已消磁的商品按装袋的原则与标准装入相应的购物袋中，并尽量满足顾客提出的特殊要求。

6. 金额合计

当顾客所购商品全部扫描、消磁完后，收银员应确定付款金额总计，并告诉顾客应付款总额。

7. 收款确认

收到顾客的钱款，对现金要进行假币的辨认，同时用自然、清晰的语言对顾客唱收："您的商品共计××元，收您××元。”对银行卡付款，则执行银行卡收款程序，先辨认真假，同时用自然、清晰的语言对顾客唱收：“您的商品共计××元，收您××卡一张。”提示顾客等待刷卡。

8. 找零

唱付顾客的零钱，或刷卡成功后将信用卡还给顾客，同时将收款小票双手递给顾客，提醒顾客拿好商品。标准语言是：“找您××元，请您拿好小票。”

老钱说事

有些超市的收银员嫌找零钱麻烦，在顾客表示没有零钱时，还一个劲儿地“启发”顾客：“再找找，再找找，我不着急。”她倒是不着急了，可排在队尾的顾客却急得上火。

9. 欢送顾客

对顾客予以感谢，欢送顾客，标准语言是：“谢谢！”“请拿好您的商品，欢迎再来！”

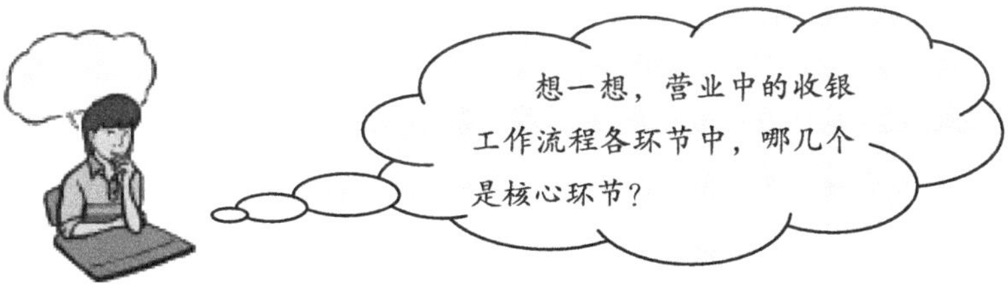

（现金收银）

7.3.3 营业结束后的工作流程

营业结束后的工作流程如图 7-3-3 所示。

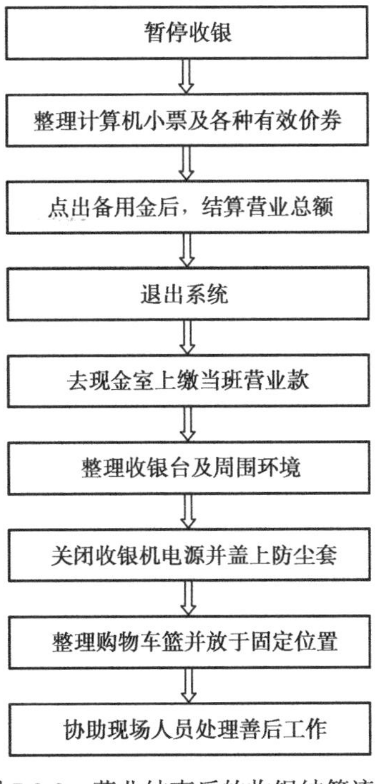

图 7-3-3 营业结束后的收银结算流程

单元检测

1. 填空题

（1）收银员工作流程按工作时段分为__________、__________、__________三个部分。

（2）营业前的收银准备是收银工作的起点。本阶段的总体要求是__________、__________。

（3）营业中的收银工作流程是整个收银工作三个阶段中最重要、最核心的流程。本阶段总体要求是__________、__________、__________、__________、__________、__________、__________。

（4）当顾客结账时，收银员应遵循前述扫描商品的原则，逐一扫描顾客的商品，做到__________、__________、__________。

（5）大型商场和超市一般都设有__________，以利于及时、准确地结算每日的营业款。

2. 简答题

简述收银员营业中的收银工作流程。

3. 思考题

（1）营业中的收银工作流程各环节应避免出现哪些情况？

（2）找零操作时，应注意哪些技巧？

4. 课外活动及学习建议

去商场和超市实地观察收银员都有哪些服务用语，并记录下来。

单元4 百威商业POS管理系统软件操作

通过本单元的学习，要达到以下目标要求。

【知识目标】了解百威商业POS管理系统软件。

【能力目标】熟练运用百威商业POS管理系统软件进行前台收款操作。

【德育目标】加强收银员的职业道德教育。

【课前准备】

1. 学生：去智百威公司网站www.bw8848.com上查询百威9000商业 POS软件的相关知识。

2. 教师：在收银机机房所有机器上安装百威9000商业软件。

7.4.1 百威9000商业POS软件简介

目前，商业企业使用的收银系统软件版本较多，基本按照系统功能、信息档案、后台商品进销存管理、前台收银、报表中心和图表分析等模块编写。本教材以深圳智百威科技发展有限公司开发的百威9000商业POS软件为例，介绍其操作方法。该系统具有以下特点。

1. 大容量的数据库

百威9000商业管理系统采用关系型、大型网络数据库SQL Server支持，性能稳定，数据交换速度快，自动备份机制和复制技术。

2. 完全的网络化操作

各个站点的数据保存通过网络传递到服务器，相关人员可以随时看到更新的数据，极大地提高了信息传递的速度，使企业的管理效率更上一层楼。

3. 一体化的功能

百威 9000 商业管理系统集进货、销售、仓库、零售、财务、金卡、连锁、人事工资诸多管理功能于一身，业务与账务实现一体化的链接。

4. 导航式的界面

Windows 界面新颖独特，所想即所见，所见即所想，这就是导航式操作的优点。使用极其方便，前后台操作，几分钟内即可学会；按业务设置菜单，操作性极佳；众多功能的巧妙安排，缩短了数据传输的流程；账务的错综复杂体现在系统内部，操作依然简单，省时又省心。

5. 全能的报表查询

报表中心提供了有关进货，销售，库存，成本、往来、账务、固定资产、人事工资等一系列报表，覆盖面广，统计方法科学，数据准确。所有的报表和基本资料均可导入 Excel 中进行分析加工，以满足用户更高的要求。

6. 友好的在线交流

领导布置工作不一定要通过开会，同事之间的配合也不一定要面对面交流。信息广播功能可以对所有的用户或特定用户发送信息，系统所有的用户都可以通过内部短信进行交流。

7. 高度的兼容性

本系统与百威软件老版本有高度的兼容性，系统自带智能升级程序，免去了手工升级的烦琐。

8. 开放式的打印设计和 OOP 技术

百威 9000 商业管理系统的打印样式设计功能采用当今流行的报表设计器进行设计。用户不仅可以对单据/报表的外观进行设计（包括对格式、字体、边框、背景等的设计），而且可以设定报表内部数据的计算方法（包括对数据来源的设定、数据算法的设定等）。部件组成模块，模块组成系统。百威特有的部件化设计（OOP 技术），使用户可通过各种部件组装成千上万种使用界面模式，以满足用户随心所欲的要求。

9. 万能查询器

系统各处配有全智能万能查询器，其性能绝对超一流，不需用户输入关系符和逻辑符，还可以自定义查询条件。使信息查询灵活多样，极为方便。

10. 超级前台系统

（1）会员卡储值卡双卡：储值卡是商场聚财的好途径，会员卡是商场保持客流的好方法，双卡系统可同时运行。系统自动采用会员价和会员折扣两套价格，不同级别会员的优惠级别也不同，储值卡支持实时网络方式和 IC 卡方式，数据采用双重加密，保证数据的安全性。

（2）前台盘点：前台盘点充分利用现有资源，加快盘点速度。

（3）限时限量折扣：为了促销，系统可以规定每周的某几天，由计算机自动给予折扣。

（4）权限完善周密：前台特殊操作都可根据职务设置不同的权限，无权限的用户必须要刷有权限密码卡才能授权。

（5）断电保护：当交易还未完成时突然断电，下次打开时该交易数据依然存在。前台可脱网单机运行，当网络连通后会自动将数据上传至服务器中，断网后功能依然强大。

（6）前台省纸设计，色带双寿命设计。

（7）DOS 仿真方式，界面简单明了，屏幕颜色可自定义，个性化设计。

7.4.2 收银台工作程序

收银台工作程序是收银员上岗的规范化要求，它由前台当班、前台收款、商品入袋和前台交班四个环节组成（见图 7-4-1）。收银员按规范化要求操作能避免差错，提高收银工作效率，为顾客创造良好的购物环境。

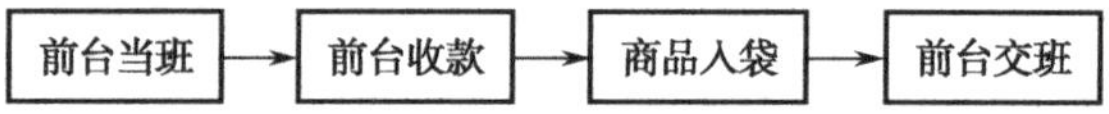

图 7-4-1　收银台工作程序

7.4.3 前台收银操作

1. 系统登录

在安装有“百威 9000 商业管理系统”POS 产品的 Windows 桌面上双击“百威 9000 前台收银系统”图符，出现如图 7-4-2 所示的登录窗口。

输入收银员编号和密码，按【Enter】键进入系统，如果不知道工号和密码，则按【ESC】键退出登录界面。

如果是第一次登录，将会出现输入机号的窗口，此时为本台收银机输入一个机号，机号不能与别的收银机机号相同。

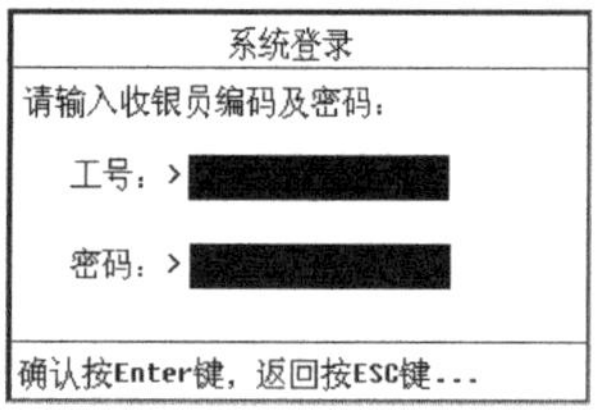

图 7-4-2　系统登录界面

2. 参数设置

参数设置是用来设置本收银机的一些外部设备，如图 7-4-3 所示。

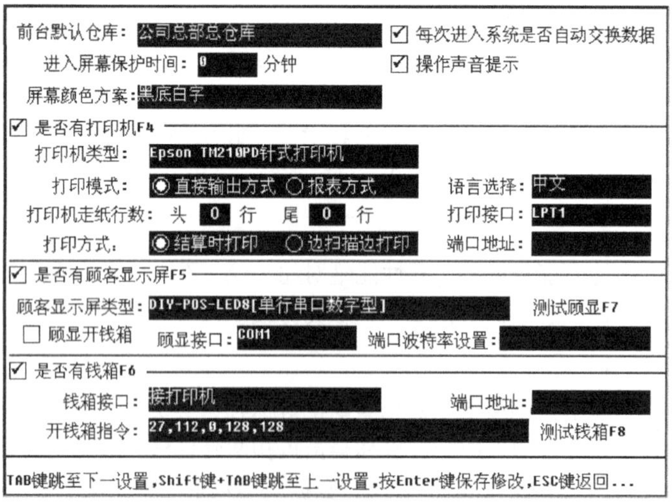

图 7-4-3　参数设置界面

★ 设置好参数后，按【Enter】键就可以保存参数设置。如果不需要保存，则按【ESC】键取消。

3．前台当班

当班是一天收银工作的开始，当班时显示你当前是哪一班，系统最多可分为 4 个班，显示本班的开始时间，如图 7-4-4 所示。

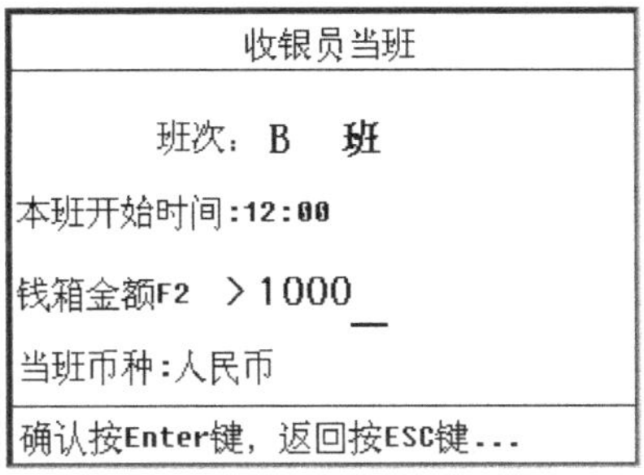

图 7-4-4 前台当班界面

（1）钱箱金额：表示输入当班时钱箱零钱的金额数。

（2）输入完成后，按【Enter】键保存，再进入前台收银界面。

4．前台收银

进入前台收银界面，如图 7-4-5 所示。其中，操作提示区可按【F1】键进行隐藏和打开，单据状态区可按【Ctrl+F1】键进行隐藏和打开。

图 7-4-5 前台收款界面

按键说明如下。

1)【F2：金卡消费】

指会员卡消费，其中包括储值卡的消费，但必须在后台设置会员卡，在前台才可以进行消费。

操作方法：在输入商品前或者输入完商品后，按【F2】键，系统会提示刷金卡的界面，如图 7-4-6 所示。

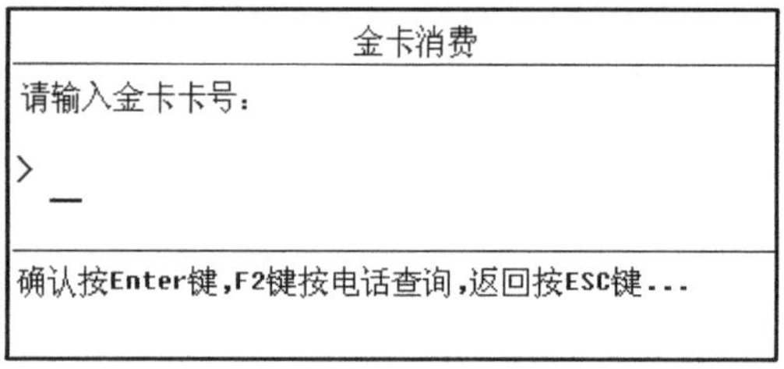

图 7-4-6　金卡消费界面

输入金卡号或者通过 IC 卡阅读器和磁卡阅读器读入卡号。如果卡号有效，那么在下面的金卡处会显示金卡卡号和名称；如果是无效的卡，则会提示此卡无效或者过期。

2）【F3：购物券】

如果超市发行了购物券，客户在结算的时候采用购物券，则可按【F3】键进入购物券付款界面，如图 7-4-7 所示。

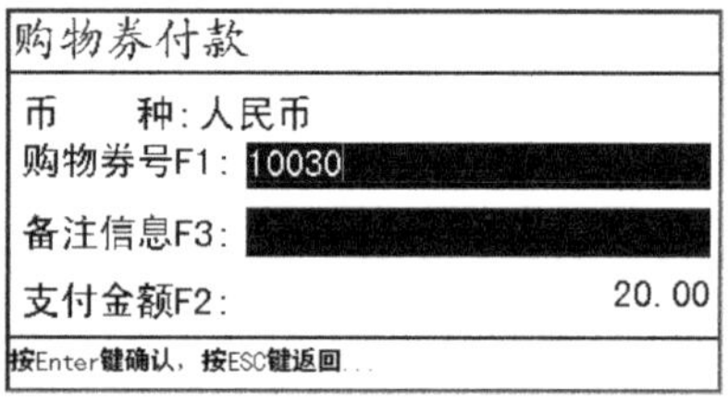

图 7-4-7　购物券付款界面

在图 7-4-7 界面中输入购物券号后按【Enter】键，如果购物券有效，则提示该购物券面值，是否需要使用购物券付款；如果购物券的编号在后台没有发行，则前台是不能结账的。

3）【F4：整单打折】

整单打折表示前台销售的商品全部输入在屏幕上，然后直接给客户全单打折，此时可按【F4】键输入折扣率，如 8 折，则输入 80 后按【Enter】键即可。

4）【F5～F9：港币、美元、支票、信用卡、其他】

前台客户如果是付港币，则可按【F5】键，系统自动根据汇率转换金额，输入港币金额就可以了。如果付美元，则按【F6】键；如果付支票，则按【F7】键；如果付信用卡，则按【F8】键；如果付其他币种，则按【F9】键。

5）【F10：查会员】

前台如需查询会员的资料，则可以按【F10】键进入会员查询界面。查询会员可按卡号、名称和电话进行查询，输入完后按【Enter】键，系统会进行模糊的查询，将含有输入编号的会员列出来，可通过按【↓】键翻页查询。前台如需查询商品的资料，则可以按【F11】键进入商品查询界面，查询商品可按商品条码、名称、拼音码进行查询。

6）【→：修改数量】

前台销售的过程中，如果客户一次性购买几件一样的商品，则可先输入商品编号，然后再输入数量，按方向键中的【→】键即可。

7）【←：修改单价】

前台销售的过程中，如果商品的价格是议价，则可先输入商品编号，然后再输入商品价格，按方向键中的【←】键即可。

8）【↑：上单（行）】

在销售过程中按【↑】键是上一行，如果已结算完了，则按【↑】键表示上一单。

9)【↓：下单（行)】

在销售过程中按【↓】键是下一行，如果已结算完了，则按【↓】键表示下一单。

10)【Del：删除行】

在销售过程中如果商品已经扫描到屏幕中了，而客户又不想要，则按【↑】、【↓】键将商品找到，然后再按【Del】键删除商品就可以了。

11)【End：开钱箱】

如果是在不结账的情况下需要开钱箱，则可按【End】键，输入收银员的密码，就可以将钱箱弹出。

12)【Home：锁屏】

如果收银过程中需要离开一段时间，则可按【Home】键，进入屏幕保护状态，等回来后输入本人的密码就可进入继续收银。

13)【PageUp：挂单/取单】

在收银过程中如果商品已扫描到屏幕上，但客户又觉得还有其他商品需要购买，则可按【PageUp】键，先将本单挂起，等客户回来后再按【PageUp】键，进入取单界面，选择刚才挂起的单，按【Enter】键就可以了。

14）重打小票

前台如需重打销售小票，则可按【ESC】键，选择重打小票，输入小票号码，系统会自动重新打印一份小票。

15）作废小票

如果刚才收款过程中出错了，可按【ESC】键，选择作废小票，输入小票号码，系统会将刚输入的小票号码的商品销售作废。

5. 销售明细

前台如需查询自已的销售情况，可在主界面上选择销售明细按键，但此界面中只能查询到本人的销售，如图 7-4-8 所示。

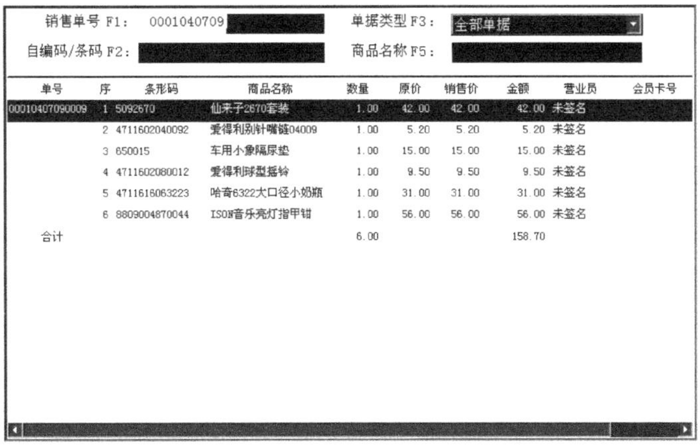

图 7-4-8 销售明细界面

6. 前台交班

前台如果收银结束，则需到主界面上选择前台交班，如图 7-4-9 所示。

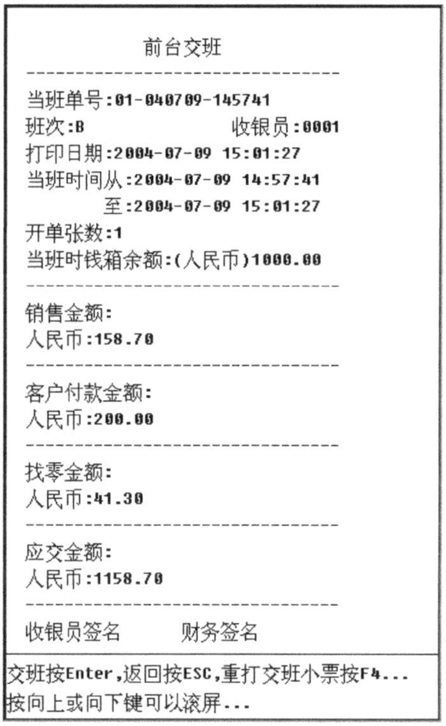

图 7-4-9 前台交班界面

界面上会显示当天的当班时间、交班时间、班次、今天的收银情况，如需交班，则按【Enter】键就可以了。

7. 修改密码

收银员如需更改自已的密码，则可在前台收银界面中更改，也可在主界面上选择修改密码进入修改密码界面，如图 7-4-10 所示。

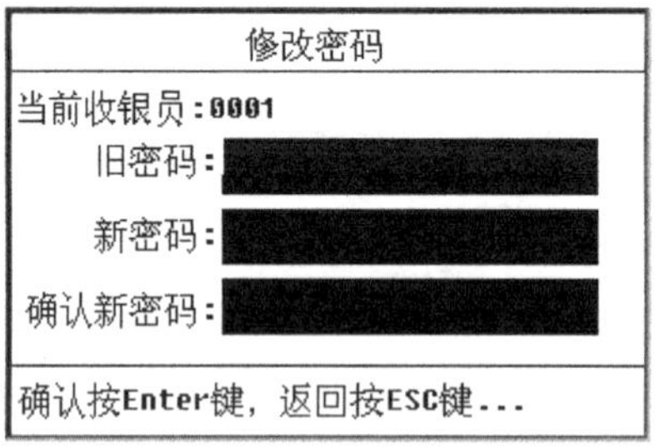

图 7-4-10 修改密码界面

8. 数据交换

数据交换是为了将服务器的数据下载到本地收款机，同时如果本地有断网的数据，则也可以同时上传到服务器中。

9. 练习收银

练习收银的操作和前台收银的操作是一样的，只不过练习收银的数据不会上传到服务器中，本功能是为了开业前给收银员进行培训用的。

10. 前台盘点

前台盘点是本系统的一个特别功能，首先需到后台设置盘点的批次号，如图 7-4-11 所示。

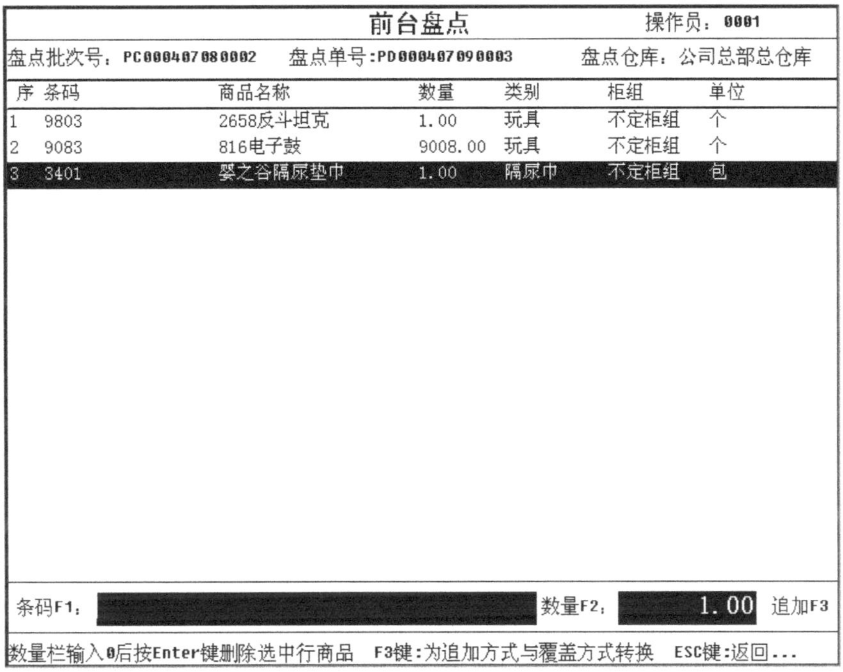

图 7-4-11 前台盘点界面

操作：输入商品条码和数量后按【Enter】键，如果是追加方式，则会在上面已有的商品中加上本次输入的数量；如果是覆盖方式，则覆盖上面已有的商品数量。

单元检测

1. 填空题

（1）百威 9000 商业管理系统集________、________、________、________、______、金卡、连锁、人事工资诸多管理功能于一身，业务与账务实现一体化链接。

（2）当班是一天收银工作的开始，当班时显示当前是哪一班，系统最多可分为________个班，显示本班的开始时间。

（3）进入前台收银界面，显示三个区：________、________、________，其中________可按【F1】键进行隐藏和打开，________可按【Ctrl+F1】键进行隐藏和打开。

（4）金卡消费的操作方法：在输入商品前或者输入完商品后，按________键，系统会提示刷金卡的界面。

（5）在进行前台收款操作时，如果在不结账的情况下需要开钱箱，则按________键，输入收银员密码，就可以将钱箱弹出。

2. 简答题

（1）简述百威 9000 商业管理系统具有的特点。

（2）收银台工作程序包括哪四个环节？

3. 思考题

在收银过程中如果商品已扫描到屏幕上，但客户又觉得还有其他商品需要购买，请问应该如何进行操作？

4. 实操题

【操作目标】在电子收银机上分别采用机器扫描和手工录入两种方式完成前台收银工作。

【操作内容】参数设置、前台当班、前台收款、前台交班。

【操作步骤】

（1）进入前台系统。

（2）将钱箱、客显屏及相关参数设置为“有”，并测试钱箱是否可以打开。

（3）打开钱箱并放入500元零钱（可自制代金券或以练功券充当）。

（4）进入前台当班，输入钱箱初始备用金金额500元。

（5）进入前台收款界面，练习各功能键的使用，完成以下10件商品的前台收银工作。

（6）商品装袋：帮助顾客将以下10件商品放入袋中。

（7）进入前台交班界面，办理交班。

【操作要求】

（1）前台收银的操作一律不得使用鼠标。

（2）前台收款时，练习用扫描枪与手工录入条码两种方式。

（3）课前要准备好以下商品的条码或替代品。

（4）要求收银过程中站立服务、微笑服务、唱收唱付、热情周到。

【商品信息档案】（见表7-4-1）

表7-4-1　10件商品信息档案

商品条码	商品名称	数　量	单　位	零售价
6935487988864	黄鹤楼白酒	10	瓶	15.00
6925443658978	屈臣氏面膜粉	7	盒	8.00
6913864355553	碧浪洗衣粉	20	袋	4.00
6906875365512	全棉毛巾	30	条	5.00
6912343664862	红富士牌床单	5	床	56.00
6935776414678	美丽牌床单	2	床	60.00
6926546588900	牛黄解毒片	1	盒	3.50
6913754347665	感冒清	1	盒	8.00
6932548765976	旺仔牛奶	4	罐	4.50
6904778626437	王子饼干	1	袋	3.30

【操作考核】

（1）分别考核采用机器扫描和手工录入两种方式完成以上10件商品的前台收银工作。

（2）按照实训步骤、操作熟练程度、应收金额正确与否、着装与仪表、服务态度、服务语言、动作规范和标准化程度8个方面打分，每项满分12.5分。

（3）采用机器扫描方式收银时限1分钟；采用手工录入收银时限1分30秒。

5．课外活动及学习建议

（1）到智百威公司的网站查询软件相关操作说明。

（2）去不同的零售企业观察、咨询，看各企业用的是哪个公司的收银软件系统，操作上有何不同。

附录A

财经数字书写练习纸

手写体

年　月　日

班级：________　　　　姓名：________

千	百	十	万	千	百	十	元	角	分	千	百	十	万	千	百	十	元	角	分	千	百	十	万	千	百	十	元	角	分	千	百	十	万	千	百	十	元	角	分	千	百	十	万	千	百	十	元	角	分

壹	贰	叁	肆	伍	陆	柒	捌	玖	零	拾	佰	仟	万	亿	元	角	分	评语与等第

附录B

北京地区部分金融机构当前运用的技能项目及部分项目考核办法简介

一、部分金融机构当前运用的技能项目一览表

序　号	银行名称	考核项目
1	民生银行北京管理部	1. 手工点钞：（抓点）5分钟8把或10分钟18把 2. 翻打百张：3分钟以内打对 3. 汉字录入：（五笔）每分钟40字 4. 机器点钞：10把挑错，每把点2遍，2分30秒合格
2	招商银行北京分行	1. 手工点钞（抓点）：10分钟16把 2. 翻打百张：2分20秒 3. 汉字录入：10分钟600字 4. 储蓄计息：10分钟100个题
3	交通银行北京分行	1. 手工点钞：（抓点）10分钟16把合格 2. 计算器百张：3分钟 3. 中文输入：10分钟360字
4	北京农村商业银行花乡支行	1. 手工点钞：（抓点）10分钟16把及格 2. 翻打百张：3分钟及格 3. 汉字录入：10分钟300字
5	华夏银行北京分行	1. 手工点钞：（挑错点）10分钟15把及格 2. 计算机翻打百张：4分钟及格 3. 汉字录入：5分钟150字及格
6	农行北京分行	1. 手工点钞：（挑错点）10分钟20把优秀 2. 传票算：限时10分钟不限题量，每题50页，共4本×3行 3. 汉字录入：10分钟750字及格
7	工行北京分行	1. 手工点钞：（挑错点）10分钟16把 2. 汉字录入：5分钟300字
8	建设银行北京分行	1. 手工点钞：（挑错点）10分钟20把对18把 （抓点）10分钟16把 2. 计算机翻打百张：3分30秒及格

二、部分常用技能项目考核办法简介

（一）手工点钞

1. 方法：采用单指单张法点钞。

2. 时间：采用限时计量方法考核。

3. 挑错点：考核时准备一定量的票币或练功券，设错 0～10 个，完成拆把、点数、挑错、扎把和盖章 5 道工序。

4. 抓点：又称散把点，考核时准备一定量的票币或练功券，在台面上散放，发令后按每把 100 张完成点数、扎把和盖章 3 道工序。

5. 成绩评定：正确、点数把数多者为优秀。

（二）翻打百张

1. 方法：采用计算器或计算机小键盘输入数据。

2. 时间：采用限时计量方法考核。

3. 题型：翻打百张传票 1 本，或按 20 页为 1 本共 5 本，或按 51 页为 1 本共 2 本。

4. 成绩评定：在规定的时间内翻打完成且答案正确，速度快者为优秀。

（三）中文录入

1. 考试方式：使用机房已安装好的中文考核功能进行上机考核，考试完毕由服务器终端统一读取考生成绩。

2. 时间：在 10 分钟内录入一定量的汉字。

3. 录入内容：由机器随机抽取。

（1）纯汉字。

（2）文章考核。

（3）百家姓考核。

4. 成绩评定参考标准：于考核结束时给出考核成绩。

（1）错误率为 3%以内，不扣分，否则按错字的实际字数扣除。

（2）参考标准如下。

文章考核：600 字为合格，800 字为良好，1 000 字为优秀。

百家姓考核：300 字为合格，400 字为良好，500 字为优秀。

（四）机器点钞

考核办法同手工点钞。

附录 C

中国人民银行残缺污损人民币兑换办法

第一条 为维护人民币信誉，保护国家财产安全和人民币持有人的合法权益，确保人民币正常流通，根据《中华人民共和国中国人民银行法》和《中华人民共和国人民币管理条例》，制定本办法。

第二条 本办法所称残缺、污损人民币是指票面撕裂、损缺，或因自然磨损、侵蚀，外观、质地受损，颜色变化，图案不清晰，防伪特征受损，不宜再继续流通使用的人民币。

第三条 凡办理人民币存取款业务的金融机构（以下简称金融机构）应无偿为公众兑换残缺、污损人民币，不得拒绝兑换。

第四条 残缺、污损人民币兑换分“全额”、“半额”两种情况。

（一）能辨别面额，票面剩余四分之三（含四分之三）以上，其图案、文字能按原样连接的残缺、污损人民币，金融机构应向持有人按原面额全额兑换。

（二）能辨别面额，票面剩余二分之一（含二分之一）至四分之三以下，其图案、文字能按原样连接的残缺、污损人民币，金融机构应向持有人按原面额的一半兑换。

纸币呈正十字型缺少四分之一的，按原面额的一半兑换。

第五条 兑付额不足一分的，不予兑换；五分按半额兑换的，兑付二分。

第六条 金融机构在办理残缺、污损人民币兑换业务时，应向残缺、污损人民币持有人说明认定的兑换结果。不予兑换的残缺、污损人民币，应退回原持有人。

第七条 残缺、污损人民币持有人同意金融机构认定结果的，对兑换的残缺、污损人民币纸币，金融机构应当面将带有本行行名的“全额”或“半额”戳记加盖在票面上；对兑换的残缺、污损人民币硬币，金融机构应当面使用专用袋密封保管，并在袋外封签上加盖“兑换”戳记。

第八条 残缺、污损人民币持有人对金融机构认定的兑换结果有异议的，经持有人要求，金融机构应出具认定证明并退回该残缺、污损人民币。

持有人可凭认定证明到中国人民银行分支机构申请鉴定，中国人民银行应自申请日起 5 个工作日内做出鉴定并出具鉴定书。持有人可持中国人民银行的鉴定书及可兑换的残缺、污损人民币到金融机构进行兑换。

第九条 金融机构应按照中国人民银行的有关规定，将兑换的残缺、污损人民币交存当地中国人民银行分支机构。

第十条 中国人民银行依照本办法对残缺、污损人民币的兑换工作实施监督管理。

第十一条 违反本办法第三条规定的金融机构，由中国人民银行根据《中华人民共和国人民币管理条例》第四十二条规定，依法进行处罚。

第十二条 本办法自 2004 年 2 月 1 日起施行。1955 年 5 月 8 日中国人民银行发布的《残缺人民币兑换办法》同时废止。

附录D

中华人民共和国人民币管理条例

第一章　总则

第一条　为了加强对人民币的管理，维护人民币的信誉，稳定金融秩序，根据《中华人民共和国中国人民银行法》，制定本条例。

第二条　本条例所称人民币，是指中国人民银行依法发行的货币，包括纸币和硬币。

从事人民币的设计、印制、发行、流通和回收等活动，应当遵守本条例。

第三条　中华人民共和国的法定货币是人民币。以人民币支付中华人民共和国境内的一切公共的和私人的债务，任何单位和个人不得拒收。

第四条　人民币的单位为元，人民币辅币单位为角、分。1元等于10角，1角等于10分。人民币依其面额支付。

第五条　中国人民银行是国家管理人民币的主管机关，负责本条例的组织实施。

第六条　任何单位和个人都应当爱护人民币。禁止损害人民币和妨碍人民币流通。

第二章　设计和印制

第七条　新版人民币由中国人民银行组织设计，报国务院批准。

第八条　人民币由中国人民银行指定的专门企业印制。

第九条　印制人民币的企业应当按照中国人民银行制定的人民币质量标准和印制计划印制人民币。

第十条　印制人民币的企业应当将合格的人民币产品全部解缴中国人民银行人民币发行库，将不合格的人民币产品按照中国人民银行的规定全部销毁。

第十一条　印制人民币的原版、原模使用完毕后，由中国人民银行封存。

第十二条　印制人民币的特殊材料、技术、工艺、专用设备等重要事项属于国家秘密。印制人民币的企业和有关人员应当保守国家秘密；未经中国人民银行批准，任何单位和个人不得对外提供。

第十三条　未经中国人民银行批准，任何单位和个人不得研制、仿制、引进、销售、购买和使用印制人民币所特有的防伪材料、防伪技术、防伪工艺和专用设备。

第十四条　人民币样币是检验人民币印制质量和鉴别人民币真伪的标准样本，由印制人民币的企业按照中国人民银行的规定印制。人民币样币上应当加印“样币”字样。

第三章　发行和回收

第十五条　人民币由中国人民银行统一发行。

第十六条　中国人民银行发行新版人民币，应当报国务院批准。

中国人民银行应当将新版人民币的发行时间、面额、图案、式样、规格、主色调、主要特征等予以公告。

中国人民银行不得在新版人民币发行公告发布前将新版人民币支付给金融机构。

第十七条 因防伪或者其他原因，需要改变人民币的印制材料、技术或者工艺的，由中国人民银行决定。

中国人民银行应当将改版后的人民币的发行时间、面额、主要特征等予以公告。

中国人民银行不得在改版人民币发行公告发布前将改版人民币支付给金融机构。

第十八条 中国人民银行可以根据需要发行纪念币。

纪念币是具有特定主题的限量发行的人民币，包括普通纪念币和贵金属纪念币。

第十九条 纪念币的主题、面额、图案、材质、式样、规格、发行数量、发行时间等由中国人民银行确定；但是，纪念币的主题涉及重大政治、历史题材的，应当报国务院批准。

中国人民银行应当将纪念币的主题、面额、图案、材质、式样、规格、发行数量、发行时间等予以公告。

中国人民银行不得在纪念币发行公告发布前将纪念币支付给金融机构。

第二十条 中国人民银行设立人民币发行库，在其分支机构设立分支库，负责保管人民币发行基金。各级人民币发行库主任由同级中国人民银行行长担任。

人民币发行基金是中国人民银行人民币发行库保存的未进入流通的人民币。

人民币发行基金的调拨，应当按照中国人民银行的规定办理。任何单位和个人不得违反规定动用人民币发行基金，不得干扰、阻碍人民币发行基金的调拨。

第二十一条 特定版别的人民币的停止流通，应当报国务院批准，并由中国人民银行公告。

办理人民币存取款业务的金融机构应当按照中国人民银行的规定，收兑停止流通的人民币，并将其交存当地中国人民银行。

中国人民银行不得将停止流通的人民币支付给金融机构，金融机构不得将停止流通的人民币对外支付。

第二十二条 办理人民币存取款业务的金融机构应当按照中国人民银行的规定，无偿为公众兑换残缺、污损的人民币，挑剔残缺、污损的人民币，并将其交存当地中国人民银行。

中国人民银行不得将残缺、污损的人民币支付给金融机构，金融机构不得将残缺、污损的人民币对外支付。

第二十三条 停止流通的人民币和残缺、污损的人民币，由中国人民银行负责回收、销毁。具体办法由中国人民银行制定。

第四章 流通和保护

第二十四条 办理人民币存取款业务的金融机构应当根据合理需要的原则，办理人民币券别调剂业务。

第二十五条 禁止非法买卖流通人民币。

纪念币的买卖，应当遵守中国人民银行的有关规定。

第二十六条 装帧流通人民币和经营流通人民币，应当经中国人民银行批准。

第二十七条 禁止下列损害人民币的行为：

（一）故意毁损人民币；

（二）制作、仿制、买卖人民币图样；

（三）未经中国人民银行批准，在宣传品、出版物或者其他商品上使用人民币图样；

（四）中国人民银行规定的其他损害人民币的行为。

前款人民币图样包括放大、缩小和同样大小的人民币图样。

第二十八条 人民币样币禁止流通。

人民币样币的管理办法，由中国人民银行制定。

第二十九条 任何单位和个人不得印制、发售代币票券，以代替人民币在市场上流通。

第三十条 中国公民出入境、外国人入出境携带人民币实行限额管理制度，具体限额由中国人民银行规定。

第三十一条 禁止伪造、变造人民币。禁止出售、购买伪造、变造的人民币。禁止走私、运输、持有、使用伪造、变造的人民币。

第三十二条 单位和个人持有伪造、变造的人民币的，应当及时上交中国人民银行、公安机关或者办理人民币存取款业务的金融机构；发现他人持有伪造、变造的人民币的，应当立即向公安机关报告。

第三十三条 中国人民银行、公安机关发现伪造、变造的人民币，应当予以没收，加盖“假币”字样的戳记，并登记造册；持有人对公安机关没收的人民币的真伪有异议的，可以向中国人民银行申请鉴定。

公安机关应当将没收的伪造、变造的人民币解缴当地中国人民银行。

第三十四条 办理人民币存取款业务的金融机构发现伪造、变造的人民币，数量较多、有新版的伪造人民币或者有其他制造贩卖伪造、变造的人民币线索的，应当立即报告公安机关；数量较少的，由该金融机构两名以上工作人员当面予以收缴，加盖“假币”字样的戳记，登记造册，向持有人出具中国人民银行统一印制的收缴凭证，并告知持有人可以向中国人民银行或者向中国人民银行授权的国有独资商业银行的业务机构申请鉴定。对伪造、变造的人民币收缴及鉴定的具体办法，由中国人民银行制定。

办理人民币存取款业务的金融机构应当将收缴的伪造、变造的人民币解缴当地中国人民银行。

第三十五条 中国人民银行和中国人民银行授权的国有独资商业银行的业务机构应当无偿提供鉴定人民币真伪的服务。

对盖有“假币”字样戳记的人民币，经鉴定为真币的，由中国人民银行或者中国人民银行授权的国有独资商业银行的业务机构按照面额予以兑换；经鉴定为假币的，由中国人民银行或者中国人民银行授权的国有独资商业银行的业务机构予以没收。

中国人民银行授权的国有独资商业银行的业务机构应当将没收的伪造、变造的人民币解缴当地中国人民银行。

第三十六条 办理人民币存取款业务的金融机构应当采取有效措施，防止以伪造、变造的人民币对外支付。

办理人民币存取款业务的金融机构应当在营业场所无偿提供鉴别人民币真伪的服务。

第三十七条 伪造、变造的人民币由中国人民银行统一销毁。

第三十八条 人民币反假鉴别仪应当按照国家规定标准生产。

人民币反假鉴别仪国家标准，由中国人民银行会同有关部门制定，并协助组织实施。

第三十九条 人民币有下列情形之一的，不得流通：

（一）不能兑换的残缺、污损的人民币；

（二）停止流通的人民币。

第五章 罚则

第四十条 印制人民币的企业和有关人员有下列情形之一的，由中国人民银行给予警告，没收违法所得，并处违法所得 1 倍以上 3 倍以下的罚款，没有违法所得的，处 1 万元以上 10 万元以下的罚款；对直接负责的主管人员和其他直接责任人员，依法给予纪律处分：

（一）未按照中国人民银行制定的人民币质量标准和印制计划印制人民币的；

（二）未将合格的人民币产品全部解缴中国人民银行人民币发行库的；

（三）未按照中国人民银行的规定将不合格的人民币产品全部销毁的；

（四）未经中国人民银行批准，擅自对外提供印制人民币的特殊材料、技术、工艺或者专用设备等国家秘密的。

第四十一条 违反本条例第十三条规定的，由工商行政管理机关和其他有关行政执法机关给予警告，没收违法所得和非法财物，并处违法所得 1 倍以上 3 倍以下的罚款；没有违法所得的，处 2 万元以上 20 万元以下的罚款。

第四十二条 办理人民币存取款业务的金融机构违反本条例第二十一条第二款、第三款和第二十二条规定的，由中国人民银行给予警告，并处 1000 元以上 5000 元以下的罚款；对直接负责的主管人员和其他直接责任人员，依法给予纪律处分。

第四十三条 故意毁损人民币的，由公安机关给予警告，并处 1 万元以下的罚款。

第四十四条 违反本条例第二十五条、第二十六条、第二十七条第一款第二项和第四项规定的，由工商行政管理机关和其他有关行政执法机关给予警告，没收违法所得和非法财物，并处违法所得 1 倍以上 3 倍以下的罚款；没有违法所得的，处 1000 元以上 5 万元以下的罚款。

工商行政管理机关和其他有关行政执法机关应当销毁非法使用的人民币图样。

第四十五条 办理人民币存取款业务的金融机构、中国人民银行授权的国有独资商业银行的业务机构违反本条例第三十四条、第三十五条和第三十六条规定的，由中国人民银行给予警告，并处 1000 元以上 5 万元以下的罚款；对直接负责的主管人员和其他直接责任人员，依法给予纪律处分。

第四十六条 中国人民银行、公安机关、工商行政管理机关及其工作人员违反本条例有关规定的，对直接负责的主管人员和其他直接责任人员，依法给予行政处分。

第四十七条 违反本条例第二十条第三款、第二十七条第一款第三项、第二十九条和第三十一条规定的，依照《中华人民共和国中国人民银行法》的有关规定予以处罚；其中，违反本条例第三十一条规定，构成犯罪的，依法追究刑事责任。

第六章 附则

第四十八条 本条例自 2000 年 5 月 1 日起施行。

附录E

中国人民银行假币收缴、鉴定管理办法

第一章 总则

第一条 为规范对假币的收缴、鉴定行为，保护货币持有人的合法权益，根据《全国人民代表大会常务委员会关于惩治破坏金融秩序犯罪的决定》和《中华人民共和国人民币管理条例》制定本办法。

第二条 办理货币存取款和外币兑换业务的金融机构收缴假币、中国人民银行及其授权的鉴定机构鉴定货币真伪适用本办法。

第三条 本办法所称货币是指人民币和外币。

人民币是指中国人民银行依法发行的货币，包括纸币和硬币；外币是指在我国境内（香港特别行政区、澳门特别行政区及台湾地区除外）可收兑的其他国家或地区的法定货币。

本办法所称假币是指伪造、变造的货币。伪造的货币是指仿照真币的图案、形状、色彩等，采用各种手段制作的假币。变造的货币是指在真币的基础上，利用挖补、揭层、涂改、拼凑、移位、重印等多种方法制作，改变真币原形态的假币。本办法所称办理货币存取款和外币兑换业务的金融机构（以下简称“金融机构”）是指商业银行、城乡信用社、邮政储蓄的业务机构。

本办法所称中国人民银行授权的鉴定机构，是指具有货币真伪鉴定技术与条件，并经中国人民银行授权的商业银行业务机构。

第四条 金融机构收缴的假币，每季末解缴中国人民银行当地分支行，由中国人民银行统一销毁，任何部门不得自行处理。

第五条 中国人民银行及其分支机构依照本办法对假币收缴、鉴定实施监督管理。

第二章 假币的收缴

第六条 金融机构在办理业务时发现假币，由该金融机构两名以上业务人员当面予以收缴。对假人民币纸币，应当面加盖“假币”字样的戳记；对假外币纸币及各种假硬币，应当面以统一格式的专用袋加封，封口处加盖“假币”字样戳记，并在专用袋上标明币种、券别、面额、张（枚）数、冠字号码、收缴人、复核人名章等细项。收缴假币的金融机构（以下简称“收缴单位”）向持有人出具中国人民银行统一印制的《假币收缴凭证》，并告知持有人如对被收缴的货币真伪有异议，可向中国人民银行当地分支机构或中国人民银行授权的当地鉴定机构申请鉴定。收缴的假币，不得再交予持有人。

第七条 金融机构在收缴假币过程中有下列情形之一的，应当立即报告当地公安机关，提供有关线索：

（一）一次性发现假人民币 20 张（枚）（含 20 张、枚）以上、假外币 10 张（含 10 张、枚）以上的；

（二）属于利用新的造假手段制造假币的；

（三）有制造贩卖假币线索的；

（四）持有人不配合金融机构收缴行为的。

第八条 办理假币收缴业务的人员，应当取得《反假货币上岗资格证书》。《反假货币上岗资格证书》由中国人民银行印制。中国人民银行各分行、营业管理部、省会（首府）城市中心支行负责对所在省（自治区、直辖市）金融机构有关业务人员进行培训、考试和颁发《反假货币上岗资格证书》。

第九条 金融机构对收缴的假币实物进行单独管理，并建立假币收缴代保管登记簿。

第三章 假币的鉴定

第十条 持有人对被收缴货币的真伪有异议，可以自收缴之日起3个工作日内，持《假币收缴凭证》直接或通过收缴单位向中国人民银行当地分支机构或中国人民银行授权的当地鉴定机构提出书面鉴定申请。

中国人民银行分支机构和中国人民银行授权的鉴定机构应当无偿提供鉴定货币真伪的服务，鉴定后应出具中国人民银行统一印制的《货币真伪鉴定书》，并加盖货币鉴定专用章和鉴定人名章。

中国人民银行授权的鉴定机构，应当在营业场所公示授权证书。

第十一条 中国人民银行分支机构和中国人民银行授权的鉴定机构应当自收到鉴定申请之日起2个工作日内，通知收缴单位报送需要鉴定的货币。

收缴单位应当自收到鉴定单位通知之日起2个工作日内，将需要鉴定的货币送达鉴定单位。

第十二条 中国人民银行分支机构和中国人民银行授权的鉴定机构应当自受理鉴定之日起15个工作日内，出具《货币真伪鉴定书》。因情况复杂不能在规定期限内完成的，可延长至30个工作日，但必须以书面形式向申请人或申请单位说明原因。

第十三条 对盖有“假币”字样戳记的人民币纸币，经鉴定为真币的，由鉴定单位交收缴单位按照面额兑换完整券退还持有人，收回持有人的《假币收缴凭证》，盖有“假币”戳记的人民币按损伤人民币处理；经鉴定为假币的，由鉴定单位予以没收，并向收缴单位和持有人开具《货币真伪鉴定书》和《假币没收收据》。

对收缴的外币纸币和各种硬币，经鉴定为真币的，由鉴定单位交收缴单位退还持有人，并收回《假币收缴凭证》；经鉴定为假币的，由鉴定单位将假币退回收缴单位依法收缴，并向收缴单位和持有人出具《货币真伪鉴定书》。

第十四条 中国人民银行分支机构和中国人民银行授权的鉴定机构鉴定货币真伪时，应当至少有两名鉴定人员同时参与，并做出鉴定结论。

第十五条 中国人民银行各分支机构在复点清分金融机构解缴的回笼款时发现假人民币，应经鉴定后予以没收，向解缴单位开具《假币没收收据》，并要求其补足等额人民币回笼款。

第十六条 持有人对金融机构作出的有关收缴或鉴定假币的具体行政行为有异议，可在收到《假币收缴凭证》或《货币真伪鉴定书》之日起60个工作日内向直接监管该金融机构的中国人民银行分支机构申请行政复议，或依法提起行政诉讼。

持有人对中国人民银行分支机构作出的有关鉴定假币的具体行政行为有异议，可在收到《货币真伪鉴定书》之日起60个工作日内向其上一级机构申请行政复议，或依法提起行政诉讼。

第四章 罚则

第十七条 金融机构有下列行为之一，但尚未构成犯罪的，由中国人民银行给予警告、罚款，同时，责成金融机构对相关主管人员和其他直接责任人给予相应纪律处分：

（一）发现假币而不收缴的；

（二）未按照本办法规定程序收缴假币的；

（三）应向人民银行和公安机关报告而不报告的；

（四）截留或私自处理收缴的假币，或使已收缴的假币重新流入市场的。

上述行为涉及假人民币的，对金融机构处以1000元以上5万元以下罚款；涉及假外币的，对金融机构处以1000元以下的罚款。

第十八条 中国人民银行授权的鉴定机构有下列行为之一，但尚未构成犯罪的，由中国人民银行给予警告、罚款，同时责成金融机构对相关主管人员和其他直接责任人给予相应纪律处分：

（一）拒绝受理持有人、金融机构提出的货币真伪鉴定申请的；

（二）未按照本办法规定程序鉴定假币的；

（三）截留或私自处理鉴定、收缴的假币，或使已收缴、没收的假币重新流入市场的。

上述行为涉及假人民币的，对授权的鉴定机构处以1000元以上5万元以下罚款；涉及假外币的，对授权的鉴定机构处以1000元以下的罚款。

第十九条 中国人民银行工作人员有下列行为之一，但尚未构成犯罪的，对直接负责的主管人员和其他直接责任人员，依法给予行政处分：

（一）未按照本办法规定程序鉴定假币的；

（二）拒绝受理持有人、金融机构、授权的鉴定机构提出的货币真伪鉴定或再鉴定申请的；

（三）截留或私自处理鉴定、收缴、没收的假币，或使已收缴、没收的假币重新流入市场的。

第五章 附则

第二十条 本办法自2003年7月1日起施行。

第二十一条 本办法由中国人民银行负责解释。

附录F

中国珠算协会珠算、珠算式心算鉴定比赛规程

第一章 总则

第一条 为了进一步弘扬中华民族传统文化，发展珠算事业，在普及、提高珠算技术的同时，全国各级珠算协会在少年儿童中大力推广珠算式心算（简称珠心算，下同）教育，积极开展珠算、珠心算的鉴定、比赛活动，不断提高我国珠算、珠心算技术水平。

为了加强对鉴定、比赛工作的管理，使鉴定、比赛工作进一步规范化、科学化，从而保障鉴定、比赛工作的统一性、严肃性和权威性，特制定本规程。

第二条 本规程适用于依据《中国珠算协会珠算技术等级鉴定标准》和《中国珠算协会珠算式心算鉴定标准》进行的珠算、珠心算等级（段位）鉴定和全国珠算、珠心算比赛活动。

第二章 鉴定、比赛种类

第三条 鉴定种类分珠算技术等级鉴定和珠心算鉴定。

珠算鉴定分普通级和能手级两档。普通级设六至一级，六级最低，一级最高；能手级设六至一级，六级最低，一级最高。

珠心算鉴定分等级和段位两档。等级分十至一级，十级最低，一级最高；段位设初段至十段，初段最低，十段最高。

第四条 比赛种类分团体赛、个人全能赛和个人单项赛三种。

第三章 鉴定、比赛项目

第五条 鉴定项目

一、珠算鉴定设定加减算、乘算、除算三项，必须三项均达到某一级别，才能认定该级别合格。

二、珠心算等级鉴定一至七级设加减算、乘算、除算三项，必须三项均达到某一级别，才能认定该级别合格。八至十级只设加减算一项。

三、珠心算段位鉴定设加减算、乘算、除算、账表算、传票算五项，必须五项均达到某一段位，才能认定该段位合格。

第六条 比赛项目

一、团体赛：珠算、珠心算项目相同，均可设

1. 三项团体赛，包括加减算、乘算、除算。
2. 四项团体赛，包括加减算、乘算、除算、传票算。
3. 五项团体赛，包括加减算、乘算、除算、传票算和账表算。

二、个人全能赛：珠算、珠心算，各分为三项、四项、五项全能。项目与团体赛相同。

三、个人单项赛：珠算，暂定为加减算、乘算、除算、传票算、账表算、发票算、百张传票算、综合算八个项目。前五项为常规比赛项目，后三项为选赛项目。

珠心算，暂定为加减算、乘算、除算、传票算、账表算、柜台心算、念（听）心算七个项目。柜台心算和念（听）心算为选赛项目。

第四章　鉴定、比赛题型题量

第七条　比赛题型、题量

一、珠算、珠心算比赛加减算、乘算、除算、账表算、传票算五项题型、题量详见中珠[1999]24号关于公布执行《中国珠算协会珠算式心算鉴定标准》的通知附件3。

二、发票算，全部为连加法，没有减数。发票本为左侧胶粘装订本，规格长12厘米、宽6厘米，用52克凸版纸5号手写体印制。每本200张，正、反两面印，共400页码。（页号印在中间）每页印一行字码，每笔位数最高5位，最低2位，全系金额单位。每100页为350字。比赛时每30页（105字为一道题，0～9数码要求均衡搭配。命题时任意选定起止页数。例如，第一题从8页至37页止，第二题从52页至81页止等。

三、百张传票算：银行系统业务竞赛常用的一种比赛形式。

（1）两行数字颠倒印制，可供两次计算。

（2）采取百页数字一次计算，在答数正确的基础上，以速度决定名次。

（3）每百页中最高9位、最低4位数，为金额单位。其中，4位数16页，5位至8位数各17页，9位数16页共650个数码。

（4）拟题时要求0～9十个数码均衡搭配。

（5）规格可采用传票本尺寸。

四、加减乘除综合算：

（1）全卷两张，共有12组题；每张6组，每组题中加减算一题，乘算、除算各两题。

（2）第1～6组题中的加减算题与单项加减算比赛项目中的15行算题同（其中纯加和加减混合各3题）；乘算题的法实合计8位、9位各一题；除算题的法商合计7位、8位各一题。

（3）第7～12组题中的加减算题与单项加减算比赛项目中的20行算题同（其中纯加与加减混合各3题）；乘算题的法实合计10位、11位各一题；除算题的法商合计9位、10位各一题。

（4）各组的乘算、除算题均要求保留两位小数，以下四舍五入。乘算、除算小数题各占50%。

五、柜台心算：全卷100题，其中，一组乘积26题，两组乘积相加27题，三组乘积相加26题，除算（求斤两）21题。前30题为1、2位数乘2、3、4位数的算题。每5题中，有3题是2个乘积和3个乘积相加的混合题；31题以后，每10题中，有3道除算题（金额÷金额=斤两），得商2、3位数。金额要求保留两位小数，以下四舍五入；数量要求保留一位小数，以下四舍五入。

六、念（听）心算

1. 加减算

（1）全卷20题，分5组，每组4题。第一组3、4位，每二组5、6位，第三组3位4位混合、4位5位混合，第四组7、8位，每五组6位7位混合、7位8位混合。

（2）3、4、5位题和3位4位混合题、4位5位混合题等5种，每种纯加、加减混合（减号7行）各1题，计10题，每题20行。各题字数分别为3位60字、3位4位混合70字、4位80字、4位5位混合90字、5位100字。6、7、8位题和6位7位混合题、7位8位混合题等5种，每种纯加、加减混合（减号5行）各1题，计10题，每题15行。各题字数分别为6位90字、6位7位混合100字、7位105字、7位8位混合115字、8位120字。

（3）全部为整数题，不带角分。

（4）0～9各字码原则上要均衡出现。减号应有适当间隔，不拟倒减题。

2. 乘算、除算

（1）全卷40题，分4组，每组10题。法实合计（除算为法商合计）。1～4组分别为8～11位。

（2）每组小数题占50%，要求保留两位小数，以下四舍五入。

（3）每组法实（法商）字数各一半，0～9各字码原则上要均衡出现。

（4）尽量避免拟适合省乘（除）法或简捷乘（除）法的赛题。

第八条 鉴定题型题量

珠算、珠心算等级鉴定题型、题量均分级别设定，详见中珠[1999]24号关于公布执行《中国珠算协会珠算式心算鉴定标准》的通知附件1、2。

珠心算段位鉴定题型、题量与比赛题型、题量相同，详见中珠[1999]24号文件附件3。

第九条 鉴于全国范围广泛开展等级鉴定活动，将会带来大量的拟题、印刷试卷工作，为减轻各级珠协组织的工作量，珠算能手级鉴定实行一套题，按完成正确题数确定6个级别。普通级虽拟定了6个级别六套题的标准，各级珠协在实施中根据具体情况可灵活掌握，也可以采用两套题确定6个级别的办法。用一级考题鉴定一至三级，按打对题数定级。对9题为一级，对8题为二级，对6题为三级。用四级考题鉴定四至六级，对8题为四级，对7题为五级，对6题为六级。这样做既不降低按6个级别考核的题量要求，又方便群众定级，有利于调动报考人员的积极性。

珠心算等级鉴定一至六级，仍可采用珠算普通级的两套题确定6个级别的办法。七至十级由于幼儿学习珠心算由易到难，不宜采用一级定几级的方法，只能一级一套题考核。

第五章 各项拟题及试卷的共同要求

第十条 各项拟题0～9十个数码均衡出现，要达到下列要求：（以比赛题型1～5项为例，其他比赛项目及鉴定项目拟题，参照各项要求执行）。

一、加减算。0～9均衡出现，包括：（1）120字除一个字码出现11次，一个字码出现13次之外（相临两题为避免简单除以9验算，要互调一个字码），其余8个字码各出现12次。（2）同一笔数10位以内的，0～9不重复出现。（3）纵行首位数1～9均衡出现。（4）15行题尾数0最多出现两次，20行题最多出现3次。20行题尾数0～9不能都是两次。（5）纵行相临同一位上，不能重复出现同一数字。（6）位数相同的行次排列不能有规律，即将不同位数的各行错开排列。（7）减号也要错开排列。

二、乘算。0～9均衡出现，包括：（1）每20题一组中实、法各95个字码，各自均衡出现。重复的5个字码，实、法不重复。（2）同一题中实、法字码各自不重复。实法位数合计11位的，允许重复一个字码。（3）每20题一组中，实、法首位数各自0～9要均衡。（4）小数题为避免小数点与分节号难以区分，应不拟小数点后3位小数的题。（5）各种题型要互相错开（整数、小数、四舍、五入、位数）。（6）每20题中法实合计8～11位各5题，由易到难，顺序拟题。

三、除算。0～9均衡出现，包括：（1）每20题一组中，法、商各85个字码，各自均衡出现。重复的5个字码，法、商不重复。（2）同一题中，法、商字码各自不重复。（3）每20题一组中，法、商首位数各自0～9要均衡。（4）小数题为避免小数点与分节号难以区分，应不拟小数点后3位的小数题。（5）能除尽的题全部为整数题，不出小数或带小数的题。（6）各种题型要互相错开（整数、小数、四舍、五入、位数）。（7）每20题中法商合计7～10位各5题，由易到难，顺序拟题。

四、账表算：横 30 字，纵 120 字各自都要均衡。其他有关要求与本文加减法相同。

五、传票算：以 1～20 页为基础，以后为该顺序页各行数字的调整。110 字均衡要求参照加减法。

六、能手级鉴定题加减法倒减题放在第 10 题和 20 题，中间只出现一次倒减。答数第 10 题为正数，第 20 题为负数。

第十一条 试卷其他要求：

一、比赛题量（张数、题数）视参赛选手水平需要可增加附加题。

二、试卷用纸为 8 开纸，发票答题纸用 16 开，珠心算等级鉴定八至十级试卷用 16 开纸。试卷用 5 号手写体印制。

三、乘除算尾数处理，四舍和五入要求按题数各半编排，四舍包括 0、1、2、3、4，五入包括 5、6、7、8、9，均应有所体现。

第六章 鉴定、比赛方式

第十二条 鉴定均采用限时限量方式。

一、珠算能手级鉴定加减算两张试卷 20 题，限时 10 分钟；乘算、除算一张试卷，各 20 题，限时 10 分钟。三项一场鉴定限时 20 分钟。

普通级加减、乘、除三项一张试卷，每项 10 题，鉴定限时 20 分钟。

二、珠心算等级鉴定七至一级三项一张试卷，每项 10 题，鉴定限时 10 分钟。

八至十级只设加减算一项，10 题，鉴定限时 5 分钟。

三、珠心算段位鉴定：初段至十段，加减算 5 张试卷 50 题；乘算 2 张试卷 120 题；除算 3 张试卷 180 题；账表算 4 张试卷，横向 80 题、纵向 20 题；传票算 50 题。不另增加附加题，每项限时 5 分钟。

第十三条 各比赛项目除百张传票算实行“限量不限时”外，其余均采用“限时不限量”的方式进行。珠算比赛项目“限时不限量”的规定时间各为 10 分钟；珠心算比赛项目，除柜台心算规定为 10 分钟外，其余各项规定时间各为 5 分钟。

念（听）心算，一般采取淘汰制的方式进行。即由主持人念题，选手听题运算。主持人每念完一题，宣布“写答数”，选手写完立即向监场裁判亮出答案，接着主持人宣布标准答案，由监场裁判当场评定对、错，并记录在案。念题分组进行，加减算每组 4 题，需答对 3 题；乘、除算每组 10 题，需答对 8 题，方可继续参加下一组的比赛，否则即被淘汰。依次逐组比赛，直至决出名次。主持人念题速度掌握在 3～5 字/秒，两题间隔 5 秒钟。

以上所有比赛项目，一般只赛一卷，但也可根据情况，经协商分甲、乙卷进行两场比赛，择优计分。

前 5 项题量与珠心算段位鉴定 5 项题量相同，对参赛的尖子选手在规定的时间内，如题量不足，可以在报名表中预先注明需要增加的题数。

其他项目比赛题量，视情况决定。

第七章 比赛计分标准及办法

第十四条 各项赛卷，如答数正确按以下标准计分（包括珠心算）：

加减算每题 14 分，乘算、除算每题 4 分，传票算每题 15 分。

账表算，每张账表纵向 5 题，每题 14 分，横向 20 题，每题 4 分；纵横轧平数正确，再加 50 分，共得 200 分。要求按顺序答题，前表不算完，后表不计分。

发票算，每题 10 分。

加减乘除综合算，每组题中的加减、乘、除共 5 题，答数正确得 40 分，如其中有一题是错题，该组成绩为“0”分。

柜台心算，一组乘积的，每题2分；两组乘积相加的，每题4分；三组乘积相加的，每题6分；除算题，每题4分。

念（听）心算，以对题数分出名次，不计分。

个人全能赛分数，按选手参赛全部单项的分数加总计算。

第十五条 解决并列办法

一、加减算、账表算、传票算、发票算等项，当比赛规定时间已到，对尚未计算完毕的半题，按以下办法处理；加减算和账表算纵向，以打完5行（含5行）以上，在该行下画一长线，并将答数写在答数栏内。传票算翻完5页，发票算翻完8页以上，将翻完的页号及半题答数，写在该题试卷答数栏内，页号与答数应隔开以示区别。其答数正确的，在解决该项分数相同，区别并列名次时，依据半题的正确行数、页数相加的字数多少排列先后名次。如仍相同，按计算题量多少区分。在采用甲、乙卷制时，还可参考另卷上述办法及顺序区分。

二、乘算、除算、柜台心算，在遇到得分相同时，可参考其答卷正确题的积或商的总字数排列名次。如仍相同，按计算题量多少区分。在采用甲、乙卷制时，还可参考另卷上述办法及顺序区分。

三、全能总分相同，按加减、乘、除、传票、账表顺序依次比较，前项分高者列前。在采用甲、乙卷制时，还可参考另卷上述办法及顺序区分。

四、各项前三名必须分出名次，以下名次可以并列。上述各项区分办法如仍不能分出高低，则加赛解决。

第十六条 错题与扣分

一、答数必须书写清楚，凡字迹过于潦草，评分人员确定无法辨认的作错题论；一题有两个答数的作错题论。

二、更改答数必须将原答数用单线划去，重新写上新的答数。凡不用划线更正，任意涂改数字的作错题论。

三、小数点、分节号必须有明显区别，凡属小数点漏点或点错位置的作错题论；答题正确但分节号漏点或错点的每题扣1分。

四、乘算、除算的答数，小数该入不入，该舍不舍的作错题论。

五、空题不作或胡乱填一数字的为跳题，对跳题者每跳一题，除本题不给分外，还要多扣一题分数。账表算在同一考卷上，先作横向或纵向都可以，但同向内隔题作答算跳题。

六、比赛开场、终场时，选手抢先或拖后计算，第一题或最后一题不给分。

七、判断错题的方法适用于鉴定考核。珠心算段位鉴定既按对题数，又参照分数，计分办法与比赛同。

第八章 比赛代表队及报名办法

第十七条 全国比赛以省、自治区、直辖市、计划单列市及中央有关部委为单位派出代表队。每次比赛大会根据承办单位的接待能力，确定参赛选手具体名额。每队由领队、教练各一人，选手最少3人组成。承办比赛大会的东道主，可以增派一支代表队（少数民族比赛同）。

第十八条 全国少数民族比赛，自治区代表队，其选手可以从全自治区范围内选拔；有自治州的省代表队，其选手可以从自治州和自治县（旗）的范围内选择。

第十九条 全国比赛（含少数民族比赛）一般采用5项团体赛（加减算、乘算、除算、传票算、账表算）。每名选手限报项目，根据限报人数协商确定。全国邀请赛，系统、地区比赛，可根据邀请或承办单位的具体情况，确定代表队组成名额及比赛项目内容。

各级各类珠算、珠心算比赛，根据每次具体情况，可分为成年和少年、职工和学生等层次进行比赛。

第二十条 要求每个代表队按以下办法报名：

一、参加团体赛的代表队，每名选手必须全部参加团体赛规定的项目。如放弃某项比赛，视该项比赛为0分。

二、参加团体赛的选手，为个人全能赛的当然选手，可全部参加个人全能赛的名次排列，也可规定个人全能赛的参赛名额。

三、个人单项赛，由于各队实力参差不齐，为避免获奖选手集中于少数优秀选手，一般采取限项报名，具体每人限报几项，每项限报几人，视情况决定。

第九章　比赛评优和奖励

第二十一条 评优与奖励办法

一、团体赛成绩（包括少数民族比赛），以代表队报名的全部参赛选手个人全能分数加计产生。

全国大型比赛一般评优报名队数的 1/3。奖品为锦旗、奖牌或奖杯。其余各队可按技术进步情况，发给技术进步奖，或根据具体情况设精神文明奖。团体赛前三全体颁发金、银、铜奖章及证书。

二、个人全能赛成绩，以参赛选手各单项分数加总计算。全国大型比赛一般取人数的30%，其奖励等级和各等级人数视情况决定。获奖选手除发给奖状外，前三名还相应颁发金、银、铜奖章，第一名可加发奖杯一座。

三、个人单项赛按报名人数的30%评优，其奖励等级和各等级人数、奖励办法同个人全能赛。

四、根据比赛具体情况，各项可取部分优胜，发给优胜奖证书。具体奖励比例，视情况决定。

五、凡参加全国大型比赛的选手，一律颁发优秀选手证书。

第十章　各项须知

第二十二条 选手须知

一、遵守比赛各项规定，服从指挥，发挥良好的比赛风格。

二、在比赛期间，必须佩戴大会发给的标志，比赛必须三号一致（选手号、卷号、桌号）。

三、各项比赛按规定时间进行，各选手须提前二十分钟到达比赛场地，听候点名，点名不到者以弃权论。

四、参加比赛的选手，如有冒名顶替或自行更换号码者，一经查出，取消比赛资格。选手如因病或其他原因不能参加比赛，可以弃权，不得更换他人。如遇特殊情况，经大会裁判长批准，方可更换。

五、赛卷在选手入场前，由监场裁判将卷面向下发到赛桌上，选手入场后统一发令填写单位、姓名、选手号，写完坐好，在执行裁判宣布“开始”时，方可翻卷计算。

对于传票算（百张传票算、发票算除外），赛前先发传票本，给选手检查、整理传票的时间。全部检查完毕后，再将试卷卷面向下发到赛桌上，给选手填写单位、姓名、选手号的时间，在执行裁判宣布“开始”时，方可翻卷计算。

每场比赛终场前十分钟，执行裁判开始倒计数报秒（十、九、八……一、停）宣布“停”时，任何操作都应停止，全体起立退场。

六、选手除大会发给的必备用品外，只许自带算盘、票夹子和黑色或蓝色墨水笔或圆珠笔，不准携带其他计算工具。如用红笔或铅笔答数，赛卷无效。

七、如遇赛卷字迹不清难以辨认时，选手可自行更改数字，但不得改为“0”，按更改后数字计算，并应在该场比赛结束后，向监场裁判说明。

八、选手要严格遵守以下几点：（1）比赛开始后，一律不准提问。（2）运算时不得发出读数、念口诀的声音。（3）运算中不准交头接耳，互相对数或传递字条等。（4）宣布比赛开始前或停止后，不得有抢前、拖后动作。（5）每场比赛参赛选手必须坚持到终场，不得中途退场。（6）选手如有询问事宜或意见，应在比赛后报本单位领队，由领队向大会有关部门反映，不得干扰会场秩序。如违犯上述各项规定视为犯规，裁判可根据不同情况采取必要措施并报请裁判长处理。

九、选手须知，适用于参加鉴定的考生。

第二十三条 鉴定员、裁判员须知

一、各代表队的教练为比赛监场裁判。

二、鉴定员、裁判员应认真学习、研究和熟悉鉴定比赛规程及其他有关规定。

三、裁判员在总裁判长的具体指挥下，按各自分工，坚守岗位，认真负责地进行工作。

四、比赛现场由执行裁判负责指挥，其他人员不得干涉、妨碍现场指挥工作的进行。

五、试卷要严格保密，对试卷的收发，必须按项点清份数，严密交接手续，防止试卷短缺、遗失和混乱。

六、监场裁判在执行任务时，必须集中精力，注意选手和现场的动态，不能随便谈笑、议论或做其他动作，以严肃考场秩序。

七、监场裁判在执行监考过程中，如发现选手犯规行为时，应通过执行裁判作出记录，签名后交裁判长或评分组长处理。

八、计时裁判应事先对秒表进行校验与试用，以免临时发生故障；比赛时，必须集中精力，正确掌握时间。

九、评分裁判须按规定的评分纪律和细则进行工作，并要不辞辛劳，及时完成任务，以保证大会顺利进行。

十、念（听）心算主持人念题，要用普通话，在保证速度的前提下，要求口齿流利，吐字清晰。

第二十四条 拟题及监印人员须知

一、要熟悉鉴定比赛规程，特别要熟悉鉴定比赛题型结构，按标准出拟试题。计算机拟题要检验打印是否有误。

二、注意试卷的印刷质量，手工拟题要认真校对，监印员要认真负责。

三、拟题草稿及打印废稿应当众销毁，严格交接手续。印好的试卷要有专人妥善保管，严格保密。

第十一章 裁判员分工及职责

第二十五条 裁判员分工

全国珠算、珠心算比赛大会设总裁判长、副总裁判长、执行裁判（兼计时）、评分组长、评分员、试卷分发、传递员、监场裁判等裁判人员。

第二十六条 裁判员职责

一、总裁判长根据比赛规程的规定，在比赛中遇有不同意见时，有权作出最后裁决；在各项比赛中如选手严重犯规或有意阻碍他人比赛时，总裁判长有权取消其比赛资格。

副总裁判长协助总裁判长解决、处理比赛中的有关问题。

二、执行裁判负责比赛现场的指挥，按比赛规程的规定解决比赛现场中发生的问题。如发现选手在比赛中有违章行为时，有权当场处理，当出现严重分歧时，提交总裁判长裁决。

三、计时裁判负责全部比赛项目的时间掌握，准确地计报各场比赛的时间。

四、评分组长负责全部比赛项目的成绩评定和评优工作，组织领导评分员按照比赛规程和《评分细则》的规定，认真、细致、及时地评定成绩，排列名次和公布获奖名单。

五、试卷分发员负责将试卷按要求准确、及时地发给选手，赛后负责收回，点清份数，密封装订后，交试卷传递员送评分组。

六、试卷传递员负责从大会试卷分发员处，将每场收回的试卷，按有效卷、剩余空白卷及总份数登记，逐场送交评分组，进行交接、签收。

七、监场裁判协助执行裁判搞好现场比赛，对违章犯规的选手及时做好记录，报告执行裁判处理，同时通知选手本人。

八、鉴定员职责参照有关条款执行。

第十二章　鉴定标准适用范围

第二十七条　《中国珠算协会珠算技术等级鉴定标准》是我国考核珠算技术水平的唯一标准。该《标准》以实际运算能力考取相应等级，其不同级别的鉴定结果，可作为会计等系列专业技术职称评定的技能条件之一（财政部[85]财会字第 60 号文件规定），会计员达到该《标准》普通五级的，即为珠算技能合格；可作为某种职业、职务或岗位的技能要求之一；可作为在校学生珠算课学习成绩的考核、毕业、分配的标准之一；可作为评比、奖励集体或个人的条件之一等。

第二十八条　《中国珠算协会珠算式心算鉴定标准》的等级标准是我国考核幼儿及小学低年龄普及珠心算教育水平的唯一标准。其不同级别的鉴定结果是少儿珠心算能力的标志。它是促进少儿学习珠心算的兴趣、启迪智力、检验素质教育成果的有力手段，可激励少儿奋发向上、积极进取、参与竞争的意识，是对少儿珠心算能力的褒奖。同时，又是检验学校、班级、教师普及珠心算教育成果评比的条件之一等。

第二十九条　《中国珠算协会珠算式心算鉴定标准》的段位标准是我国考核优秀珠心算选手技术水平的唯一标准。其不同级别的鉴定结果是青少年珠心算水平的标志。可促进青少年奋发努力，为祖国争光的斗志；磨炼毅力勇于竞争，增长本领参加各级比赛，争取更高的荣誉。同时，又是宣传学校特色，检验素质教育成果，提高学校知名度的最好表现。

第三十条　凡机关、团体、企业、事业、部队、学校及幼儿园的干部、工人、农民、军人、学生、幼儿及城乡个人等，均可向当地珠算协会报名，参加珠算、珠心算鉴定考试，取得相应的珠算、珠心算鉴定证书。

第十三章　鉴定权限

第三十一条　珠算、珠心算等级鉴定工作，按照分级管理的原则，由各省、自治区、直辖市，计划单列市和有关系统珠算协会负责，并根据各自情况，制定具体办法，划分鉴定范围，积极开展鉴定工作。

除铁道和解放军以系统为主进行鉴定工作外，其他系统珠算协会开展鉴定工作，应征得省、自治区、直辖市和计划单列市珠算协会同意，按照块块为主、条块结合的原则，共同完成鉴定任务。

珠心算段位鉴定工作，由中国珠算协会直接负责，一般结合全国比赛或省级高水平比赛时进行。

第十四章　鉴定、比赛试卷、证书及财务管理

第三十二条　鉴定、比赛试卷管理

鉴定、比赛试卷必须符合《标准》的要求，由中国珠算协会和省、自治区、直辖市、计划

单列市和有关系统珠算协会，按统一格式编拟印制。使用计算机拟题软件，必须符合《标准》的要求。

试卷题库，应保持多品种，不断更新。试卷要严格保密、专人负责、手续完备、严防泄密。

第三十三条 鉴定证书管理

一、各种鉴定证书均由中国珠算协会统一印制，其他任何单位与个人不得翻印仿制，违者必究。

二、中国珠算协会只向省、自治区、直辖市、计划单列市（含原单列市）及有鉴定权的系统珠算协会发售证书。地、市以下珠算协会向上级珠协购买。每年年中和年底两次向中珠协提出购证计划并预付货款，中珠协在收到货款后一个月内发货。

三、鉴定证书实行计算机管理、填证。制证及管理软件由中珠协研制供应各地。

各地通过 E-mail（电子邮件），采用当前最新的 Internet（国际互联网），利用 Internet 最基本的功能形成全国珠算协会的通信管理系统。通过电子邮件报送证书资料、变更修改数据，发送文件、资料，实现珠协系统的计算机管理网络。

四、证书要由专人管理，不得遗失，不准发人情证。颁证要建立完整的制度，杜绝漏洞。

第三十四条 鉴定财务管理

一、鉴定工作实行有偿服务，合理收费。其收费标准，须报请当地财政、物价主管部门批准。

二、收费项目包括报名费、鉴定费、升级签证费、证书工本费（含包装邮寄费等）、计算机制证费等项。

三、支出项目包括：计算机主机及附属设备费（彩喷打印机、扫描仪、调制解调器、磁条读写器等）、消耗材料、管理软件费、培训费，操作员工资福利费，各种证件、表格、试卷印制（购置）费，场租费，专兼职工作人员劳务费，监考与评卷人员酬金、差旅费，上交管理费及其他必要的支出。

四、各级珠协必须遵守财经纪律，反腐倡廉，制定财务管理制度，实行民主理财。

第十五章 鉴定程序

第三十五条 珠算、珠心算鉴定工作，可参照下列程序进行。

一、报名：报考人员须持照片填写报名单，缴纳费用，领取准考证（珠心算鉴定不办准考证），并由工作人员编好考核日期、时间、场次、场地、座号等。

二、鉴定考试：

（1）每场鉴定至少要有两名鉴定员现场主考。

（2）鉴定考试一般只考一卷，不同场次要更换试卷。

（3）考生入场后，鉴定员应宣布考场纪律，将沿虚线折好的试卷正面向下发给考生，统一发令填写姓名等项，并由鉴定员检验有关证件，与试卷填写核对无误后，方可发令“开始”，翻卷答题。

（4）由主考人兼计时员、发令员。主考人发令“停止”后，考生应立即停止计算，工作人员即刻收卷，清点数量无误后，送交评分员评卷。

三、评卷分初评、复评，最后由鉴定员核定等级。试卷只判对或错，不打分。

四、填发珠算、珠心算鉴定证书，对考试合格的考生，应及时填发证书。证书打印填写要清晰，印章要齐全，手续要完备，底册应存盘。

第十六章 鉴定员、裁判员管理

第三十六条 根据珠算、珠心算鉴定及比赛工作需要，实行鉴定员、裁判员制度。鉴定员设一、二两级，裁判员设国家级、一级、二级三个级别。对鉴定员、裁判员的基本要求：必须努力学习珠算知识，积极钻研和熟练掌握珠算、珠心算及鉴定、比赛工作业务，认真执行《中国珠算协会珠算式心算鉴定比赛规程》和全国珠算、珠心算鉴定标准。在鉴定、比赛工作中，要坚持原则、公正无私、认真负责、一丝不苟，积极完成任务。

鉴定员、裁判员要坚决维护鉴定、比赛工作的统一性、严肃性和权威性，严格执行鉴定标准和鉴定、比赛工作规程，认真把好鉴定质量关。不徇私舞弊、不泄露试题、不弄虚作假、不发“人情证”。

对工作人员发生的违纪问题，必须严肃处理，直至取消其参与鉴定、比赛工作资格。是鉴定员、裁判员的，要吊销其证书。

第三十七条 鉴定员的职责：一级鉴定员，负责对鉴定标准规定的所有级别进行评定工作，并要求能够独立编拟鉴定试题。二级鉴定员，负责对鉴定标准规定的普通级进行评定工作。

鉴定员一般由省级珠协负责培训，经考核合格后，统一颁发鉴定员证书，持证上岗。经批准的鉴定员名单存入计算机。

第三十八条 裁判员的职责：国家级裁判员，可担任全国及省级珠算比赛的裁判长、执行裁判及评分组长等主要岗位的职务。要求熟悉组织比赛策划、拟题、现场指挥、评分、处理疑难问题、颁奖等珠算比赛全过程的业务技能。一、二级裁判员，可担任地、县级珠算比赛的上述职务或高一级比赛的裁判员工作。

国家级裁判员由中国珠协负责培训、考核，以省级珠协推荐为主，经中国珠协审批颁证，持证上岗，并输入中国珠协计算机管理。

一、二级裁判员由省级珠协负责培训、考核及颁证，持证上岗，并输入省级珠协计算机管理。

第三十九条 鉴定员、裁判员证书，由中国珠算协会统一制定，鉴定员专用印章按中国珠算协会统一规格编入计算机程序，名单输入各省、自治区、直辖市、计划单列市和有关系统珠算协会计算机。

第十七章 附则

第四十条 各省、自治区、直辖市、计划单列市和有关系统珠算协会，应根据本规程规定，制定各自实施细则，并向中国珠算协会备案。

第四十一条 本规程自公布之日起，在全国范围内执行。原《全国珠算技术等级鉴定工作规程》和《全国珠算技术比赛规程》同时废止。凡过去有关鉴定、比赛工作的文件、规定与本规程抵触的，以本规程为准。

本规程解释权、修改权属于中国珠算协会。

本办法由中国人民银行负责解释。

附录G

全国会计技能大赛（中职组）点钞比赛细则

（一）比赛内容

1. 单指单张。

2. 多指多张。

（二）比赛方式

1. 备点钞票单指单张采用整把形式，多指多张采用散把形式。

2. 选手持钞采用手持式或手按式均可，不得采用扇形点钞手法，限时不限量。

（三）比赛时间

单指单张：5 分钟。

多指多张：5 分钟。

（四）比赛规则

1. 比赛设现场裁判若干名，计时员 1 名。

2. 大赛组委会统一提供比赛用练功券（百元面额钞券）、海绵缸（并配甘油）、扎条、笔、印章（采用“万次章”）、记录表、点钞机等。

3. 点钞一律以坐姿形式进行。

4. 单指单张以整把形式进行，必须经过起把、点数、拆把、扎把、盖章等动作完成每一把点钞（起把时不用拆把，无设错整把即点验数为 100 张的把次需拆把、扎把和盖章；设错整把无须拆把，也无须扎把和盖章）。多指多张必须经过抓把、点数、扎把、盖章等过程，每 100 张为 1 把。

5. 未点的练功券以整把形式放在桌左边（左手点钞的选手可放在桌右边），不得试点，其他用具可按选手意愿摆放。比赛时，已清点的练功券放在桌右边（左手点钞的选手可放在桌左边），并将清点出的错把单独摆放。

6. 单指单张赛前裁判人员将比赛用钞每把清点成 100 张，并在每把钞票的第一张和最后一张上写上把次编号。

7. 单指单张比赛备点练功券按每把不少于 50%的比例设置差错，每把错张不超过 ± 4 张。

8. 多指多张比赛选手清点的每一正确把要求为 100 张。

9. 单指单张比赛时，主裁判发出“预备”口令时，选手可持第一把在手做好准备，主裁判发令“开始”选手才可点钞。多指多张比赛时，主裁判发出“预备”口令时方可抓把，主裁判发令“开始”选手才可点钞。最后 30 秒时，由主裁判预告时间，以便选手准备结束。

10. 主裁判发出“时间到”口令时，选手应立即停止点钞、扎把和盖章，按要求填写成绩记录单，将已点完的钞把按顺序整理，放入筐内交工作人员点验。

11. 单指单张比赛时，选手应按备用练功券序号顺序点钞，不得跳把。未经清点的钞票不得作为已点把数（即不得甩把）。

12. 单指单张不得串指，要求一张一张地点，不得一指点两张或两张以上，每一把必须点完最后一张，否则不计该把成绩。

13. 单指单张扎把只对清点中发现的无差错把扎把，以提起任意一张不被抽出或散开为原则。清点中发现的有差错把不用扎把。需要拆把的，以勾断扎条为准。多指多张每把都要扎把。扎把要求扎两圈。

14. 单指单张比赛选手清点的钞把，未设有差错的完整把（100 张），应在其扎条上盖章，设有差错的钞把不盖章。多指多张比赛选手清点的钞把都要盖章。盖章可点一把盖一章，也可以全部点完扎好后再一次性在需要盖章的每把扎条上盖章，盖章以清晰可见为准。

15. 单指单张比赛选手应将清点结果在扎条上记录，注明差错张数（-4，-3，-2，-1，0，+1，+2，+3，+4）。并将点钞结果登记在“点钞比赛成绩记录表”中。

（五）评分规则

1. 每点对一把计 10 分，点错一把倒扣 10 分。单指单张最后一把未完成的不计成绩，多指多张最后一把未完成的按比例计分，错误时按比例扣分，最后一把得分=已点张数×0.07。

2. 单指单张未设错把、没有拆把、扎把或扎把不符合要求的每把扣 2 分；多指多张没有扎把或扎把不符合要求的每把扣 2 分。

3. 没有盖章每把扣 1 分。

4. 未经点数扎成一把（“甩把”）的，倒扣 10 分。

5. 跳把时该把不计分。

6. 主裁判发出“开始”口令前点钞（“抢点”），或者发出“时间到”口令后仍继续点钞的（“超时点”），各扣去 10 分。

7. 单指单张得分=(正确把数-错误把数)×10-扣分合计；多指多张得分=(正确把数-错误把数)×10+(最后一把点数×0.07)-扣分合计。

折算分按单指单张和多指多张分别计算，最高得分选手成绩折算为 10 分，其他选手成绩按占最高得分选手成绩的比例折算。折算分=实际得分×10/项目最高分。

总得分=单指单张折算分+多指多张折算分。

8. 点钞比赛总得分最低分为 0 分。

（六）选手须知

1. 赛前各代表队领队抽签决定选手比赛场地与选手座位号。参赛选手在赛场工作人员引导下，进行检录签到，做好赛前准备。

2. 参赛选手在赛场工作人员带领下进入赛场。进入赛场后，按抽签号对号入座，并将选手身份证、学生证及参赛证放置桌子的左上角。

3. 主裁判发出“预备”口令后，选手可手持第一把钞票做好准备。主裁判发出“开始”口令后，选手即可开始点钞。

4. 主裁判发出“预备”口令后 ，迟到选手不得进入赛场。

5. 主裁判发出“时间到”口令后，选手应停止点钞、扎把、盖章等动作，并配合裁判人员完成成绩评判后方可离场。

6. 尊重裁判，服从工作人员统一指挥，遇有争议问题，应由领队向仲裁机构提出。

（七）裁判员须知：

1. 裁判员在设错和审阅选手成绩过程中必须坚持公平、公正的原则。

2. 裁判员必须佩戴裁判员证进入赛场。

3. 裁判员分为两人一组，按照设错方案设错，认真做好用点钞机点钞工作。

4. 比赛一经开始，不得任意走动和其他与监考无关的行为，以免影响选手比赛。

5. 裁判长统一口令包括："预备"、"开始"、"还剩30秒"、倒计时"5、4、3、2、1，时间到"等。

本办法由中国人民银行负责解释。

附录H

全国比赛账表算样题

横题 / 纵题	一	二	三	四	五	合　计
一	2,054	39,176,082	83,791	9,658,042	436,157	
二	7,186,329	40,395	620,415	-3,178	87,625,049	
三	15,037	9,182,746	78,293,654	462,509	3,810	
四	349,685	5,170	1,072,486	23,917,864	-95,032	
五	96,172,048	256,384	3,059	51,037	7,246,981	
六	4,735,906	1,842	58,702,963	817,492	61,305	
七	6,812	89,753	270,134	1,950,364	50,724,968	
八	54,213,708	706,925	91,846	6,873	2,309,154	
九	87,639	6,251,304	4,105	79,528,306	187,249	
十	219,504	34,806,197	8,592,376	40,215	6,873	
十一	49,180,257	1,092,673	5,463	205,837	98,614	
十二	76,032	451,389	9,210,875	8,469	50,264,173	
十三	148,563	8,207	23,901,467	– 94,521	3,689,507	
十四	6,827,915	53,046	739,840	37,219,460	8,215	
十五	3,490	65,792,481	18,526	5,361,807	203,794	
十六	82,036	2,974	41,876,095	759,381	-1,352,460	
十七	92,140,567	7,815,630	63,982	1,402	438,597	
十八	5,739	906,841	3,527,041	62,853,094	71,682	
十九	4,239,618	57,314,028	705,936	87,615	9,024	
二十	750,814	35,296	2,481	9,370,246	19,375,680	
合　计						

附录 I

全国珠算技术等级鉴定模拟题

珠算技术普通一级综合练习题（全卷限时 20 分钟）

考号		姓名		
得分	加减算	乘算	除算	定级

加减算：顺序作答，不得跳题。

一	二	三	四	五
495,284.60	276,918.40	635,147.90	963,145.80	627,938.40
20,867.51	89,135.67	47,302.68	18,459.27	90,173.65
92.34	51.94	76.13	−51.02	−92.48
913.47	104.75	248.59	203.76	821.54
6,527.08	7,260.83	8,430.95	6,084.97	3,205.89
84,253.17	28,016.74	45,806.19	40,957.68	84,052.36
716.09	354.26	291.73	−379.12	−629.71
904,285.36	158,263.09	482,073.56	506,843.21	592,180.47
6,903.74	5,710.38	6,490.25	−1,768.59	−308.15
58.12	49.62	81.73	35.04	27.59
7,364.05	6,291.08	5,630.17	5,709.12	1,739.08
186,420.93	903,478.56	296,145.73	−293,065.48	−219,065.43
98.12	37.45	94.28	86.34	54.26
75,029.75	52,079.13	74,159.80	−68,304.57	−35,062.87
581.46	823.49	382.06	719.25	287.19

乘算：积数要求保留两位小数，以下四舍五入。顺序作答，不得跳题。

一	9,245 × 8,164=
二	307.26 × 14.57=
三	0.0965 × 4,562=
四	8,327 × 67,230=
五	18.92 × 56.79=
六	4,109 × 7,239=
七	54,370 × 2,908=
八	6,583 × 0.0384=
九	7,618 × 90,361=
十	27.14 × 38.15=

加减算：顺序作答，不得跳题。

六	七	八	九	十
89,275,460	56,819,240	71,354,890	38,147,625	69,245,870
43,172	86,713	28,956	70,365	98,312
5,064,813	3,462,579	1,307,648	8,194,570	4,508,173
2,461	8,127	9,172	−2,157	−9,426
817,509	960,543	508,436	906,283	318,507
4,905,673	6,175,324	6,154,807	4,581,739	9,506,274
38,712	92,048	71,093	−29,016	−81,547
52,346,908	50,136,879	59,128,634	52,786,104	50,896,324
205,743	469,705	830,547	−340,857	−762,038
1,869	7,024	9,126	1,926	6,145
640,792	819,365	410,965	739,048	483,501
90,127,568	43,108,976	37,092,856	−34,768,195	29,107,645
5,138	2,813	7,238	6,219	2,769
8,059,243	5,247681	8,235,416	−2,953,608	−1,954,038
74,136	35,209	67,109	81,047	63,287

除算：商数要求保留两位小数，以下四舍五入。
顺序作答，不得跳题。

一	4,231,480 ÷ 236=
二	26,522 ÷ 3,051=
三	4,297,569 ÷ 529=
四	30,840,040 ÷ 64,790=
五	5,554 ÷ 182=
六	6,522,120 ÷ 7,218=
七	13,888 ÷ 465=
八	56,979,234 ÷ 91,754=
九	4,327,134 ÷ 8,043=
十	276,741 ÷ 367=

说明：1. 加减、乘、除 3 个项目，每个项目 10 题，每题 10 分，3 项合计 300 分。

2. 凡总分在 270 分以上，而各项又均不低于 90 分者为一级合格。

3. 凡总分在 240 分以上，而各项又均不低于 80 分者为二级合格。

4. 凡总分在 180 分以上，而各项又均不低于 60 分者为三级合格。

参 考 文 献

[1] 刘太安. 珠算与点钞. 北京：中国财政经济出版社，2001.
[2] 中国珠算协会. 全国珠算珠心算鉴定比赛标准规程汇编，1997.
[3] 晁金泉. 珠算技术. 北京：高等教育出版社，1998.
[4] 楼南红. 财经计算技术. 北京：高等教育出版社，1986.
[5] 熊永念. 银行计算技术. 北京：中国人民银行科教司，1982.
[6] 姚珑珑. 计算技术. 大连：东北财经大学出版社，2006.
[7] 姚克贤. 计算技术. 北京：中国财政经济出版社，1995.
[8] 田家斌. 五笔字型简明教材及编码速查. 北京：国防工业出版社，2003.
[9] 卓越科技. 五笔打字培训教程. 北京：电子工业出版社，2007.
[10] 方秀丽. 商业银行柜面操作技能. 杭州：浙江大学出版社，2004.
[11] 李永芬. 收银实务. 北京：中国财政经济出版社，2007.